新幼师·幼儿园新入职教师规范化培训教材

幼儿学习研究与支持

主　编　霍力岩　孙蔷蔷
副主编　黄　双　林　岚　张仁甫

中国教育出版传媒集团
高等教育出版社·北京

内容提要

　　本书依据《幼儿园新入职教师规范化培训实施指南》中"幼儿学习研究与支持"专题的相关任务要求进行编写，通过对学习理论的解读，以及对幼儿进行学习研究与支持的实践进行系统设计，旨在加强幼儿园教师研究与支持幼儿学习的能力，解决教师在工作中的实践问题。

　　本书绪论主要介绍什么是学习，包括学习的内涵、各学习理论流派如何理解学习，以及各课程流派如何看待学习。第一章主要介绍掌握幼儿的学习方式，包括幼儿独特的学习方式是什么，如何对其进行观察和理解。第二章主要介绍支持幼儿有意义的学习过程，包括幼儿有意义的学习过程是什么，如何设计并实施支持幼儿有意义学习过程的教育活动。第三章主要介绍培养幼儿的学习品质，包括学习品质是什么，如何设计并实施培养幼儿积极学习品质的教育活动。各章均提供了有针对性的实践练习表格和反思表格，并配有二维码资源，可以帮助和指导教师进行实践操作和专业反思。

　　本书可作为幼儿园新入职教师规范化培训教材、幼儿园教师继续教育教材，也可供高等院校学前教育专业学生使用。

图书在版编目（CIP）数据

幼儿学习研究与支持 / 霍力岩，孙蔷蔷主编. --北京：高等教育出版社，2024.4

ISBN 978-7-04-060206-7

Ⅰ．①幼…　Ⅱ．①霍…　②孙…　Ⅲ．①幼教人员–师资培养–研究　Ⅳ．①G615

中国国家版本馆CIP数据核字（2023）第039963号

YOU'ER XUEXI YANJIU YU ZHICHI

| 总策划 | 韩 筠 | 策划编辑 | 韩 筠 何 淼 | 责任编辑 | 何 淼 | 封面设计 | 裴一丹 |
| 版式设计 | 杨 树 | 责任绘图 | 杨伟露 | 责任校对 | 刘娟娟 | 责任印制 | 存 怡 |

出版发行	高等教育出版社		网　址	http://www.hep.edu.cn
社　址	北京市西城区德外大街4号			http://www.hep.com.cn
邮政编码	100120		网上订购	http://www.hepmall.com.cn
印　刷	肥城新华印刷有限公司			http://www.hepmall.com
开　本	787 mm×1092 mm　1/16			http://www.hepmall.cn
印　张	16.25			
字　数	310千字		版　次	2024年4月第1版
购书热线	010-58581118		印　次	2024年4月第1次印刷
咨询电话	400-810-0598		定　价	40.00元

本书如有缺页、倒页、脱页等质量问题，请到所购图书销售部门联系调换
版权所有　侵权必究
物料号　60206-00

编 委 会

主任：霍力岩　韩　筠

委员（以姓氏笔画为序）：

万晓定　孙蔷蔷　周立莉

赵旭莹　高宏钰　彭迎春

总 序

　　人生百年，立于幼学，立德树人要从娃娃抓起。教师是一个光荣而神圣的职业，幼儿园教师对于儿童良好道德品行、生活态度、学习习惯、文化底蕴的养成具有重要作用，是帮助儿童"扣好人生第一粒扣子"的关键引路人。长期以来，我国广大幼儿园教师兢兢业业、奋发有为、无怨无悔，培养了一代又一代的新人，为我国未来人才素质提升打下了坚实基础，谱写了我国学前教育事业的新篇章。

　　党的二十大报告指出，教育、科技、人才是全面建设社会主义现代化国家的基础性、战略性支撑，要办好人民满意的教育，全面贯彻党的教育方针，落实立德树人根本任务，培养德智体美劳全面发展的社会主义建设者和接班人。"十四五"时期，我国教育进入高质量发展阶段。面对新形势、新任务、新要求，教师的能力素质还不能完全适应，党中央、国务院对教师能力素质的关注提高到前所未有的程度。从 2018 年中共中央、国务院出台的《关于全面深化新时代教师队伍建设改革的意见》，2019 年教育部办公厅、财政部办公厅发布的《关于做好 2019 年中小学幼儿园教师国家级培训计划组织实施工作的通知》，再到 2020 年教育部教师工作司颁布的《幼儿园新入职教师规范化培训实施指南》(以下一般简称《培训实施指南》)，国家对新时代幼儿园教师队伍高质量建设既给出了高屋建瓴的指导性意见，又点明了清晰明确的发展方向、培训内容和实施路径。

　　习近平总书记《在哲学社会科学工作座谈会上的讲话》深刻指出："当代中国正经历着我国历史上最为广泛而深刻的社会变革，也正在进行着人类历史上最为宏大而独特的实践创新。这种前无古人的伟大实践，必将给理论创造、学术繁荣提供强大动力和广阔空间。这是一个需要理论而且一定能够产生理论的时代，这是一个需要思想而且一定能够产生思想的时代。"理论创造和实践创新相辅相成，对于我国新时代幼儿园保育、教育质量的提升至关重要。《幼儿园新入职教师规范化培训实施指南》的颁布既是高质量幼儿园教育和高质量幼儿园教师教育发展的重要标志，也是学前教育工作者奋进的新起点。作为《幼儿园新入职教师规范化培训实施指南》的研制团队，我们针对国家学前教育特别是高质量幼儿园教育、高质量幼儿园教师教育及其一体化的重大政策问题、理论问题、实践问题进行研究，不断形成新时代政策话语、理论话语和实践话语及其三位一体的优秀研究成果。我们希望通过自觉践行学前教育人的时代使命，努力在新时代生产出更多具有政策影响力、理论解释力和实践指导力的科研成果，为推动学前教育高质量发展作出贡献。"新幼师·幼儿园新入职教师规范化培训教材"即其中一个里程碑式的创新成果，是为新时代高质量幼儿园教师培训提供的创新性整体解决方案。

　　文章合为时而著，歌诗合为事而作。幼儿园教师是履行幼儿园教育教学工作的专业人员，需要经过严格的培养与培训。幼儿园新入职教师是学前教育发展的未来，他们的专业发展对于我国新时代高质量学前教育体系建设具有重要意义。作为"新幼师·幼儿园新入职教师规范化培训教材"的编写团队，我们瞄准国家学前教育中长期发展目标与重大战略需求，贯彻落实党中央和国家的相关政策要求，依据《幼儿园新入职教师规范化培训实施指南》，关切幼儿园教育与幼儿园教师教育的现实问题，积极谋划具有中国特色、中国风格、中国气派的幼儿园新入职教师规范化培训教材，构建知识体系、方法体系和课程内容体系，力求在教育现代化布局、教育高质量发展背景下形成一套"既顶天"——从幼儿园新入职教师岗位需求出发进行顶层设计，"又立地"——集理论内容、实践练习、自我反思于一体的、多种介质综合运用的、表现力丰富的新形态精品培训教材。

一、《幼儿园新入职教师规范化培训实施指南》解析

　　　　《培训实施指南》不仅标志着国家对幼儿园新入职教师培训进行了规范要求，同时还创造性地提出了一套教师培训理论框架和实践方法。换句话说，它不仅回应并较好解决了"一园一策"培训方案存在的效率低下、监督不足、资源匮乏等方面的问题，还针对性地、系统性地给出了目标规范、内容规范、路径规范、评价规范的"一揽子"培训解决方案。

幼儿园新入职教师规范化培训实施指南

（一）培训目标

　　幼儿园新入职教师（以下必要时简称"新教师"）作为园所发展的新生力量，具有时代感强、可塑性强、发展潜力大等显著特点。因此，如何在教师入职初期抓住发展的关键期，夯实其岗位胜任基础，唤醒其内生学习动力，使之尽快成为合格的初任教师，并为今后的职业发展奠定良好素质基础，是幼儿园教师培训的重中之重。《培训实施指南》中的培训目标要求培训者通过设计系统化、规范化循序进阶的培训方案，开展实践性、激励式的规范化培训，从根本上提升幼儿园新入职教师的岗位胜任力和内生学习力。为有效激发内生学习力、快速提升岗位胜任力，指南要求新教师的培训目标要解决首次上岗后所要面对的关键岗位任务和面临的真实工

作问题，并通过以区（县）教师进修学校的教练式集中体验培训、培训幼儿园（培训基地）的师徒制基地浸润培训、聘任单位幼儿园的返岗实践培训的方式，切实帮助新教师实现内生学习力与岗位胜任力的双通道提升。

（二）培训内容

《培训实施指南》聚焦于关键岗位任务，并强调培训要支持新教师胜任关键岗位任务。根据"师德为先、幼儿为本、能力为重和终身学习"的理念，文件将培训内容分为 4 个模块——师德修养与职业信念、幼儿研究与支持、幼儿保育与教育、教育研究与专业发展，分别对应不同的关键岗位任务。4 个模块下设 18 个专题，分别对应教师关键岗位任务的胜任要素。18 个专题又细化为 52 个任务要求，分别对应关键岗位任务胜任要素的典型行为表现。文件同时还强调培训要将 52 个任务要求以"小而精"的形式转化为可操作、可记录与可评量的具体任务，即采用具有精准引导性、渐进探究性、小巧友好性、灵活拓展性的手册式或表格式活页记录单的形式，帮助新教师聚焦于关键岗位任务，达成胜任关键岗位任务的目标。

（三）培训路径

《培训实施指南》强调唤醒新教师的主动学习动机——通过集中体验培训、基地浸润培训和返岗实践培训的"三幕戏"，以及在每幕戏中帮助教师加深专业理解、解决实际问题和提升自身经验的"三部曲"，形成目标一致、层层递进、自主进阶的"九步培训路径"，对幼儿园新教师开展为期一年的培训。集中体验培训采用"教练式培训法"，重视对关键岗位任务进行案例式与体验性培训，强调"所教即所学—所学即所用—所用都好用"；基地浸润培训采用"师徒制培训法"，重视对关键岗位任务的演练式与实战性培训，强调"实用是实练—实练是实需—实需是实得"；返岗实践培训采用"园本式培训法"，重视对关键岗位任务的落地式与反思性培训，强调"好用就挪用—挪用就巧用—巧用就常用"。

（四）培训评价

《培训实施指南》重视随行激励评价，强调"真实且友好"的"随行性和持续性"评价——通过反应层、学习层、行为层和成果层 4 层培训评价模型，以及随学随评、随做随评和随思随评的 3 步循环进阶式考核路线，帮助新教师照镜子、定靶子、找路子，帮助培训者对靶子、调路子、建模子。反应层的评价是评量新教师对培训的基本态度，即对其幸福感的评量；学习层的评价是评量新教师对培训知识的掌握程度，即对其获得感的评量；行为层的评价是评量新教师对教师教学行为的改变，即对其有为感的评量；成果层的评价是评量新教师对幼儿的积极影响，即对其成就感的评量。4 层培训评价模型以及 3 步循环进阶式考核路线更注重过程性评价、表现性评价，注重激励型的自我检核评价，其中，任务单即过程性评价、表现性评价的具体体现，激励型的自我检核评价即新教师完成一个个小目标时的自我审视和内在激励。

（五）培训条件与保障

《培训实施指南》要求整县持续推动幼儿园新入职教师培训，强调教育行政部门、专业培训团队、新教师各司其职——按照省市统筹、地市组织、整县推进的总体思路，省市教育行政部门负责规划、指导和评价，地市教育行政部门负责制订计划、实施方案和整合资源，县级教育行政部门发挥培训主体作用并实际负责与管理培训工作。专业培训团队分为集中培训团队、带教师傅团队、园所培训团队三组力量，按照实践导向原则分解培训任务，促进培训走向规范、有效且持续。新教师在培训前，进行真实的自我能力诊断，明确研修目标并制订个人研修计划；在培训中，认真学习培训内容，积极参与实践活动，及时反思学习经验；在培训后，回顾与分享培训收获，制订个人专业发展规划。整体培训工作坚持规范培训导向、岗位胜任导向、重心下移导向、模式创新导向，做到方案规范、机制规范、过程规范、评价规范和职责规范。

二、"新幼师·幼儿园新入职教师规范化培训教材"解析

（一）系列教材结构

该系列教材共 6 册，分别是《中华优秀传统文化融入幼儿园教育》《幼儿学习研究与支持》《幼儿典型行为观察与记录》《幼儿园教育活动计划与实施》《幼儿园区域游戏活动支持与指导》《幼儿园一日生活组织与保育》。上述 6 个册本是在充分调研幼儿园新入职教师真实培训需求的前提下，基于提升师德修养、发展专业能力、胜任岗位任务的原则，从 18 个培训专题中精心选择的。在这 6 个册本中，我们充分尊重幼儿园新入职教师的成长特点和发展规律，强调岗位胜任导向；体例及栏目设计遵循《培训实施指南》提出的培训路径和培训方式，但教材并非对文件的简单解读，教材中的章标题对应任务要点，节标题对应任务要求，具体内容是在文件基础上的内涵式拓展与延伸。

《中华优秀传统文化融入幼儿园教育》主要探讨适宜幼儿园教育的中华优秀传统文化，旨在帮助新时代幼儿园新教师自觉树立传承文化的意识，掌握将中华优秀传统文化融入幼儿园各种教育活动的途径与策略。《幼儿学习研究与支持》和《幼儿典型行为观察与记录》指向新时代幼儿园新教师应具备的专业素质和能力，指导他

们有意识、有目的地在观察儿童、研究儿童的基础上支持儿童的学习与发展。《幼儿园教育活动计划与实施》《幼儿园区域游戏活动支持与指导》《幼儿园一日生活组织与保育》涉及幼儿园三种关键保教岗位任务，旨在帮助新教师掌握并胜任这三种关键岗位任务，运用科学的方法和适宜的策略组织儿童开展寓教于乐的教育活动。

（二）系列教材特点

本系列教材立足国家立场、基于儿童特点、尊重教育规律，为帮助新时代幼儿园新入职教师将内化的知识转化为外在的行动，表现出"所训即所学、所学即所用、所用即有用"的胜任岗位的典型行为，我们在设计和编写过程中充分重视并体现出培训规范性、练习进阶性、任务友好性、实践反思性和文化浸润性等编写特点。

1. 培训规范性

《培训实施指南》指出"幼儿园新入职教师的培训必须坚持规范导向"。教材内容坚持与培训内容保持一致，基于规范的培训目标设计规范的培训内容与培训方式，各章均涉及理论、实践、反思的培训内容，支持指南所要求的集中体验培训、基地浸润培训和返岗实践培训三步进阶的规范化培训方式。具体来说，教材在理论专题（通常是每章的第一节），通过理论讲解、案例呈现和"练一练"相结合的方式帮助新教师加深专业理解，有效支持集中体验培训阶段案例式与体验性的培训方式；在实践专题（通常是每章的第二节），采用文字或二维码的形式展示优秀课例，并以任务单的形式帮助新教师解决理论应用于实践的实际工作问题，支持基地浸润培训阶段演练式与实战性的培训方式；在反思专题（通常是每章的第三节），围绕核心内容进行反思性思考，用"填一填"和同伴讨论等形式帮助新教师提升自身经验，支持返岗实践培训阶段落地式与反思性的培训方式。

2. 练习进阶性

教材遵照任务要点循序渐进的原则，逐步引导新教师对重要知识和技能进行学习和掌握，通过逐步提高练习的难度和深度的方式，帮助新教师建立知识体系和技能结构，逐步提升自身的岗位实践能力。教材将重点内容有机地分解为一系列小任务，通过"写一写""填一填""练一练"等形式将任务按照难易程度进行有序设计。此外，教材设计还注重随行评价。通常在章节的开始阶段，教材会提供一次"我从这里出发"的测试，旨在帮助新教师了解自身现有水平，通过前测，培训者还可以针对性地制订培训计划；在学习过程中，每个学习任务完成后都会有相应的练习小任务，这些练习可以帮助新教师巩固所学知识，并及时发现问题和不足之处；在章节的结束阶段，教材设计了"带着希望再出发"或"我走到了这里"的测试，用于新教师评价自己在学习结束时所达到的水平。通过前后测的对比，新教师能够自主了解自身水平和学习成效，这既便于新教师在后续培训中有针对性地选择学习内容，及时调整自身学习和培训进程；又便于培训者客观了解新教师的发展，建构更加适宜的培训体系。

3. 任务友好性

教材的一大亮点是为新教师提供了操作友好的任务单，帮助新教师在"学学练练"中加深专业理解、解决实际问题、提升自身经验。在教材中，重点学习目标和内容都会被细化为任务单。为了体现任务单的友好性，我们特别设计了流程提示和讨论要点框架，以清晰的语言和结构指导新教师完成特定的学习任务，理解和应用所学内容。一方面，任务单在系统化知识逻辑的基础上提供典型案例和焦点问题供讨论，其操作性特点能够帮助新教师根据自己的实际情况和需求进行学习。另一方面，任务单的灵活性特点能够帮助新教师根据自身情况选择不同的路径和方法来完成任务，支持个性化学习。此外，任务单还采用了直观的图表、示例和案例等形式，以帮助新教师更好地理解和应用所学知识。总之，教材通过提供带有提示的、可操作的任务单，为新教师提供了更便捷、更灵活的友好的学习与发展工具。

4. 实践反思性

教材注重提供基于实践情境的真实问题的反思工具，让教师能够通过反思实践不断提高自身的岗位胜任力。任务单是一个重要的反思工具，这些任务单既能帮助新教师记录和总结自己的实践经验、学习理解和思考感悟，又能帮助他们回顾自己在学习过程中的感悟、创意、疑惑和挑战，通过填写任务单反思自己的保教行为，针对目标与内容进行自我评估与改进。例如，在《幼儿学习研究与支持》第二章第二节的任务单S2.2.5中，新教师可以从"教师支持幼儿的路线"和"幼儿建构知识的路线"两个方面反思教学过程，并使用"用台阶图等任一形式绘制教师与幼儿之间的互动路线图"的方式可视化地表征教学反思；与此同时，教师还可以思考自己在教学观摩活动中或在自己的教学过程中，发现的亮点、遇到的问题或改进的思考。除了任务单，教材还包括教师自主学习的任务、教育实践的建议、小组讨论框架或拓展阅读推荐等，这些导学栏目能够鼓励和支持新教师不断深化自己对教育理论和实践的理解，从而提升自身的专业素养和教育教学能力。

5. 文化浸润性

教材注重培养新教师的传统文化素养和传承文化的能力，旨在帮助新教师养成将中华优秀传统文化融入幼儿园日常教育活动的意识和能力。文化是民族的血脉，是人民的精神家园，将中华优秀传统文化融入幼儿园教育是培养"快乐学习中国娃"的基本途径和有利抓手。我们认为，中华优秀传统文化应该以唤醒、激发、熏陶和浸润等符合幼儿学习习惯和思维特点的方式融入幼儿园教育，让幼儿在一日生活各环节接触中华优秀传统文化，在感知、体验和操作中养成良好道德品质和行为习惯。因此在教材中，我们积极贯彻落实《完善中华优秀传统文化教育指导纲要》《关于实施中华优秀传统文化传承发展工程的意见》《"十四五"文化发展规划》，将中华优秀传统文化以"润物无声"的方式浸润在综合主题活动、区域游戏活动、一日生活活动、早期阅读活动的设计、组织与实施中，发挥"以文化人、文化育人"的功能。

（三）主要编写人员

我们以高标准、严要求的学术态度组建了教材编写团队。教材主编既有国内顶尖师范院校的学术领军人物，也有幼儿园教师培养一线院校的专家学者；既有国家教育科学研究机构的研究人员，又有一级一类、示范性幼儿园的园长；既有区（县）教师进修学校的骨干教研员，又有具有丰富实践经验的幼儿园特级教师。

在教材编写过程中，我们邀请专家学者、名园长、优秀一线教师和教研员深度参与，形成了立体化、多层次、实践取向的编写队伍，为落实《培训实施指南》中教练式、师徒制的培训路径，为教材内容的落地化和适切性找到了科学可行的本土化解决方案。这些专家、教师学术作风正、师德涵养高、学术功底扎实、实践技能过硬，特别重要的是具备很强的人格魅力和专业影响力。可以说，他们既是教材的编写者、创作者，同时也是新教师未来职业发展的标杆和榜样。

三、教材使用建议

本系列教材可以在不同的场景中灵活运用。下面我们将从区（县）教师进修学校的区域教师培训设计者、以高校研究者为主的理论导师和区（县）内骨干教师为主的实践导师为核心的教师培训者以及参加培训的教师（参训教师）三个角度来讨论如何使用教材。

（一）培训设计者使用

区（县）教师进修学校可以将本系列教材作为区域内系统设计幼儿园新入职教师（也可以是骨干教师）培训课程的指南和主要资源。培训设计者可以根据教材的内容制订培训计划和课程安排，确保培训活动的连贯性和系统性。教材中理论专题的练习可以作为集中体验培训中讨论活动的一部分，并结合教练式培训的特点，支持参训教师在培训过程中不断进行"学、习、思"三位一体的实践和体验；实践专题的任务单可以转化为基地浸润培训阶段和返岗实践培训阶段的研讨工具，使参训教师的研讨活动更加专业化和结构化，有效提高整个培训活动的科学性、规范性和系统性。同时，教材中反思专题的反思表格等可以用作促进参训教师反思和交流的工具，引导他们在实践中不断改进和完善教育教学行为。

（二）教师培训者使用

以高校研究者为主的理论导师和区（县）内骨干教师为主的实践导师为核心的教师培训者在使用本系列教材时，可以充分利用其中的资源作为培训内容。培训团队可以结合教材提供的理论内容、练习设计、实践案例和任务单等内容，准备专业性和针对性的培训内容，支持新教师通过集中体验培训加深专业理解，通过基地浸润培训巩固学习内容、解决实际问题，通过返岗实践培训反思教学过程、提升自身经验。培训团队还可以针对教材中的案例和问题，在集中体验培训阶段组织小组讨论和分享，或在基地浸润培训阶段将案例和问题转化为观摩活动研讨框架，促进参训教师之间高质量的互动与合作，提升培训质量。

（三）参训教师使用

幼儿园新入职教师或其他参训教师在使用本系列教材时，应从实际需求出发，灵活、合理安排学习时间和内容：第一，可以根据教材设计进行系统学习、认真练习与反思，将所学逐步运用于保育教育实践，不断提高自身的岗位胜任力和内生学习力。第二，应充分利用教材中的反思任务单和案例分析任务单等，进行实践反思和自我评估，及时纠正错误和改进方法。第三，可以将教材当作实践解惑的工具书，特别是在返岗实践培训阶段，根据个人需求选择自己感兴趣的内容进行选择性学习或巩固性学习，灵活使用教材以解决个人在保教实践中的困惑；同时，对教材中提供的"拓展阅读"等自主学习板块，新教师应积极主动学习，以开阔自己的教育视野，提高专业素养。

关山初度尘未洗，策马扬鞭再奋蹄。我们要向成就这套教材而辛勤付出的人们表示感谢。感谢教育部对《幼儿园新入职教师规范化培训实施指南》研制团队的信任和委托，教材因此得以"生根发芽"；感谢教育部教师工作司对《幼儿园新入职教师规范化培训实施指南》研制过程的指导和帮助，教材伴随着指南研制逐渐"长出枝干"；感谢高等教育出版社的高度重视和大力支持，教材在此处获得了"肥沃土壤"。同时，还要感谢教材编写团队的卓越付出，感谢各参编园所的积极参与、配合，正是致力于幼儿园新入职教师规范化发展道路上的所有人的合力，才使得教材最终"开花结果、枝繁叶茂"，让这套教材达到了我们的最高期望。在编写过程中，我们参考了一些文献和资料，在此也一并向这些文献和资料的作者表示敬意和感谢。

我们衷心希望"新幼师·幼儿园新入职教师规范化培训教材"能够成为我国

幼儿园新入职教师持续学习与专业发展道路上的"良师益友"，帮助他们获得岗位胜任力、激发内生学习力，又好又快地成为幼儿园教育教学工作的中坚力量，为培养德智体美劳全面发展的社会主义建设者和接班人作出贡献。

我国著名思想家梁启超先生在《少年中国说》中写道："天戴其苍，地履其黄。纵有千古，横有八荒。前途似海，来日方长。"新时代幼儿园教师培养培训亟待我们"勿忘昨天的苦难辉煌，无愧今天的使命担当，不负明天的伟大梦想，以史为鉴、开创未来，埋头苦干、勇毅前行"。我们欢迎志同道合的朋友们携手同行，让科学保教理念深植于每一位新时代幼儿园教师培训者、幼儿园新入职教师的心中，让具有中国特色、中国风格、中国气派的新形态精品培训教材走向世界、走向未来。

2023 年 12 月于北京师范大学英东楼

　　"幼儿学习研究与支持"作为幼儿园教师专业能力的重要维度，体现了我国在办好学前教育背景下对幼儿园教师专业能力发展的新要求和新期待，表达了对幼儿园教师专业能力取向所作出的重新定位转型。"幼儿学习研究与支持"既是促进幼儿学习与发展的需要，更是教师实现自身专业发展的需要。"研究幼儿学习"指幼儿园教师有目的、有计划地观察、识别和分析 3～6 岁儿童学习特点、方式和典型行为表现的过程；"支持幼儿学习"指幼儿园教师在研究幼儿的基础上有目的、有计划地引领、支持和促进 3～6 岁儿童学习的过程。我国相关政策和学者日渐强调幼儿园教师应具备"幼儿学习研究与支持"能力。2001 年颁布的《幼儿园教育指导纲要（试行）》对幼儿园教师应该教什么、每个领域教的重点是什么，教之外还应该做什么以及如何做进行了详细阐明。2014 年颁布的《3～6 岁儿童学习与发展指南》则明确指出幼儿应该知道什么、可以做什么、不同领域学习重点是什么、应该达到什么预期水平和作为成人如何给予幼儿支持等。从《纲要》到《指南》，我们可以看到"为学而教"已经成为当今学前教育改革实现重心转移的迫切需求。我国的幼儿园教师专业标准中没有将"幼儿学习研究与支持"作为能力领域独立提出，但是标准中提出的"幼儿发展知识""幼儿保育和教育知识""游戏活动的支持与引导""教育活动的计划与实施"等能力领域都体现和贯穿了教师对幼儿学习的研究与支持。

　　我们认为，工业时代的教育是封闭式教育，教师扮演知识传承者的角色向幼儿输出知识；信息时代的教育是开放式教育，教师已不再是幼儿获得知识的单一渠道，而成为幼儿自主学习的引导者。可见，以"幼儿学习研究与支持"为突破点探寻幼儿园教育教学的根本意义和幼儿园教师教育的基本诉求，已经成为幼儿园教师提升专业能力的方向。然而，目前我国幼儿园教师"幼儿学习研究与支持"能力薄弱，受二元对立世界观的影响，传统教学论认为师幼是一种主客体的关系，认为教师的主体性是活动的出发点和条件，幼儿作为客体是主体活动指向的对象和终点。这样的认识导致现实的教学实践中普遍存在以教师为中心而忽视幼儿学习的现象。在研究幼儿学习方面，有些教师将研究"学习"等同于研究"教师教什么"和"教师怎样教",而忽略了研究"幼儿学什么"和"幼儿怎样学",对于各年龄段的幼儿需要学什么、能做什么和能达到什么水平等把握不够,经常对教案进行精雕细琢而忽视对幼儿学习过程的观察和分析。在支持幼儿学习方面,有些幼儿园教师将"支持学习"等同于"教师的单向讲授",而忽略了"幼儿的主动学习",教师占据着主导地位,高度控制教学流程,不能结合幼儿的前期经验、兴趣需要和学习状态设计教育活动,教育活动往往变成由教师按预设剧本展开的个人表演。

因此,本书在简要阐述"什么是学习"的基础上,通过对"掌握幼儿的学习方式""支持幼儿有意义的学习过程""培养幼儿积极的学习品质"三大主题的讨论,引导幼儿园教师转变教育观念和行为,认识到幼儿园教师的"教"应是基于幼儿在学习过程中的表现托起幼儿的学习,它是幼儿在前、教师在后的"支架",不同于教师在前、幼儿在后的"牵引"。幼儿园教师的"教"是教师基于幼儿最近发展区支撑起幼儿的学习,是教师对每位幼儿已有水平和可能达到的发展水平进行科学识别后提供学习"阶梯",不同于教师千篇一律地"传输"知识。教师只有成为幼儿学习的研究者和支持者,才能使幼儿的主体性获得最大程度的发挥,更好地支持幼儿的学习与发展。教师应研究学习者、研究学习过程、研究课堂教学,从知识与技能的忠实传达者转变为教育教学的反思者和研究者,以此实现教师的专业发展。教师对幼儿学习进行研究不是为了提出高深的幼儿教育理论,而是为了改进自身的教育教学实践以更加有效地支持幼儿的学习。正如王策三教授所说,教师的作用必须也必然有一个落脚点,这个落脚点只能是"学",教学所追求的目标和结果,一定要由"学"体现出来。这就要求教师应在研究和支持幼儿学习的过程中对自身的儿童观、教学观和师幼观进行反思,并在行为上不断促进自身专业能力的发展。

优秀的教师教育不是教学理论和经验的灌输与传递,而是支持教师在理论和经验学习的基础上对自身的教育教学理念和行为进行反思,从而实现教师个体的自我价值。教师具有独立的自我意识,一旦形成学习动机就会以主体的身份深度参与发展过程。我们应充分尊重教师学习的自主性、能动性和反思性,提倡教师教育者与教师之间建立互相学习、共同促进的关系,注重教师在发展过程中的自主体验和合作研究,由传统满堂灌的"外控式"发展转向自主性的"内塑式"发展,促进教师自主持续地实现进阶式专业发展。本书通过"加深专业理解—解决实际问题—提升自身经验"(分别与各章的三节对应)共同发挥作用促进教师能力的发展。"加深专业理解"旨在帮助教师了解基本的理论知识和技术要点,解决"是什么"和"为什么"的问题,主要实施阶段包括问题导入和理论讲解;"解决实际问题"旨在帮助教师掌握可操作性的实践知识以解决在实践工作中存在的问题,解决"怎么办"的问题,主要实施阶段包括课堂观摩和案例分析；"提升自身经验"旨在帮助教师在自我反思中实质性地提升经验，解决"我如何做会更好"的问题，主要实施阶段包括活动反思和迁移延伸等。这个过程就是遵循"导—训—观—例—思—移"等阶段支持幼儿园教师的学习和发展。

本书是中国教育科学研究院 2023 年青年专项课题"我国 0—6 岁托幼课程一体化研究"（课题号：GYD2023001）项目资助成果，由霍力岩、孙蔷蔷牵头编写，参与编写的还有北京联合大学黄双，广州市教育研究院林岚，钢铁研究总院幼儿园张昭，以及北京师范大学博士生张仁甫，硕士生武明洁、李婧漪。特别感谢高等教育出版社责任编辑何淼老师对本书所提出的修改建议。编写团队切实基于"认真落实立德树人根本任务""为培养德智体美劳全面发展的社会主义建设者和接班人奠定坚实基础"的价值取向，基于"有目的、有计划地在情境化过程中对幼儿施加支架性影响"的教育规律，基于培养具有岗位胜任力和内生学习力的教师，对全书进行定位和编写。希望本书能够为落实教师幼儿学习研究与支持能力发展的政策要求，改善教师幼儿学习研究与支持能力薄弱的现实问题，促进幼儿园教师专业能力提升，为我国学前教育的增质提效作出有益贡献。

本书编者
2024 年 3 月

目　录

学习目标

学习本章内容后，你将能够更好地：

1. 理解"幼儿学习研究与支持"是幼儿园教师应具备的重要能力，掌握学习的内涵，理解经典的学习理论；

2. 熟知学前教育课程的主要流派，并在此基础上理解幼儿的学习方式、关注幼儿的学习过程，提升培养幼儿学习品质的意识，真正促进幼儿进行有意义的学习。

一、学习的内涵是什么

人的一生是学习的一生，如果没有学习，人就无法成长和生活，人类社会也不会发展到今天，所以，学习是人类进步和发展的基础，也是每个人走向成功的必由之路。什么是学习？你是怎样认识学习的？请你根据自己的认识给学习下一个定义，写在空白处。

（一）从词源学看"学习"

"学习"一词最早出现在西汉的《礼记·月令》中：鹰乃学习。[①]"学"指"小鸟效仿大鸟练习飞翔"，是效仿的意思，"习"是形容小鸟频频飞起的形状，"鹰乃学习"就是小鸟（效仿大鸟）反复地飞。其实，"学习"中的"学"所强调的是一种"认知活动"，"习"所强调的则是一种"实践活动"，目的是告诉人们，学习本是一件知行合一的事情，这符合中国古代先哲对学习的理解和阐释。但此时的人们更多地将学习理解为直接经验的学习，强调通过反复操练来形成或获得某种技能。

后来，人们对学习有了更深一步的理解，认为学习的范畴不仅包括直接经验，还包括一些获得间接经验的阅读和研究，北宋邢日丙引《白虎通》云："学者，觉也。觉悟所未知也。"他将"学"解释为内省的道德思考活动。这在一定意义上表明了学习是人的意识活动，是通过阅读和研究来进行的。朱熹《论语集注》将"学"字解释为："学之为言效也。人性皆善，而觉有先后，后觉者必效先觉之所为，乃可以明善而复其初也。"[②]朱熹将"学"理解为"效"，效法古圣先贤之所为，强调在社群意识或生活伦理的脉络中掌握"学"的意义及其内容。以上思想浸润在中国教育之中，即希望学习者通过"学"的过程，实现"道"——知识、道理的建构，学习不是被动地接受东西，而是主动地生成自己的经验、解释和假设。

总而言之，中国古代将学和习分成两个部分理解是合理且有价值的。"学"主要指接受知识之义，即知；"习"主要指实践和练习之义，即行。也就是说，没有直接经验的"习"，知识不能灵活运用；没有间接经验的"学"，知识就难以传播。这告诉我们，学习要使直接经验与间接经验相结合，这与当今学前教育观念十分吻合。

---

① 　汪凤炎.中国心理学思想史[M].上海：上海教育出版社，2008：214.

② 　周元侠.《论语集注》中"学"字释义解析[J].福建论坛（人文社会科学版），2013（11）：72-75.

（二）从心理学看"学习"

"学习"是人们都会用到的且使用频率很高的词语，无须专门的心理学知识，大家似乎也明白学习的含义，凭借已有的经验或直觉，都能举出一些学习的典型例证，如看报、读书、听课、背诵、写作业、做实验等。但当我们用心理学知识来揭示学习的本质特征，为学习作确切的定义时，却常常感到并不那么容易。一般来讲，学习有广义和狭义之分。广义的学习在人类和动物界广泛存在，是指人和动物在生活中通过实践或训练来进行，由经验而引起的比较持久的心理和行为变化的过程；狭义的学习是指学生在学校里的学习，是一种特殊学习的形式。

许多心理学家、教育学家根据不同的理论基础和研究成果，从不同的角度出发，提出了各自关于学习的定义。鲍尔和希尔加德认为，学习是指一个主体在某个现实情境中由重复经验引起的对那个情境的行为或行为潜能变化。不过，这种行为的变化不能根据主体的先天反应倾向、成熟或暂时状态（疲劳、酗酒等）来解释。加涅认为，学习是人类倾向或才能的一种变化[1]，强调学习是发生在个体身上的学习过程的结果，学习的含义既包括学习的内容，也包括学习发生的过程，指向学到了什么。库伯认为，学习是个体获得行为经验的过程，强调学习也指发生在个体身上的心智过程，这些过程指向学习的变化和结果。维果茨基等人认为，学习是个体在社会交互活动中相互影响从而获取知识、信息和技能的过程，强调学习是个体、学习材料和社会环境间相互作用的过程。我国学者施良方把学习定义为经验引起的行为、能力和心理倾向比较持久的变化。蔡胜铁等人认为，学习是主体与媒体、客体交互作用，在实践的基础上获得经验，主体的思维、行为、品格各方面逐步发生变化和飞跃的过程。韩永昌认为，学习是个体后天与环境接触，获得经验而产生行为变化的过程。[2]

无论是西方学者对学习的解释还是我国学者对学习的界定，都体现出学习行为本身的多样性和复杂性。总结国内外学者对学习的认识，幼儿园教师在理解学习的内涵时，应该注意以下三点：

第一，无论低级动物、高级动物或是人类，均能发起学习，只不过对于低等动物来说，学习就是通过模仿和反复练习后掌握某种技能，如桑代克通过迷箱实验提出了试误学习理论，巴甫洛夫通过狗的实验提出了条件反射理论，华生和斯金纳提出了操作学习理论，他们通过对人和动物行为实验的分析，得出"刺激－反应"的联结建立和强化学习的概念。[3] 人类的学习和动物的学习存在本质的区别，人类

---

① 黄大庆. 教育心理学 [M]. 北京：首都经济贸易大学出版社，2019：55.

② 学生高效率学习的心理研究课题组. 自主·乐学·会学：中学生高效率学习的心理研究 [M]. 成都：西南交通大学出版社，2018：40.

③ 左银舫. 教育心理学 [M]. 武汉：华中科技大学出版社，2015：78

的学习是一种有目的的、自觉的、积极主动的过程，因此，对于人类来说，学习不仅是"刺激－反应"的简单联结，还有复杂的因果关系。

第二，学习是人类后天习得的，不是先天的反应或自然成熟导致的。人类的行为有两类：一类是先天的反应或自然成熟导致的，如幼儿从趴到坐，从走到跑，这些变化主要是幼儿骨骼发育成熟的结果；另一类是后天习得的经验，主要是个体通过经验或实践而获得，如个体从不会骑自行车到学会自行车，从不会蛙泳到学会蛙泳。这些技能、习惯、知识和态度等的获得，都是通过感知体验、练习操作等方式不断调整和完善而实现的。

第三，个体的某种行为或行为潜能必须产生相对持久的变化。个体发生的变化是学习是否发生的根据，只有个体的行为或行为潜能发生了相对持久的变化，才能称为学习，如学习打羽毛球是某种动作技能的形成，喜欢英语演讲是某种态度的获得，这些变化实质上是个体的行为或行为潜能方面的变化。值得注意的是，我们不能简单地认为行为的变化就是学习，学习的行为变化是由练习或反复经验导致的，是相对持久且稳定的，这种变化会使人的行为水平持续提高。

结合词源和心理学的观点，我们可以对学习作这样的界定：学习是有机体从"不会"到"会"的过程，也是个体通过与客体信息进行的双向的相互作用来形成、充实或调整自己的知识、技能、习惯和态度的过程，而这个过程会伴随着直接经验与间接经验的学习。个体学习将会对以后相关情境中的活动水平和方式产生影响。

我的行动

各类中文词典是如何定义学习的？你能归纳一下吗？

各类英文词典是如何定义学习的？你能归纳一下吗？

二、各学习理论流派如何理解学习

对于学习机制的探究，当前存在四大理论流派：行为主义学习理论、认知主义学习理论、建构主义学习理论以及人本主义学习理论。行为主义学习理论认为学习是刺激与反应联结、强化的被动、外控的模式。认知主义学习理论认为学习是个体为获得知识、形成概念、组织认知结构、解决问题而进行的信息加工过程。建构主义学习理论认为学习是引导学生从已有经验出发，通过新、旧知识经验的相互作用，而形成和生长起新的经验。人本主义学习理论认为学习是学习者自我实现、自我发展的过程。不同的学习理论流派在解答个体获得知识经验的学习过程的基本问题时，都有着不同的观点。图0-1展示了不同学习理论流派的代表人物。

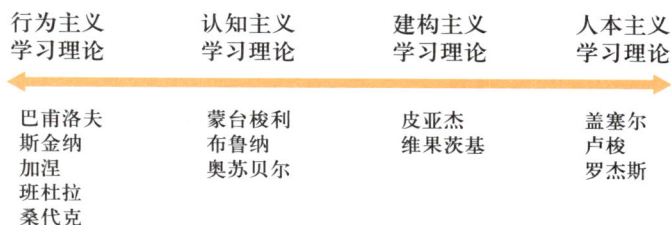

行为主义学习理论	认知主义学习理论	建构主义学习理论	人本主义学习理论
巴甫洛夫 斯金纳 加涅 班杜拉 桑代克	蒙台梭利 布鲁纳 奥苏贝尔	皮亚杰 维果茨基	盖塞尔 卢梭 罗杰斯

图0-1　不同学习理论流派的代表人物

（一）我的学习看得见：行为主义学习理论

行为主义学习理论认为学习过程是有机体在一定条件下形成的刺激与反应的联结从而获得新经验的过程。该理论认为能够根据提供的刺激来预测或控制学习者的反应。[①] 可见，在行为主义者看来，学习的产生是外控的，学习是一种被动完成、循序渐进、积少成多的过程。但班杜拉的社会学习理论更像是从行为主义到社会建构主义的转变[②]，下文将详细阐释。

行为主义学习理论中的"鹰乃学习"

行为主义学习理论如何教小鹰飞行？

行为主义学习理论首先要求制订详细的飞行计划和步骤，对小鹰进行分步骤的训练。如，第一天教小鹰张开臂膀，第二天教小鹰起跳，第三天教小鹰扇动翅膀。在每一天的行为学习的背后都会有一些强化物，比如每学会一种行为就奖励一块肉。

如何理解行为主义学习理论中小鹰的学习？

行为主义学习理论认为，小鹰的学习就是把每一步都学会了，再把这些步

[①] 赵丽霞. 学习理论流派及其教学设计观 [J]. 天津市教科院学报，2010（2）：8-10.
[②] 纪海英，郭本禹. 从新行为主义到社会建构主义：班杜拉研究范式的转变 [J]. 心理科学，2006，29（1）：225-227.

骤连起来，即小鹰学飞行＝行为1（张开臂膀）＋行为2（起跳）＋行为3（扇动翅膀）。换句话说，行为主义学习理论认为学习即外显行为的简单叠加，它忽视了人脑的思维作用。如果小鹰只是在脑子里把步骤想了一遍，那说明小鹰还没有学会飞行，因为行为主义学习理论要的是一种"看得见的学习"。

（二）我知道我怎么飞：认知主义学习理论

认知主义学习理论强调学习是个体通过对事物的认识、辨别、理解而获得意义和意向形成的认知过程，学习是认知结构的组织与重新组织。也就是说，学习过程不是简单地在强化条件下形成刺激与反应的联结，而是由个体积极主动地形成新的完形或认知结构。可见，认知主义学习理论偏重知识的获得、概念的形成、认知结构的组织和问题的解决等方面。

认知主义学习理论中的"鹰乃学习"

认知主义学习理论如何教小鹰飞行？

与行为主义不同，认知主义学习理论认为要教小鹰飞行，首先要给小鹰讲清飞行的原理，帮助小鹰学会有关飞行的一整套理论，最后考查小鹰是否已经学会。

如何理解认知主义学习理论中小鹰的学习？

认知主义学习理论认为小鹰的学习不仅仅是行为的表现，它更关注的是主体主动形成认知结构，这种学习既包含内隐的也包含外显的。如果小鹰学会了飞行理论，它即使没有通过外显的行为表现，也表示它学会了飞行。也就是说，认知主义学习理论认为学习行为并不一定是一种"看得见的学习"。

认知主义学习理论是在行为主义学习理论的基础上，额外关注了人脑中的内隐学习，因为人学会了某项技能，即使未以外显的行为表现出来，也有可能学会了这项技能，它储存在了人脑中。

（三）我要按自己的方式飞：建构主义学习理论

建构主义学习理论强调学习者的主动作用，他们认为学习结果是围绕着关键概念建构起来的网络知识结构[①]，学习过程是学习者主动地建构内部心理表征的过

---

① 莫雷. 教育心理学 [M]. 广州：广东高等教育出版社，2005：137.

程。[①]学习者不是被动地接受外来信息，而是主动地进行选择加工。学习过程是在教师和他人的协助下，通过独特的信息加工活动，建构自己的意义的过程。[②]该理论使我们认识到，幼儿不仅是独立的个体，更是社会成员。幼儿园教师应该建立起一种动态的、变化的学习环境，让师幼之间、幼幼之间建立一种具有主体间性的关系，成为多向交流、协同活动的学习共同体。这种学习共同体体现了教师、幼儿作为参与主体相互作用的多元化，是一种互动式的社会交往模式。

建构主义学习理论中的"鹰乃学习"

建构主义学习理论如何教小鹰飞行？

建构主义学习理论认为，小鹰学习飞行需要学习相关的飞行理论，还要结合自身的已有知识对教给自己的学习理论进行加工。那么，建构主义学习理论和认知主义学习理论的区别是什么呢？认知主义学习理论认为知识是客观的，是不以人的意志为转移的；但是建构主义学习理论有所不同，它强调知识是主观的，是可以变化的。

如何理解建构主义学习理论中小鹰的学习？

建构主义学习理论强调小鹰学习飞行要掌握相关的飞行理论，但是这种理论不是一成不变的，不是客观的，而是小鹰要结合自己的已有经验进行加工，最终形成它自己的理论。因此每一只小鹰掌握的飞行理论可能各不相同。

建构主义学习理论认为学习是主体主动建构认知结构，知识结构并不是一成不变的，同一个知识结构会因为个体所处的环境、主体的差异等因素而有所不同。

（四）我相信我能飞：人本主义学习理论

人本主义学习理论重视的是学习的过程而不是学习的内容，该理论从人的自我实现和个人意义的角度进行描述，认为学习是个人主动发起的，更加注重人的需求。可见，在人本主义学习理论看来，学习应该是内发的，是一种充满乐趣的主动学习。

---

① 靳玉乐，陈静.设计与大脑相协调的教学[M].杭州：浙江教育出版社，2008：37.
② 左银舫.教育心理学[M].武汉：华中科技大学出版社，2015：128.

人本主义学习理论中的"鹰乃学习"

人本主义学习理论如何教小鹰飞行?

人本主义学习理论认为,小鹰天生就会飞,天生就是一个有能力且主动的学习者。它会展示飞行的理想状态,应鼓励小鹰自己去试飞,并去感受飞行带来的美好体验。

如何理解人本主义学习理论中小鹰的学习?

人本主义学习理论认为学习需要关注人的情感,关注个体想学什么和想怎么学。教师不是不指导,只是不重视具体知识的学习,但是教师要重视学生的心理、动机等,以激发学生自己主动学习。

三、各课程流派如何看待学习

基于以上四大学习理论流派的逻辑,再结合各种各样的课程模式,试问:四大学习理论流派的背后有没有一个可遵循的、大概的课程主张呢?我们可以将四大学习理论流派和课程模式放在一个坐标轴上,简单地将行为主义理论对应文化传递主义流派,认知主义理论和建构主义理论对应进步主义流派,人本主义理论对应浪漫主义流派(图0-2)。接下来,我们将从学习和发展的角度来讨论各课程流派。

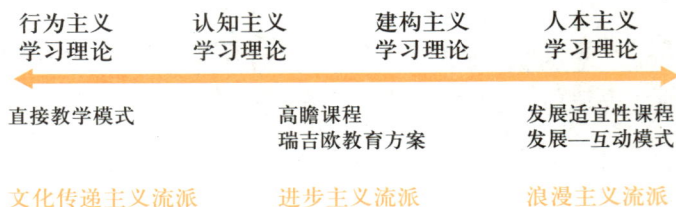

行为主义 学习理论	认知主义 学习理论	建构主义 学习理论	人本主义 学习理论
直接教学模式	高瞻课程 瑞吉欧教育方案		发展适宜性课程 发展—互动模式
文化传递主义流派	进步主义流派		浪漫主义流派

图0-2 学习理论与课程流派

(一)学习大于发展:文化传递主义流派

文化传递主义流派认为教育的任务就是向幼儿传递已有的知识经验。这一派别从心理学角度上属于行为主义理论。他们认为发展从属于学习,后天的学习作用大于先天的自然发展,也就是更强调知识与技能的作用。幼儿主要通过观察、模仿等方式进行学习,在学习的过程中,顺应大于同化,学习是外界刺激后反应的过程。文化传递主义流派认为,学前教育的目的就是促进幼儿知识的掌握,提高幼儿的学习技能,为其进入小学做好准备,教育内容以语言教学和知识传授为主,其中特别重视语言的教学，认为语言是幼儿发展，特别是思维发展的基础。同时，文化传递主义流派也注意到了要向幼儿传递一些社会和自然知识。教师应该按照事先制定的教学大纲进行直接教学，主张借助强化让幼儿进行反复练习，直至幼儿完全掌握。这种模式要求幼儿每天上 2～3 节课，在课堂上接受教师"灌输式"的教育。文化传递主义流派的经典课程模式是直接教学模式。

直接教学模式的提出旨在帮助处境不利的幼儿提升学业技能，做好入学前的准备。直接教学模式着眼于使幼儿掌握社会生活所必需的知识、技术、技能，并通过学业上的成就，发展幼儿的自信心，增强其自尊心。其长期目标是培养低成就幼儿的学习技能，使他们具备与文化背景较好的幼儿一样接受较高教育的机会和能力。直接教学是以学业为中心的，由教师指导的，使用有序的、结构良好的材料进行的集体教学，关注的是提高幼儿在各种学业测试中的分数、表现，通过高结构的教学活动使幼儿快速有效地掌握更多的信息。这种教学模式强调教师的指导作用，认为知识是从教师到幼儿的一种单向传递的作用，非常注重教师的权威性。课程目标由教师确定，而且教师一开始就要向幼儿讲解课程内容并示范技能。教师通过讲解和示范，结合幼儿的练习和反馈来教授概念和技能。

（二）学习与发展同样重要：进步主义流派

进步主义流派认为教育是通过幼儿与周围事物互动，由内外因相互作用而实现的发展。这一流派从心理学角度上属于认知主义理论和建构主义理论。他们认为学习的本质是学习与发展互相作用，幼儿主要通过探究发现、实际操作、自主学习、同伴交往进行学习，学习的过程是在不断同化和顺应中实现平衡。进步主义流派认为教育的目的是发展幼儿的思维能力，强调幼儿的自主学习和自我纪律；在教育的内容上尤其强调认知方面的发展，重视幼儿对数理知识、时空概念和事物因果关系的理解与掌握；在教育方式上要求幼儿"做中学"或"发现中学习"。教师有责任去"引发"幼儿的兴趣，而不仅仅是发现幼儿的已有兴趣。同时，教师要观察幼儿的行为表现，不断改进环境和材料，然后让幼儿以小组方式或个人方式进行操作活动，并在操作活动中发现问题、解决问题，最后达到思维的进步。进步主义流派的经典课程模式有高瞻课程和瑞吉欧教育方案。

1. 高瞻课程模式

高瞻课程是当今世界学前教育领域优秀的幼儿园课程模式。高瞻课程以帮助幼儿学会主动学习为基本价值取向，以系列关键经验为主要学习内容，以"计划—行动—反思"的活动教学为基本组织形式，旨在让幼儿对周围的自然与社会具有高度热情和广泛兴趣。有研究者指出，如果给幼儿提供以游戏为中心的探索活动，允许幼儿根据自己的发展水平互动、选择和参与活动，那么，幼儿的入学准备将做得更好。这个观点在高瞻课程的主动学习概念中也有相应的体现。

高瞻课程的主动学习包括五个要素：一是材料，材料能够吸引幼儿的各种感官，帮助扩展幼儿的经验，鼓励他们的想法；二是操作，幼儿通过直接用手操作材料或者与相应的资源互动，发现知识；三是选择，幼儿选择材料、玩伴，改变、建立自己的游戏想法，并根据自己的兴趣和需要计划活动；四是幼儿的语言和思维，幼儿描述他们所做的和所理解的，当他们思考自己的活动并修正想法打算进行新的学习时，他们会用语言或非语言的形式进行交流；五是成人鹰架，"鹰架"意味着成人支持幼儿并挑战幼儿当前的思维水平，使其进入新的发展阶段，以这种方式，成人帮助幼儿获取知识，发展创造性地解决问题的技能。上述五个要素抓住并支持了主动学习的本质特征，是对主动学习本质特征的操作化阐释。

高瞻课程围绕 8 大领域，58 条关键发展指标，构建了 3—5 岁学前儿童的学习内容。围绕学前儿童的成长设计和实施学习活动，促进学前儿童的全面发展与成长是高瞻课程内容的价值取向。高瞻课程的活动流程是"计划—工作—回顾"。"计划"时间旨在给幼儿表达他们的想法和意图的机会，培养幼儿的主动性和进取心。"工作"时间是三个步骤中最长的一段时间，旨在给幼儿提供一个将自己的计划付诸实施，与活动材料、工作伙伴等互动的大块时间，培养幼儿的主动学习意识，并使其在与客体相互作用的主动建构中得以学习和发展。"回顾"时间作为活动的最后一环，旨在让幼儿对已经经历或者已经实现的事情进行回顾，重现活动过程、活动经验及其与活动计划的链接，并以此培养幼儿的概括能力、表达能力、分享能力、合作能力和计划能力。

2. 瑞吉欧教育方案

瑞吉欧教育方案是由马拉古奇带领瑞吉欧·埃米利亚市的教育工作者一起共同开发的一套教育教学理论。瑞吉欧教育方案秉承儿童是主动学习的主人，儿童的学习是一个互动的建构过程，儿童有多种感知、表达的需求，他们允许儿童自己作决定或进行选择，采取合作解决问题的学习方法，并创造一种鼓励儿童依据自己的兴趣开展长期的调查活动的环境。这种课程模式是在具体的情境中逐步生成的，教师根据活动中幼儿的反应以及活动的进程来确定活动的发展方向，可以说是课程、教师和学生共同建构和协商的结果。在这种生成的课程中，儿童兴致盎然，内在的动机使他们能够有足够的兴趣、坚持性和成就意识，在众多的可能性中作出选择并坚持到获得成功。在瑞吉欧教育方案中，周围的环境是课程的重要内容，幼儿周围的环境不仅是学习与发展的场域，还是从不同层次反映出的人类的社会文化、学习文化及家庭文化，在文化的价值取向中为儿童提供新的视角。因此，教师在建构方案教学活动时，要为幼儿创设主动建构的环境，同时注意幼儿的需要。

（三）发展大于学习：浪漫主义流派

浪漫主义流派认为教育幼儿应遵循自然要求，顺应人的本性，通过自主学习、感知体验的方式让幼儿有充分的自由活动，把幼儿培养成自主的人。这一流派从心理学角度上属于人本主义理论。他们认为学习的本质与文化传递主义流派完全相反，即学习从属于发展，先天的自然发展作用大于后天的学习，即更强调成熟的作用。幼儿主要通过自主操作、感知体验进行学习，在学习的过程中，同化是学习的根本，让幼儿自己已有的模式与环境相匹配。浪漫主义流派认为教育的目的是发展幼儿的好奇心、自信心、创造性、主动性等学习品质，要把自由游戏作为幼儿发展的主要途径，应该采用开放式教学法进行教学，教学活动不必按照一定的顺序，幼儿在选择活动、设计活动、自由开展活动时不受任何约束，听凭自己的兴趣进行即可。教师可以通过观察、倾听、记录、对话等方式研究和支持幼儿。浪漫主义流派的经典课程模式是发展适宜性课程、发展－互动模式，我们主要介绍后者。

发展－互动模式受进步主义教育运动强调的"课程应引导幼儿建构有意义的活动"的经验影响，"发展－互动"所传达的理念是儿童的学习是通过与人类社会及物质世界的交互作用而产生综合性的经验，因此课程也应该实现对各个领域经验的综合培养。在发展－互动模式中，教师要为儿童提供足够的游戏空间，尽最大可能增加儿童自主学习的自由游戏时间；更多地挑选开放的游戏材料；更多地观察儿童情绪，关注其社会性发展。这样的课程使儿童乐于主动参与，独立探索，勤于动手，有利于提高儿童搜集和处理信息的能力、独立解决问题的能力、克服焦虑的能力。同时，教师允许不同声音的存在，给予每个儿童大胆说出自己想法的机会，不管想法是否正确，教师首先给予肯定，然后组织大家一起讨论这些想法正确与否，真正做到充分尊重和保护幼儿。

（四）三大课程流派与三类学习情境

根据上述讨论，我们可以了解到：浪漫主义流派认为发展大于学习，以儿童为中心，让儿童自由选择活动，更加注重儿童学习品质的培养；进步主义流派强调学习与发展是相互作用的，特别重视儿童在认知过程中的主体作用，主张教师提供支架，让儿童通过自己参加的各种活动去发现问题和探索解决问题的方法；文化传递主义流派认为发展从属于学习，后天的学习作用大于先天的自然发展，所以教师应制定严格的教学大纲并按照大纲预定的顺序进行教学活动，即通过模仿示范等策略加快学习速度。

如何理解三大课程流派

秋分时节到了，天气逐渐转凉，孩子习惯晚上不盖被子，作为家长你会怎么做？

强制要求："如果不盖被子，妈妈就不喜欢你了。"孩子迫于压力盖上了，但是晚上不停地踢被子。

——文化传递主义

扮演要买饼干的顾客，请孩子扮演果酱，用被子把果酱夹起来，变成夹心饼干。

——进步主义

随她去吧，冻感冒了，去医院打针了，以后自己就知道要盖被子了。

——浪漫主义

基于三大课程流派，我们可以衍生出幼儿园中三种常见的学习情境。第一，幼儿主导，教师的作用很小，课程主要由幼儿决定。第二，教师发起，但教师没有预设的教育目标，即便有目标，也是在过程当中形成的生成性目标。第三，教师主导，表现在预先设计课程目标、内容、方法、评价方面。实际上，幼儿主导、教师发起、教师主导，分别对应的是浪漫主义流派、进步主义流派和文化传递主义流派。值得注意的是，这三种课程流派及衍生的三种学习情境没有好坏之分，它们都有自己的特点和作用。无论是哪一种学习情境，都需要教师去研究和支持幼儿的学习。

基于对课程流派的了解和对当前幼儿园中三种常见的学习情境的分析，我们可以进一步探讨在三种学习情境下如何理解幼儿的学习方式，以及基于对学习方式的构建，我们又如何能够构建每一种学习情境下的学习过程。在学习方式方面，浪漫主义流派强调的是幼儿通过直接经验学习，而文化传递主义流派则强调的是通过间接经验学习。在学习过程方面，浪漫主义流派强调幼儿的同化，需要幼儿自我调整去适应外在的刺激；而文化传递主义流派更多地强调学习是顺应。在学习结果方面，浪漫主义流派强调学习品质的培养，而文化传递主义流派强调知识技能的获得。进步主义流派则在学习方式方面强调直接经验和间接经验相结合，在学习过程方面强调同化和顺应达到平衡，在学习结果方面既重视学习品质的培养，也重视知识技能的学习。如图 0-3 所示。

浪漫主义流派	进步主义流派	文化传递主义流派
强调直接学习	学习方式：兼顾直接与间接	强调间接学习
强调同化过程	学习过程：兼顾同化与顺应	强调顺应过程
强调学习品质	学习结果：兼顾品质与经验	强调知识技能

图 0-3　三种课程流派

幼儿园教师应能够基于学习方式来构建每一种学习情境下的学习过程，以研究和支持幼儿的学习。在图 0-4 中，我们将幼儿主导、教师发起和教师主导画成一个三角形，如果我们把它变成立体的图形，就会得出这样的一个三棱锥模型。

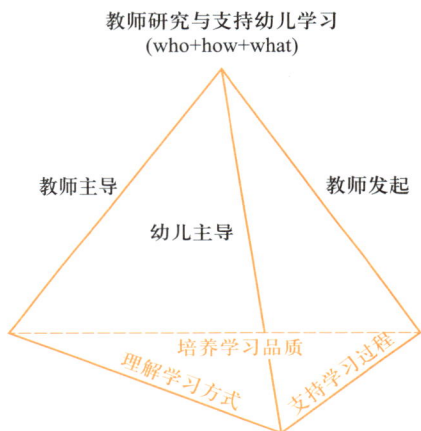

图 0-4　教师研究与支持幼儿学习

图中三个锥面代表的是幼儿主导、教师发起和教师主导三种学习情境，这三个锥面其实都有很重要的基础，即幼儿学习研究与支持。幼儿学习研究与支持由理解学习方式、支持学习过程和培养学习品质组成。我们将在接下来的章节中分别对幼儿的学习方式、学习过程和学习品质进行详细讨论，希望幼儿园教师通过各章节的学习，能够对幼儿的学习形成较为全面且科学的认识，在保教实践中做好幼儿学习的研究与支持，有效促进幼儿的全面发展。

第一章

理解幼儿
——掌握幼儿的学习方式

学习目标

学习本章内容后，你将能够更好地：

1. 了解幼儿的学习与发展；

2. 认识幼儿的四种学习方式；

3. 能够提供支持性条件引导幼儿直接获取经验，帮助幼儿自发积累经验；

4. 能够提供支持性条件引导幼儿间接获取经验，帮助幼儿通过观察学习积累经验。

◁【想一想】

　　幼儿在集体教育活动中呈现出的学习方式各不相同。一天，张老师设计了一个集体教育活动，准备让幼儿自制橡皮泥。她在每个孩子身前的桌子上放了一小碗面粉，又给每个孩子的碗里倒了一些盐。虽然她已经提醒过孩子们还不能碰桌上的面粉，但有些孩子已经开始用手指搅拌面粉，还有几个孩子在用力地吹面粉。伊一则静静地把手放在身体两边，看着这些材料。在介绍完橡皮泥的成分以及如何制作橡皮泥后，张老师给每个孩子的面粉和盐中都加了一点水和油。然后，孩子们自己动手将面粉揉成面团。每个孩子看上去都有自己的制作方式：婷婷的舞鞋上撒上了面粉，她看到后非常担心；小羽在双手被面粘住后，迅速跳起来，做鬼脸，用毛巾擦完手，就对着桌子对面的女孩大笑起来；辰辰完全被橡皮泥的手感所吸引，他将橡皮泥在手指间揉来揉去，揉面时努力地感受橡皮泥的柔软质地。

　　在活动过程中，有些孩子看上去非常投入地尝试混合各种成分，挤压、变平、揉搓面团，有些孩子很快失去了兴趣，还有些孩子沉醉在制作橡皮泥的兴奋中。伊一需要花费较长时间才能投入到活动中，但是一旦开始行动，她就可以把橡皮泥捏成各种精致的、富有想象力的形状。当婷婷看到伊一将一个小球落在大球上，搓出两个小球放在大球的底部，又在小球上摆了两个小三角，逐渐显示出一个熊的模样后，十分兴奋，于是她也学着伊一的样子，一个又一个地组装圆球，最终组合成一条毛毛虫的样子。当孩子们开始看到已经成型的橡皮泥作品后，渐渐地都将注意力集中在捏、搓、组合橡皮泥的过程中了。

　　请你基于上述内容思考以下两个问题：

（1）你知道幼儿学习的方式有哪些吗？请列举几个。

（2）在上述案例中，幼儿表现出了哪些学习方式？

【选一选】

为了更好地学习本章内容，请你在学习前根据自身的实际情况，在相应的方框内画√。

项　目	不符合	不太符合	一般	比较符合	非常符合
1. 我理解学习的内涵					
2. 我熟悉《3～6岁儿童学习与发展指南》中对幼儿学习方式的相关表述					
3. 我知道幼儿可以通过亲近自然、直接感知、实际操作、亲身体验来获得学习经验					
4. 我知道教师单方面的讲授不符合幼儿的学习特点					
5. 我能充分利用已有材料让幼儿通过动手操作等获得直接经验					
6. 我能在活动过程中引导幼儿专注于当前的活动					
7. 我知道模仿是幼儿的学习方式之一					
8. 我知道幼儿可以通过模仿教师和其他幼儿的语言与行为进行学习					
9. 我在设计与实施活动时，会为幼儿提供充足的材料和留有充足的时间					
10. 我经常鼓励幼儿与同伴合作					
11. 我经常支持幼儿在观察、合作和交往中学习					

第一节　理解幼儿独特的学习方式

【我来写一写】

1. 下面关于幼儿学习方式的描述，你认为哪些是正确的？请在正确描述后面的圆圈内画√。

幼儿可以通过亲自操作、亲身体验来获取直接经验的方式进行学习。 ◯

观察学习是幼儿重要的学习方式。 ◯

幼儿学习的方式大体可以分为体验学习和观察学习两大类。 ◯

幼儿只能通过直接经验进行学习。 ◯

2. 一般而言，幼儿的学习方式可以分成哪两个类别？请你分一分。

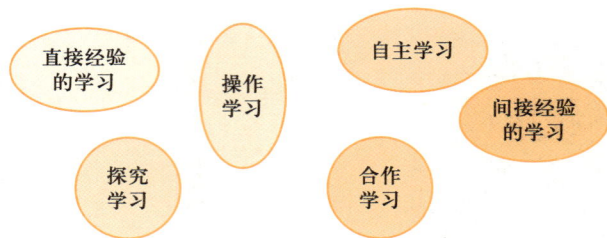

直接经验
的学习　　操作
学习　　自主学习

间接经验
的学习

探究
学习　　合作
学习

一、为什么要尊重幼儿独特的学习方式

（一）政策要求

　　理解幼儿的学习是幼儿园教师支持幼儿学习的基础，很多国家和地区的幼儿园教师标准都将"幼儿的学习和发展"作为独立领域单列在胜任力维度中，强调幼儿园教师应理解和支持幼儿的学习与发展。我国《3～6岁儿童学习与发展指南》（以下简称《指南》）提出，幼儿园教师应理解幼儿的学习方式和特点，幼儿的学习是以直接经验为基础，在游戏和日常生活中进行的。美国幼儿教育协会提出教师应理解和促进幼儿的学习与发展，具体包括：第一，理解幼儿多领域学习的发展特点和需要，对幼儿游戏、活动和学习过程的特点及其学习的动机有所理解；第二，理解幼儿发展和学习过程中的多方面影响因素；第三，掌握幼儿发展知识，并运用这些知识创造平等尊重、温暖健康的学习环境。全美专业教学标准委员会提出幼儿园教师应理解并促进幼儿的发展与学习，具体包括：第一，掌握幼儿学习与发展的相关理论，并运用这些理论为幼儿创设安全温暖的学习环境，通过一些策略为幼儿创设支持知识技能、态度发展的良好氛围；第二，理解游戏对幼儿各领域发展的重要意义，支持幼儿开展多种游戏，通过游戏促进幼儿的发展；第三，理解幼儿的学习是基于实践感知和亲身体验的，满足幼儿的好奇心和创造力，为幼儿的学习提供时

间资源的保证；第四，为幼儿提供学习资源和机会，以支持幼儿养成良好的学习方法和积极的学习态度；第五，支持和鼓励幼儿积极地发现问题，并基于幼儿自己的探究识别、分析和解决问题。

可见，幼儿园教师"理解幼儿的学习"维度包括两方面的核心胜任力：一是理解幼儿特点，掌握幼儿发展和学习的知识和最新理论，掌握不同年龄幼儿身心发展特点、规律和促进幼儿全面发展的策略与方法。二是理解幼儿学习方式，理解幼儿多领域学习的发展特点和需要，对幼儿游戏、活动和学习过程的特点及其学习的动机有所理解；理解幼儿通过直接经验进行学习和发展，认可并鼓励幼儿自我发展，根据幼儿的发展情况，为幼儿提供持续发展的机会；重视游戏的价值，理解幼儿是如何通过游戏进行学习的，通过提供可操作的材料和设备支持幼儿对概念和技能的掌握，计划和实施一些活动，鼓励幼儿通过探索、实践以及应用进行学习；支持幼儿通过游戏得到发展；提供连续的一日生活流程和过渡环节。

基于上述要求，我们认为：第一，幼儿的学习是与环境和他人相互作用的过程，环境在幼儿园的教育教学活动中起着非常重要的作用；第二，幼儿的学习是以直接经验为基础的，幼儿园教师应该理解幼儿独特的学习方式，并最大限度地支持和满足幼儿通过直接经验进行学习；第三，幼儿园的课程不应过分强调某一领域的发展，而应该注重领域之间、目标之间相互渗透和整合；第四，幼儿园教师应重视观察学习对幼儿学习的价值，重视教师和同伴的榜样作用；第五，游戏是幼儿园的基本教育活动，要珍视游戏对幼儿学习与发展的重要价值。

> **我的行动**
>
> 《幼儿园工作规程》提出，幼儿园教育应当以游戏为基本活动，寓教育于各项活动之中。你还能查到其他政策文件中关于幼儿学习的指导要求吗？

（二）幼儿需求

幼儿需求主要指幼儿的心理发展特点，然而，幼儿的心理发展又以生理发展为基础。如刚出生时，婴儿对外界事物只能做出简单的反应，随着年龄的增长，幼儿的身体逐渐发育成熟，他们的心理发展过程也在连续不断的积累，幼儿心理发展是一个不断从量变到质变的过程，这个过程刚好是幼儿成长的过程，也是幼儿与周围人交往和接触各类事物的过程。幼儿的发展离不开学习，可以说人类是在学习过程中逐渐成长起来的，对幼儿学习存在影响的心理发展特点主要有两个：

第一，幼儿的学习具有活动性的特点。幼儿的思维处于具体形象性水平，其学习活动是非常具体的，一般通过动作和行动完成。如幼儿在讲述的时候，常常表现为一边说一边做动作；当接触新鲜事物时，幼儿总是通过摸、闻、尝等方式，动用自己的感知觉器官去感受。3—6岁幼儿的思维往往具有需要依靠行动的特点，所以感觉和知觉在他们的心理活动中占有巨大优势，因此，直观、具体形象的事物更容易引起幼儿的注意。这一时期的幼儿主要依靠感知觉来认识事物，其记忆也直接依赖感知到的具体材料，只有直观、具体形象的事物才更容易在幼儿头脑中留下更深刻的印象。这种思维的具体形象性贯穿整个幼儿期。

第二，幼儿的学习由兴趣引发，具有无目的性的特点。注意是感知觉的先决条件，幼儿的任何感知觉都是由注意引发的，那么要想引发幼儿的注意，就要通过外界的刺激去激发感知觉器官。也就是说，幼儿的学习需要受到外部刺激或内在需要而唤起。幼儿通常会对身边的一切事物感到好奇，有着强烈的求知欲和探索兴趣，尤其是5岁以后，他们更喜欢刨根问底，从关注"是什么"转向"为什么"。这时，幼儿园教师就可以创造各种能够引发幼儿注意和兴趣的条件，让他们通过自己动手动脑去进行探究。

幼儿心理发展的特殊性要求幼儿园教师要"以尊重幼儿学习需求"为起点，在此基础上开展教育教学活动。同时，幼儿心理发展的特殊性又需要幼儿园教师去了解幼儿的学习方式，在尊重幼儿学习方式的基础上，全面了解幼儿的学习需求，使幼儿能够乐学和好学，从而支持幼儿的认知活动。

（三）教育吁求

只有遵循教育规律，幼儿才有可能在发展中实现学习，学前教育的目的是促进幼儿身心全面和谐地发展，这种发展在现实层面就是要在学习品质、身体发育与体质、知识与经验、动作与技能、个性与社会性等方面培养"完整的儿童"。但关于幼儿的学习，有些人认为可以把小学生学习的内容，特别是小学低年级的识字、拼音、诗词背诵、乘法口诀等，提早"教"给孩子，以让孩子更好地适应小学，这种观点无疑是错误且有害的。对于幼儿来说，幼儿园教育不能单纯追求幼儿学会了什么知识和本领，如认识了多少字、能够算多少道算数题等，而应关注如何引导幼儿养成良好的学习习惯和培养良好的学习品质，合理地支持幼儿的心智成长，不能只看眼前学到的知识技能，更应该着眼于幼儿一生可持续的成长与发展。例如，识字过程涉及音、形、义的学习。音，主要靠"读"；形，主要是识别，即"看"，也涉及写；而义是抽象的，要靠"理解"。[①] 对幼儿而言，"读"和"看"基本没有问题，但"义"的理解则会有一定的难度。当幼儿听到有人说"红红的灯笼像树上的苹果一样"，他们可能会问道："那灯笼能吃吗？"因为在幼儿的世界里，苹果是可以吃的，灯笼像苹果，那么灯笼应该也可以吃。因此，

---

① 丁海东.幼儿园的"教"须以直接经验为基础 [J].幼儿教育，2021（10）：56.

幼儿园教师要尊重和理解幼儿的学习方式，基于幼儿学习的特点和方式开展教育教学活动。

教育的阶段规划和制度设计，需要充分遵循个体学习与发展的规律与顺序，科学把握不同年龄段教育教学任务的重心。幼儿园"教"的内容是否合适、科学，是科学保教的重要体现。如果小学学习的内容被确定为学前阶段"教"的任务，并成为一种普遍的实践推崇，其危害便是：超前化的知识灌输和单纯的技能训练，注重知识技能的学业结果追求而忽略行动学习的过程体验，促使幼儿滋生厌倦和畏惧的情绪体验，使其在成长一开始便丧失学习与探索的快乐、兴趣和积极性，也冲淡或挤压着学前教育本应需要更加关注的社会性和情感的发展、行为习惯的养成、创造力的培养、个性的丰富，乃至整个人格的全面而和谐地发展。为全方位支持幼儿积极而主动地学习和直接经验的充分获取，幼儿园需要从游戏活动到生活环节，从材料操作到人际交往，从情境创设到活动组织，生态式地构架起教育教学的科学实践体系。

尊重教育规律要求幼儿园教师要"以尊重幼儿学习方式"为起点，在进行活动设计时，根据幼儿的年龄特点和学习方式，抓住幼儿身心发展的关键要点科学实施教育，使教育达到预期的效果。从幼儿获取经验的方式来讲，幼儿认识事物、增长新知主要有两条途径：一是通过直接感知、亲身体验、实际操作获取直接经验；二是通过他人的认识成果获得间接经验。那么，幼儿园教师在设计活动时从哪些方面入手去关注幼儿直接经验和间接经验的获取？又要如何做到幼儿通过直接经验与间接经验相结合的方式进行学习呢？本节后续部分将具体介绍幼儿如何通过直接经验和间接经验实现学习。

二、幼儿独特的学习方式是什么

学习是幼儿身心发展的基本途径，幼儿的学习不是被动地接受过程，而是主动和外界环境互动并建构意义的过程。幼儿常常表现出很强的学习能力，他们对周围的环境展示出超乎寻常的好奇心和兴趣，喜欢与环境互动，好动、爱问、喜欢探究。幼儿的学习是一个带着已有经验和情绪情感，在人与环境相互作用的实践中进行不断自我改变、自我更新的发展过程，不论是内容还是方式都有自己的独特之处。

幼儿独特的学习方式究竟是什么？《指南》在说明部分指出："幼儿园教师要理解幼儿的学习方式和特点。幼儿的学习是以直接经验为基础，在游戏和日常生活中进行的；要珍视游戏和生活的独特价值，创设丰富的教育环境，合理安排一日生活，最大限度地支持和满足幼儿通过直接感知、实际操作和亲身体验获取经验的需要，严禁"拔苗助长"式的超前教育和强化训练。"这段话强调了幼儿的学习方式是"直接感知、实际操作和亲身体验",即通过"做中学"获得大量丰富且有价值的直接经验。《纲要》也提出,幼儿园教师应该将直接指导的活动和间接指导的活动相结合。因此,我们应对幼儿直接经验的学习和间接经验的学习展开进一步的认识。

我的行动

"那些被称作'捣蛋生'的儿童,常常类似于不是通过飞行手册而是通过模拟飞行装置学习飞行的飞行员。"这是加德纳关于儿童学习方式的描述,"捣蛋生"的学习方式可以说是探索式的。

请你想一想:通过飞行手册学习的飞行员和通过模拟飞行装置学习的飞行员,他们的驾驶技术会一样吗?为什么?

(一)以直接经验为基础的幼儿学习

所谓直接经验,就是感知的、操作的、体验的、情境的、行动的经验,基于直接经验的学习便是"做中学""玩中学"。举例来说,就识字而言,作为识字的根本,"义"的理解,是抽象的,也就是说,意义是由"象"而来的,而这"象"便是直接经验。① 幼儿园活动虽不以"识字"这样抽象的知识为教学任务,但在日常生活游戏中,幼儿常常通过与身边的事物进行不断的接触,实现直接经验的积累,而这些直接经验的积累也为日后进入小学阶段学习符号式的、学科化的知识奠定良好的基础。幼儿学习的主要目的是为后继学习和终身发展奠定良好素质基础,在幼儿学习的过程中应杜绝一切形式的强化记忆和超前训练,不应只着眼于对幼儿当下获得知识或技能的培养,而应该注重对幼儿后继学习和终身发展有益的学习品质的培养。学前阶段科学的教育教学,要通过创设空间、安排生活、开展游戏等方式,最大限度地支持和满足幼儿通过直接感知、动手操作、亲身体验获取直接经验,为日后的学科化课程和抽象的"义"的学习奠定直接经验的基础。

我的行动

在幼儿园一日生活活动中,幼儿园教师如何最大限度地支持和满足幼儿通过直接感知、动手操作、亲身体验获取直接经验?

幼儿园教师如何支持幼儿实现直接经验学习?例如,在幼儿园的户外场地上,

---

① 丁海东.幼儿园的"教"须以直接经验为基础 [J].幼儿教育,2021(10):56.

孩子们用木板搭建起若干不同的坡道，将圆积木从坡道上滚下去。在游戏中，为让圆积木滚得更远，幼儿园教师鼓励幼儿尝试调高支撑木板一端的支架，以增大木板的坡度。教师指导的背后是势能与动能转换以及能量守恒的"义"的感知与操作，也是幼儿日后相关物理概念及原理学习的经验铺垫。[①]

我的行动

蒙台梭利曾说过：听过了，忘记了；见过了，也忘记了；做过了，便记住了，且理解了。

请你想一想：这句话体现了学前教育的何种特点？

幼儿最佳的学习过程是直接经验的过程。所谓"听过了，忘记了；见过了，也忘记了；做过了，便记住了，且理解了"，这句话所表达的便是通过直接经验的学习的深刻影响力。以直接经验为基础的学习，是幼儿最擅长的，也是最适宜幼儿的学习方式，决定着幼儿园的"教"必须以最大限度地支持和满足幼儿获取这种直接经验为其根本职责。幼儿园"教"的内容必须是源自现实生活的行动性知识，是根植于真实操作和游戏参与的活动性经验，只有这样才能为幼儿日后逐步过渡到成熟思维和理性认知的学习奠定坚实的基础。

1. 感知比较学习

幼儿对世界的认识是感性的、具体的、形象的，主要通过感知、依靠表象来认识世界。夸美纽斯认为，一切知识都是从感官的感知开始的，因此，他把通过感官所获得的对外部世界的感觉经验作为教学的基础。他指出，教学应从观察和感知实际事物开始。在观察和感知的基础上，依靠感知动作适应外部世界，开始认识客体并尝试区分自己和物体，逐渐地了解事物之间的关系，初步获得知识经验。皮亚杰的认知发展阶段理论中，第一个阶段就是感知运动阶段，他强调处于该阶段的幼儿应通过看、听、摸、拉、摇等感知动作与外界相互作用，初步形成动作图式。学前儿童的思维特征以具体形象思维为主，他们借助多种感官来感知体验具体事物，以此作为思维的支架。

感知是指幼儿通过各种感知觉器官，以看、听、闻、尝、做等方式接触客观世界，在大脑中形成对材料的感性认识。感知是对各种事物的表面现象的初步认识，是幼儿模仿和表达的基础，没有对事物足够的感知，幼儿就无法实现对事物的表达和创造。比较是对比和分析两种或两种以上事物在形式、内容或其他方面的关系，是一种辨别异同的思维过程。比较对幼儿辨别差异、加深印象同样具有非常重

① 丁海东. 幼儿园的"教"须以直接经验为基础 [J]. 幼儿教育，2021（10）：56.

要的作用，幼儿期条件反射易泛化，幼儿需要对相似的事物进行细心观察，并在找出异同的基础上，准确掌握不同事物的特点。

感知比较学习是指通过各种感知觉器官，以看、听、闻、尝、做等方式比较两种或两种以上材料，并能够从活动中积累到相应的知识经验的活动过程。感知比较学习利用多种感官参与学习，让幼儿在看一看、摸一摸、动一动、比一比中获得体验和经验，是最适合幼儿的学习方式之一。在感知的基础上比较，对幼儿辨别差异、加深印象有着重要的作用。以下的案例能够帮助你更好地理解幼儿是如何通过感知比较实现学习的。

案例 1-1：是番薯还是土豆？

中四班的班级菜地到了收获的日子，大家一起来到菜地收获劳作的果实。上次种的是土豆，这次种的是番薯，孩子们都在努力地挖，希望能挖出所有的番薯。微微举起一个圆圆的东西大声地说："这个是上次挖剩下的土豆吧！"敏敏拿着一个番薯跟它放在一起比较："它和番薯一样，都是土土的颜色，闻起来味道也是一样的，所以也是番薯。"嘟嘟指着番薯的尾端说："番薯的尾巴是尖尖的，它没有尖尖的尾巴，所以是土豆。"轩轩表示不同意："我在家里也吃过圆尾巴的番薯。"孩子们七嘴八舌地讨论着。

回到活动室，为了帮助孩子们区分土豆和番薯，王老师一手拿着土豆，一手拿着番薯，给孩子们一一观察，引导他们说出判断的方法，并把孩子们的发现记录下来：土豆形状短粗而番薯细长；土豆的颜色是黄褐色而番薯则偏向红褐色；削掉皮的土豆是黄色的，摸起来没有黏黏的感觉，番薯则呈橙红色或者奶白色，摸起来黏黏的；土豆和番薯都是硬硬的，凉凉的。王老师继续提问：除了看一看、闻一闻之外，还有什么办法可以区分土豆和番薯？思思说："我们可以拿去厨房，让厨师阿姨给我们煮熟，尝一尝味道。""好啊，好啊，看看它是土豆味还是番薯味。"孩子们纷纷表示赞同。

于是，他们捧着一托盘的收成送到了厨房。午睡起床后，保育员推着午点回到了活动室中，圆圆的果实被切成小块，"土豆，这个是土豆！"孩子们异口同声地说。

幼儿思维的具体形象性决定了他们可以通过感知比较的方式来获得学习内容。教师应该理解幼儿独特的学习方式，最大限度地支持幼儿的感知比较学习。通过案例 1-1 我们可以看出，幼儿在认识番薯和土豆时，通过亲身观察和比较土豆和番薯、实际触碰感知真实的土豆、品尝土豆的味道等方式，感知和区分番薯和土豆在

大小、形状、颜色和味道等方面的不同，从而识别出番薯和土豆。在整个过程中，教师更多是跟随幼儿的脚步，在适宜的时候提供材料和言语上的提示引导。如，当孩子们在纠结挖出来的农作物是土豆还是番薯时，王老师及时找来一个土豆，让孩子们能够直接感知土豆和番薯，并对土豆和番薯进行观察比较；王老师及时提问"还有什么方式能够区分二者"，启发孩子们提出品尝区分这一方式，王老师的支持让孩子们从"挖土豆"到"探土豆"这一个简单的活动中，积累丰富的生活经验，培养良好的学习品质，萌发对自然环境的爱护之情。

我的行动

请你举出一个幼儿感知比较学习的例子。

2. 操作体验学习

行为主义心理学代表人物桑代克提出学习的"尝试错误"理论是指个体不断地操作新的行为动作，不断地尝试，从错误的尝试中总结经验教训，然后加以改正，得出正确的结论。如，花花把拼图片排好，选择了其中一片，仔细把它放到他认为正确的地方，当他试了几次还是不对时，就把它放在一边，然后用另外一片看上去相似但在形状上略有些不同的拼图再次尝试，最后找到正确的位置。花花拼拼图的过程就体现了他是如何通过学习自己解决问题的，即通过多次尝试，从多次摆放错误中不断更正拼图的位置，直到找到正确的解决问题的方法。认知心理学家皮亚杰认为，对具体事物的感知、操作是儿童形成自己的经验结构和智慧结构的主要方式。他的数量守恒实验证明，只有将两堆物体对应排列，儿童才能发现物体的数量相同，进而获得数量守恒的概念。在探究式的学习过程中，儿童会亲身经历学习的整个过程，并体验挫折与失败、成功与喜悦。

操作体验学习是幼儿重要的学习方式之一，对物体的探究与发现、对周围世界的探索都离不开幼儿的操作活动。操作是幼儿摆弄物体并进行探究的过程，在操作探究的基础上，幼儿会产生对事物的本质理解及相应的情感上的反应。操作体验可以弥补语言理解和表达的不足，如，比起询问幼儿"把同样大小的木片和铁片放到水里会发生什么现象？"，教师可以让幼儿通过操作体验的学习方式直接获得问题的答案。操作体验学习是幼儿亲力亲为、直接参与的学习活动，在活动过程中，幼儿通过自己的感官、肢体等亲自触摸摆弄而获得直接经验，并在操作过程中不断建构、认知升级学习方式。操作体验学习具有直接经验性、主体性、操作性、情境性与游戏性的特点，是一种真正适合幼儿的学习方式。以下案例能够帮助你更好地理解幼儿是如何通过操作体验实现学习的。

案例1-2：磁铁的秘密

第一阶段探索："瓶中取物"。

早餐前，我向孩子们介绍了科学区域投放的新材料——瓶子、回形针、磁铁，并提出了一个挑战："小朋友们，你们能不能想办法把瓶子里的回形针取出来，但不能用倒出来的方法，请你们稍后来科学区试试吧。"

早餐后，先有两个小朋友——齐齐和裕仁来到科学区进行活动，他们很快就被新投放的材料吸引住了，开始尝试"瓶中取物"。齐齐先是试着将磁铁放在瓶口，想要将回形针从瓶口吸出，但是由于回形针离瓶口比较远，试了几次都没能成功。这时齐齐换了一个位置，试着用磁铁靠近瓶身，里面的回形针瞬间被吸了过来，齐齐兴奋地把磁铁沿着瓶身向上移，回形针也在向上移动，最后成功将回形针从瓶口取出！这时裕仁拿着一个装满水的瓶子走了过来说道："我也来试试！"裕仁发现在装满水的瓶子里，回形针也可以用这个方法取出，为此他们兴奋不已。

第二阶段探索："隔物取物"。

这时候孩子们已经初步体验到操作带来的乐趣和成就感，乐此不疲地尝试了好几次。于是我提醒他们："再试试用别的材料隔着磁铁和回形针，看看又会发生什么。"这时孩子们试着把布窗帘、厚木板、枕头、玩具电话等材料隔在中间，结果发现磁铁吸不动回形针了！我提出让孩子们把自己的发现记录下来，哪些能够吸动回形针，哪些不能吸动回形针，在区域活动小结时让孩子们来分享自己发现的成果。

齐齐和裕仁高兴地告诉大家，磁铁能隔着水、塑料板、木板、纸、玻璃镜子、布等一些材料吸住回形针。这时我问："但是他们在操作中发现了一个问题，我们听听是什么。"裕仁说："磁铁隔着厚木板、枕头、塑料电话就吸不住回形针了。""布窗帘和枕头、塑料板和塑料电话、厚木板和薄木板都是同一种材料，为什么隔着厚木板、塑料电话等材料磁铁就吸不住回形针呢？"我有意把孩子们在操作中发现的疑问抛给全体幼儿，引发他们的关注和思考。当时裕仁的回答是木板太厚了，但大家将信将疑，孩子们的目光很快聚集在教师的身上。我故意说："我也不知道，让我们一起来寻找答案吧。"此举目的是让这个区域活动延伸下去，让孩子们围绕着问题继续探索，进一步产生探究的欲望。

第二天进入科学区的幼儿是坤坤和西西，由于有了前面的分享交流，两个孩子前期操作情况和昨天差不多。我特意加入他们的探索行列中，把回形针放在地上，尝试调整磁铁、木板和回形针的距离。坤坤和西西很快就注意到教师的举动，也利用其他的材料模仿起来。不久后他们发现，原来隔着书、镜子等材料，磁铁是可以吸住回形针的，可是当回形针离磁铁远一点时，磁铁就有可能吸不住回形针了。

　　于是我们共同总结出：磁铁隔着一些材料能吸住金属，但会受到距离远近的影响。接着我引导孩子们用厚木板、薄木板等物品进行对比操作，比较磁铁与回形针的距离。孩子们终于明白：因为厚木板、枕头、塑料电话太厚，使得回形针距离磁铁较远，所以磁铁才不能吸住它。孩子们经过一番探索，终于把谜团揭开了！

　　幼儿的学习内容主要来源于周围的社会环境、自然环境和物质世界，学习方式主要是在与周围环境互动的过程中直接感知、实际操作、亲身体验，而非通过书本和大量抽象的符号来获取知识，幼儿在"做中学"的过程中不断丰富和积累自身的经验，逐步建构出自己的理解与认识。通过案例1-2我们可以看出，在第一阶段探索中，幼儿通过操作发现用磁铁能隔着瓶子慢慢地把回形针吸出来，而且磁铁能隔着水、塑料板、木板、纸、玻璃镜子、布等一些物品吸住回形针；但是，磁铁隔着厚木板、枕头、塑料电话就吸不住回形针了。在这一过程中，区域的创设为幼儿提供了一个自我学习与发展的机会，每个孩子都能在自身的原有水平上得到发展。实际上，幼儿操作的动力来源于他们对实验产生的强烈好奇心和教师提供的环境与适时指导。在第二阶段探索中，幼儿在教师的支持下操作磁铁，再次发现磁铁隔着一些材料能吸住铁，但会受到距离远近的影响，体验出厚木板、枕头、塑料电话太厚，使回形针距离磁铁远了，所以磁铁才不能吸住它的经验。在这一过程中，教师的指导重点是当幼儿用厚木板、薄木板进行对比实验时，引导他们比较磁铁与回形针的距离，以培养幼儿认真实验、寻求科学结论的探索精神。

我的行动

　　请你举出一个幼儿通过操作体验学习的例子。

（二）以间接经验为基础的幼儿学习

　　《纲要》在科学领域中明确指出，幼儿园教师要通过引导幼儿积极参加小组讨论、探索等方式，培养幼儿合作学习的意识和能力，学习用多种方式表现、交流、分享探索的过程和结果。

　　基于间接经验的学习主要有观察学习和合作学习两类。举例来说，李老师发现大班"理发店"活动区的顾客很少,"顾客"对理发店不感兴趣。于是李老师就带领幼儿到真实的理发店参观,鼓励幼儿向理发师咨询问题,记录问题并拍下照片。回到幼儿园,李老师组织幼儿讨论"如何开好理发店",并把照片展示给孩子们。有的幼儿反映活动区中的"理发店"没有躺椅,有的反映没有发型梳,李老师则启发幼儿自己用积木制作躺椅,自己用硬卡纸制作发型梳,之后,"理发店"的生意一时红火起来。在这个案例中,李老师组织幼儿去理发店观察理发师的工作,实现了幼儿间接经验的积累。观察学习作为幼儿认识事物的基本方式,是指幼儿通过观察主动地与周围的社会环境、自然环境和物质世界互动来获取知识。[①] 观察作为一种基本的学习方式,为幼儿的学习提供了方式和方法,避免了艰难费力的试误学习。

> **我的行动**
>
> 在幼儿园一日生活活动中,教师如何支持幼儿通过观察学习获取间接经验?

幼儿如何实现间接经验学习?例如在活动"搭配食物"中,教师组织幼儿和自己的好朋友一起去餐厅,在和好朋友合作搭配食物后,教师请幼儿和伙伴一起进行分享。"小朋友们,现在请你和你的好朋友来分享一下你们一起搭配食物的是什么,以及和同伴搭配食物的心情如何吧。"然后教师再引导大家讨论各组的搭配理由。如:"下面哪位小朋友愿意和大家分享一下你们这样搭配的理由是什么?"教师通过组织分享和交流环节,支持幼儿通过观察学习其他幼儿的食物搭配。观察学习通常发生在幼儿园集体活动中,主要发生在同伴之间的互动中,能力较为突出的幼儿是其他幼儿观察学习的对象,对榜样进行观察学习将对幼儿的行为产生重要的影响。由于幼儿学习方式的特殊性,幼儿园教师要理解幼儿乐于在观察、模仿中学习,应支持幼儿通过师幼互动、同伴交流和社会交往等方式获得间接的学习经验。

1. 观察学习

幼儿的学习具有间接性,学习的内容大部分是间接经验,幼儿不可能也没有必要时时事事都直接参加实践,因此,观察学习成为幼儿学习的重要方式。观察学习作为幼儿认识事物的基本方式,为幼儿的学习提供了方法,帮助幼儿通过观察主动地与周围的社会环境、自然环境和物质世界互动来获取知识。[②] 心理学家班杜拉

---

① 李季湄,冯晓霞.《3～6岁儿童学习与发展指南》解读[M].北京:人民教育出版社,2013:347.

② 李季湄,冯晓霞.《3～6岁儿童学习与发展指南》解读[M].北京:人民教育出版社,2013:347.

认为，要避免艰难费力的试误学习，必须依靠观察学习。[①] 观察学习通常发生在幼儿园集体活动中，由于存在个体差异，发展速度较慢的幼儿在活动中会自觉或不自觉地模仿发展速度较快的幼儿，通过观察、模仿得到成长。通过观察同伴之间的差异性，幼儿可以获得不同类型的间接经验，实现幼儿之间的思维共享，进而使自己的思维产生重组和链接，最终实现经验的迁移和创造。在这样的动态的信息交流过程中，师幼之间、幼幼之间进行示范和分享，幼儿群体形成相互影响、相互促进、相互作用的分享共同体和学习共同体。

观察学习是通过模仿实现有效学习的过程和方法，研究表明，能力水平相似的幼儿彼此之间进行互动会使学习效果更好。[②] 在幼儿园活动中，为幼儿树立同伴中的榜样，会因幼儿之间年龄相仿、能力相近、心理发展水平相似，使观察学习的效果更好。维果茨基认为，促进幼儿发展的教学不是追随成熟之后的发展，而是引领正在成熟的可能性的领域。[③] 这种可能性即幼儿和榜样能力水平的距离适宜性，它使幼儿在同伴交流见解、进行交互作用中产生潜在发展成为可能。在观察学习的过程中，榜样的能力水平要与学习者的能力相仿或稍高，榜样的行为要与学习者自身已有能力水平有一定的距离，供学习者观察学习的示范行为要在学习者的最近发展区内。以下的案例能够帮助你更好地理解幼儿是如何通过观察实现学习的。

案例 1-3：大椅子和小椅子的火车游戏

餐后，欣欣把自己的椅子搬到蓝色线上，选择了一本书坐下来看。突然，她发现了老师的大椅子，于是她把大椅子搬到自己的椅子前面，当作桌子，把书放在了这张"桌子"上看。珮莹看到后，也把自己的椅子搬了过来，接在欣欣后面。小朋友们看到欣欣和珮莹的这个游戏后，都很感兴趣，纷纷搬椅子，排成一列小火车。欣欣看到自己身后的小火车后，把书当作方向盘转动，嘴里说着："开火车咯！嘟嘟嘟，嘟嘟嘟……"

第二天，千千模仿了欣欣的行为，在班里又玩起了这个游戏，这一次他们的游戏出现了更多的内容。千千作为司机，转过身问启诚："你要去哪里？"启诚回答："我要回家。"千千："好，走，呜呜呜，呜呜呜……刹车！到啦，下车吧。"启诚听到后下了车。越来越多的小朋友加入火车游戏，但是小火车

① 许燕 . 实用心理学 [M].2 版 . 北京：中央广播电视大学出版社，2007：127.
② HOPPER L M, FLYNN E G，WOOD L A N，et al. Observational learning of tool use in children: investigating cultural spread through diffusion chains and learning mechanisms through ghost displays[J]. Journal of experimental child psychology, 2010, 106（1）：82–97.
③ 钟启泉 . 最近发展区：课堂转型的理论基础 [J]. 全球教育展望，2018，47（1）：11–20.

已经长到柜子那里了，没有位置再往下排了，还有很多小朋友想要开火车，怎么办呢？这时候，诺希想出了一个好办法，她说："排成两列小火车。"于是小朋友们都搬上椅子，增加了一列小火车。第二列小火车排满后，旁边还未加入的沛杭模仿了诺希的好办法，把自己的椅子搬过来，排成了第三列小火车，一分钟左右，就连第三列小火车也坐满了人。大椅子和小椅子的火车游戏成了孩子们最喜欢的游戏之一。

　　由于幼儿之间的差异性，发展速度较慢的幼儿会在活动中自觉或不自觉地模仿发展速度较快的幼儿，并以此获得成长。幼儿学习方式的特殊性需要教师理解幼儿乐于在观察、模仿中学习。通过案例1-3我们可以看出，幼儿的学习与发展与同伴之间的观摩与模仿密不可分。欣欣最开始玩起了椅子游戏，珮莹看到后模仿欣欣的行为也玩起了这个游戏，越来越多的孩子参与这个游戏，并且不同幼儿之间也产生了思维碰撞，千千不仅模仿了这个游戏，还能够基于自身经验想出"司机送乘客"的游戏内容。当乘客坐满时，诺希还能够想出"分成两列火车"的方法，沛杭还模仿诺希的游戏行为，创造出"分出第三列火车"的方法。在上述游戏过程中，幼儿实现了同伴之间的观察学习，完成了已有经验的迁移与创造。

我的行动

　　请举出一个幼儿观察学习的例子。

2. 合作学习

　　合作学习作为一种重要的学习方式，是影响幼儿发展的重要因素。首先，从幼儿合作交往的过程来说，幼儿在与成人和同伴交往合作的过程中，学习与他人友好相处，正确认识自己，对待他人。其次，《纲要》明确指出，幼儿园教师要通过引导幼儿通过小组讨论、探索等方式，培养幼儿合作学习的意识和能力，学习用多种方式表现、交流、分享探索的过程和结果。最后，独立于社会关系之外的个体学习是不存在的。个体关于知识的建构未必都是合理的，因此人需要与群体或共同体进行交流、讨论，并在此过程中追求知识建构的合理性。社会建构理论主张合作学习活动比个人的学习活动更能促进幼儿认知水平的发展。幼儿面对群体中不同的观点、方法和答案等，会形成认知冲突，这种认知冲突是观点交流和智慧碰撞的结果，有助于幼儿进行深入思考和批判性反思，帮助他们建构新的、更深层次的理解。

　　合作学习包含五个要点：其一，幼儿合作学习以小组为基本的组织形式；其二，幼儿合作学习结合了教学过程中的各动态因素；其三，幼儿合作学习是目标导向的；其四，幼儿合作学习以共同努力为评价依据；其五，幼儿合作学习需要教师的支持和引导。合作学习实质上是通过合作实现有效学习的过程和方法，强调学习过程中的人际互动。幼儿合作学习以教学过程为载体，通过教学中的社会交往，师幼合作、幼幼合作，幼儿间相互依赖、相互沟通、共同负责，来促进幼儿主体性发展和社会化发展。[①] 在幼儿的合作学习中，幼儿间的交往是贯穿合作学习始终的重要因素，可以说，没有有效的交往，就没有有质量的学习。幼儿在交往中相互学习，相互了解，相互鼓励，共同探讨，共同进步。不同的个体有不同的角色和责任，但是他们有共同的目标，只有每个人都充分完成自己的任务，用合理的语言表达方式向同伴传达自己的想法，最终才能实现共同的目标。以下的案例能够帮助你更好地理解幼儿是如何通过合作实现学习的。

案例 1-4：方圆超市

1. 活动缘起

琪琪要跟妈妈回老家了。当老师在班里公布了这个消息之后，小朋友们提议要给琪琪送礼物。幼儿园附近有许多小超市，是小朋友们平时爱去的地方。于是小朋友们就自己要买的礼物聊了起来，老师提议大家一起列一个购物清单，再到超市给琪琪挑礼物！

2. 活动过程

老师带领幼儿来到超市挑选礼物，每个小朋友有 10 元的购买额度。回到幼儿园后，小朋友们相互分享自己的购物经历和发现。

米米：我计划要买彩带、玩具车还有彩灯，结果发现 10 元买不了这些东西，所以我只买了彩带。

东东：气球一包 9 元，转了一圈以后，发现剩下的 1 元根本没办法买到自己想要的棒棒糖。

晓晓：我用 10 元买了一包牛奶糖。

• 逛超市

从超市回来后，孩子们发现我们幼儿园里面方圆小镇的生活超市物品远不如社区超市丰富。真正的超市里有很多好玩的玩具、图书和好吃的零食，园内的超市只有日用品和水果。

---

① 王丽娇，袁爱玲 . 幼儿园学习活动观察与指导系列十二：幼儿合作学习的指导策略 [J]. 福建教育，2013（Z7）：42-46.

• 建超市

孩子们商量后，决定一起开一间大超市，摆满他们喜欢的物品。很快，孩子们遇到了第一个问题：在哪里搭建超市？

第一次，他们选择了走廊的玩具区。但他们在搭建的过程中发现走廊很拥挤，经常有其他班的小朋友经过，超市根本就搭不下去。

第二次，他们把超市搬到了活动室里。新的问题产生了：材料不够用了。他们来找教师帮忙。了解了他们的困难之后，我带他们一起在幼儿园里寻找可以用的材料。很快，孩子们在小二班发现了纸皮砖块。他们认为这种材料很适合搭超市的围墙和架子，就向小二班的小朋友们借了纸皮砖块进行搭建。

新的材料带来了新的问题：这种纸皮砖块很轻，不稳当，放上去的物品很容易倒下来，怎么办呢？他们决定继续寻找材料。"这些柜子不就很结实吗？"孩子们留意到了活动室中的分区柜。分区柜要比纸皮砖块结实得多，他们向我提出要用这些柜子。

"教室的分区柜有自己的用途，不能用来建超市。"我向他们解释道。

这一次，孩子们主动提出要去幼儿园里寻找材料。终于，在幼儿园的三楼，他们发现了很多闲置的分区柜，于是向总务老师申请借用。在一番努力之后，孩子们用纸皮砖块和分区柜把超市的框架搭了出来。

• 超市卖什么？

超市建好了，卖什么好呢？

小朋友们立即七嘴八舌讨论起来：好吃的零食、好吃的水果、漂亮的衣服、好玩的玩具，等等。那么这些商品从哪里来呢？一开始，小朋友把收集回来的、制作好的商品摆放在超市的分区柜上，并没有进行整理、分类。

几个细心的女孩子提出："超市货架上的物品摆放得很整齐，我们这里的太乱了。""要怎么摆呢？""老师，我们再去超市看看好吗？"

再次从超市回来后，孩子们交流了自己的发现："我们超市的商品要先进行物品分类。""物品摆放要整齐。""同一种物品要摆放在一起。"

调整后，超市分为了服装区、饮料区、玩具区、日用品区、水果区。我们的超市整齐多了。之后又延伸出了商品定价、招聘店长等活动。

（案例来源：广州市白云区方圆第二幼儿园，萧丽宽）

幼儿的学习是在与环境和他人的互动过程中，为后继学习奠基的整体性发展过程。幼儿的学习不是被动地接受过程，而是一个主动与外界互动并建构意义的过程，是一个带着已有经验和情绪情感在人与环境相互作用的实践中进行的过程。通过案例1-4我们可以看出，当幼儿在游戏过程中遇到困难时，大家通过合作完成的方式实现了学习，不但增进了伙伴间的交流与合作，还发展了社会适应性和合作学习的品质。例如，幼儿合作的目标是把超市搬到活动室里，但他们先后发现以下问题：材料不够用了；纸皮砖块很轻，不够稳当，放上去的物品很容易倒下来；制作好的商品摆放在超市的分区柜上，并没有进行整理、分类。于是幼儿自发寻找问题的根源并解决，最终成功地在活动室内开了超市，还延伸出了给商品定价、招聘店长等游戏活动。教师在这一过程中及时提供指导和帮助，如在幼儿找不到搭建超市的材料时，教师带领他们走出活动室，拓宽了幼儿的思路；在幼儿动手尝试自己想出来的办法时，教师鼓励他们自由发挥……在幼儿的合作学习与教师的及时指导之中，我们看到了教师在活动实施中给予幼儿多种形式的表达、表现的机会，在给幼儿充分自主权的同时，积极发挥教师的支持作用。

我的行动

请你举出一个幼儿通过合作学习的例子。

关于幼儿的学习方式，主要关注的是"怎么学"的问题。通过对学习、学习理论及幼儿学习方式的解释，我们可以得出：幼儿的"学"是指"学知识"，主要通过观察学习和合作学习的方式实现间接经验的学习，主要以班杜拉的社会学习理论为基础；幼儿的"习"是指"习能力"，主要通过感知学习和操作学习的方式实现直接经验的学习，主要以皮亚杰的建构主义学习理论为基础（图1-1）。

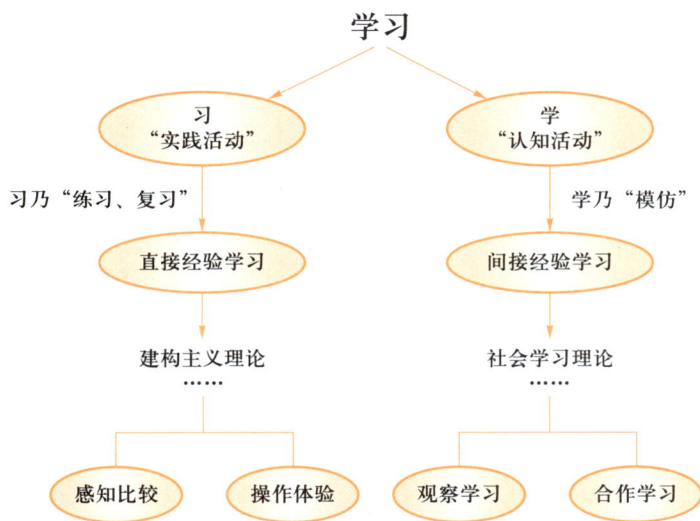

图1-1 幼儿的学习方式

三、教师如何遵循幼儿独特的学习方式开展活动

幼儿要有学习的体验，体会到学习的兴趣和快乐，但更重要的是如何掌握学习的方式方法。从心理学的角度来讲，学习方式是指个体为接受与保持新的知识经验、技能所采用的方法和活动形式。让幼儿积极投入到主动参与、自主探究、合作学习、观察学习中去，将会为幼儿的终身学习与发展打下良好基础。幼儿园教师应理解幼儿的学习是在游戏和日常生活中进行的，"游戏是幼儿园的基本教育活动"是我国幼儿园课程改革的重要指导思想，游戏对促进幼儿的学习与发展具有不可估量的价值。《指南》强调教师应多为幼儿提供自由交往和游戏的机会，支持幼儿和不同群体的同伴一起游戏，促进幼儿社会性的发展；利用游戏中的实际情境，引导幼儿进行科学领域的学习等。教师应该珍视游戏的独特价值，保证幼儿基本的游戏时间，根据幼儿兴趣和需要为幼儿投放多样化游戏材料，在幼儿游戏时提供适宜的指导和帮助，支持幼儿获得多方面的经验。除了重视游戏对幼儿的学习价值，教师也应该珍视一日生活的教育价值，理解生活中时时是教育之时，事事是教育之事。《指南》还提出教师应在生活情境中引导幼儿对文字产生兴趣以获得幼儿语言能力的提升，在运用数学解决实际生活问题的过程中获得科学领域的发展，在生活中细心观察、体验以为艺术活动积累经验与素材。生活是幼儿学习与发展的源泉，幼儿园和家庭教育要充分挖掘幼儿一日生活中的宝贵资源和教育契机，将教育灵活地渗透到一日生活中。

（一）促进幼儿通过直接经验学习的教师支持策略

幼儿在与游戏材料的交互中获得有益的直接经验学习并养成良好的学习品质。幼儿在活动中的游戏材料应具有操作性、引导性、层次性和丰富性。首先，游戏材料应该具有操作性，幼儿能够使用教师提供的游戏材料进行操作和探索是尤为重要的，特别是他们在探究中能够通过动手操作做出成品、有所收获。其次，游戏材料应该具有引导性，如果材料中缺乏引导性，教师随意提供，就忽视了"有准备的教师"的价值。教师提供的每一种材料都应该具有支持活动目标达成的功能。再次，游戏材料应该具有层次性，即：材料能循序渐进地引导幼儿不断进步，是幼儿跳一跳、够得着的台阶；材料的引导是适宜的，引导幼儿先上第一个台阶，再上第二个台阶；材料是符合幼儿年龄特点的支架，尊重每个孩子学习和发展的速度、节奏、水平、需要、风格等。最后，游戏材料应该具有丰富性，教师在提供材料时，要保障所有幼儿都能够有操作的机会，材料要充足，满足幼儿的需求，避免活动中因幼儿争抢产生不必要的麻烦。同时材料的种类要丰富，教师只有提供充足的材料，才能支持幼儿进行创造性的探索。

游戏材料是教师支持幼儿在最近发展区不断"上台阶"的有力抓手，注重材料的操作性、引导性、层次性和丰富性能够帮助教师更好地支持幼儿的全面发展，让孩子看得见、够得着、玩得乐、做得成。接下来，我们将从感知比较和操作体验两个方面说明教师如何支持幼儿进行学习。

1. 教师支持幼儿通过感知比较实现学习的策略

首先，感知比较是幼儿通过观察、操作、记录、与同伴合作交流等活动形式获得新经验的过程。通过这一过程，幼儿经由感官形成感性经验，这些感性经验也是幼儿通过亲身经历活动后对事物形成的整体意识。幼儿通常在接触具体实物中不断探索和发现，萌发创造的意识和欲望。因此，教师应该为幼儿提供具体实物，以及与活动相关的尽可能丰富的材料，满足兴趣各异的幼儿的感知体验需要，让幼儿能够在真实的、具体的学习材料中感知具体特征。幼儿园教师应利用玩具和材料最大限度地调动幼儿动手感知的兴趣，让他们在感知中主导自己认知和经验的建构。如，在认识各种各样的桥的活动中，为幼儿提供木头等材料，让他们直观感受桥墩、桥梁、桥洞，要比仅仅展示图片感受更加深刻。

其次，由于幼儿的思维发展以具体形象思维为主，感知比较便成了幼儿学习的重要途径。教师应该以幼儿为中心，创设和提供能引发幼儿好奇和兴趣的环境与材料，让幼儿的学习兴趣转化成为主动学习，鼓励引导幼儿参与活动、主动感知体验，通过感知比较学习经常比较的是物体量的特征，如薄厚、粗细、大小、长短、弯直等。由于幼儿思维特点的限制，他们往往比较容易掌握具体具象的概念，很难掌握抽象的概念，因此教师可以使用重叠与堆放的方法，让幼儿进行观察比较，如出示两块宽窄相同、长短不同的木板，让幼儿比较这两块木板是否一样，什么地方不一样，同时引导幼儿将木板的底边对齐才能比较清楚。同样的方法还可以用来引导幼儿比较观察粗细、大小、高矮、薄厚等物体量的特征。

再次，有些事物的特征是无法通过观察感知比较出来的，这个时候就需要教师通过运动感知比较的方法帮助幼儿进行感知体验。例如，让幼儿在判断一个塑料瓶和一个玻璃瓶的轻重时，教师不仅要让幼儿仔细观察，而且更重要的是要让幼儿亲自去拿一拿、掂一掂，感觉一下，从而判断它们的轻重。这种经验的获得与积累，会帮助幼儿在后续的沉浮实验中积累一些经验和认识，从而更好地进行猜想与验证。这对于幼儿的量的感知能力的发展具有极为重要的意义。

最后，也是最重要的一点是，教师应该为幼儿提供建立在幼儿兴趣之上的材料，根据幼儿兴趣点来投放材料，及时反思材料的投放是否合理。对于幼儿不是十分感兴趣的某份材料，教师应该反思这份材料在形式上是否失去了新颖性，在内容上是否失去了挑战性，在操作方式上是否缺少了可变化性。此时，教师要依据观察结果调整材料，提升材料的吸引力。因此，教师在准备活动材料之前应密切关注幼儿的兴趣，站在幼儿的角度看问题，围绕幼儿已有经验和兴趣进行投放材料。下面我们借助案例1-5来说明教师如何在活动中支持幼儿通过感知比较的方式进行学习。

案例1-5：路线图——不走冤枉路

1. 活动背景

教师选择用图画书《山猫服饰店》的封面、环衬、封底作为环创内容，粘贴在阅读区墙面上，供幼儿了解书的构成。一天上午，在过渡环节中，小锐和梦汐走进阅读区，讨论着新增的环创内容。其中，《山猫服饰店》的环衬页吸引了他们的眼球。

2. 活动过程

（1）小锐用手指指着环衬页，转头对梦汐说："我知道，这是动物村的地图，看，这里有很多路线。"梦汐听到小锐的介绍后，也用手指指着画面："这是兔子的家，这是小猪的家。"小锐听后也加入了指认位置的活动。二人的对话引起了旁边的炜宸、何宸、坤坤的兴趣，他们也加入了讨论活动。

（2）坤坤一边用手指指着标注的文字，一边将文字一个个地念出来——"花店""学校"；炜宸和梦汐将关注点放在了"路线"上。炜宸和梦汐边用手指指着图画中的路线边说："我们可以从这里（花店）走到山猫服饰店。""从熊熊诊所的家可以这样走到山猫服饰店。"旁边的何宸听到对话后，也边用手指指着路线边说："看，山羊蛋糕店可以从这边（左边）走到山猫服饰店；也可以从这边（右边）走到山猫服饰店。"坤坤接着边用手指指路线边说："但是从这边（右边）走会近一点，这边（左边）绕了好大弯。"

（3）事后，教师组织了分享活动，请孩子们回顾并分享自己与同伴在阅读区的讨论活动，并向孩子们提出第一个问题："在观察动物村地图时，你们在讨论什么问题？"孩子们纷纷回答自己在与同伴讨论去山猫服饰店的路线。紧接着教师提出第二个问题："生活中你还从哪里看到过这种路线图？"

小锐："走廊上的逃生图。"

坤坤："书上的藏宝图。"

梦汐："小区里的地图。"

孩子们回答完后，教师肯定了孩子们的回答，并向孩子们提出第三个问题："路线图的作用是什么？"

小锐："可以知道位置。"

玮宸："知道怎么走就能到（目的地）。"

何宸："还可以知道有几条路，哪条路最近，不走冤枉路。"

孩子们凭借自己的生活经验，回应了教师的三个问题。教师点了点头，肯定了孩子们发现了"路线图"的作用，并请孩子们利用晨谈时间，在全体幼儿面前做分享活动。

（4）第二天，在晨谈活动中，何宸扮演新闻小主播的角色，用路线图表征的方式向大家分享了自己的新发现——冤枉路。孩子们积极参与讨论。

"冤枉路有很多种，一种是弯曲的，一种是斜坡的。"

"从起点到终点，要走直线的路。"

"不能走第 2 条和第 3 条，会有个大弯，这样就慢了。"

（5）通过分享交流，孩子们知道和理解了"走直线最近"这一朴素的概念。教师肯定了晨谈活动中孩子们的大胆表述，并向全体幼儿提出绘制从幼儿园大门到班级路线图的建议。孩子们纷纷表示赞同。

小锐："可以，有很多路可以走到班里"

坤坤："要不走冤枉路，就画最近的。"

何宸："我们画出来了，其他人就知道怎么走最快了。"

孩子们将从幼儿园大门到班级的路线图用线条、图画的方式进行了表征，加上封面，制作成了图书，形成了属于大二班的原创图画书《路线图——不走冤枉路》。

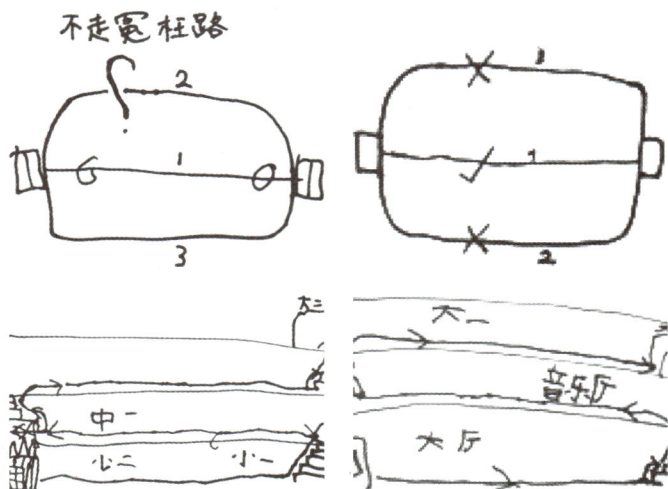

幼儿在活动中主动学习的关键在于调动多种感官，进行感知比较学习，发现并感知不同事物之间的联系。教师应为幼儿提供丰富的材料与活动，通过适宜的提问和建议，为幼儿的学习与发展提供有效支持。在案例1-5中，教师首先在阅读区中投放了能够引发幼儿兴趣的材料，引起幼儿的探究欲望。幼儿仔细观察图画书环衬页中的地图，懂得可以通过地图了解行进线路、自己所在的地理位置，以及地图上标记的含义。同时，孩子们用路线图表征冤枉路的方式有很多种，通过感知比较了解到第一条路、第二条路和第三条路的差别：有的路线是弯曲的，有的路线是斜坡的，还有的路线是直线的。通过对三者进行比较，孩子们发现要想走最短的路，从起点到终点，走直线的路最短。教师在幼儿的探究过程中及时提问，支持幼儿活动的不断深入，之后还将活动延伸到现实生活中，鼓励幼儿绘制从幼儿园大门到班级的路线图，将已有经验进行了有效迁移，整个过程充分体现出教师支持幼儿通过感知比较的方式进行学习。

> **我的行动**
>
> 　在幼儿园活动中，你是如何让小朋友看一看、摸一摸、听一听、闻一闻、尝一尝的？

2. 教师支持幼儿通过操作体验实现学习的策略

操作体验的学习方式是学前教育在课程改革形势下的发展要求，正如《指南》中所述，健康领域的教学不可剥夺幼儿自主学习的机会；语言领域的教学应注重幼儿的交流和运用；社会领域的教学强调在日常生活和游戏中通过观察和模仿潜移默化地发展；科学领域的教学应引导幼儿通过直接感知、亲身体验和实际操作进行学习；艺术领域的教学强调引导幼儿学会感受和发现美，表现和创造美。[①] 教师支持幼儿通过操作体验实现学习的策略主要有以下三点：

第一，好奇心对幼儿的日常生活学习起着关键作用。在幼儿的日常生活与学习活动中，激发幼儿好奇心是让他们轻松接受新鲜事物和学习新知识不可缺少的方法手段。在之前提到的为幼儿提供真实的、具体的学习材料的方法基础上，教师还要从幼儿的好奇点、兴趣点出发，投放幼儿感兴趣的材料。只有这样，幼儿才能在操作材料时动手动脑，运用自己已掌握的知识与技巧，体验和理解操作材料的特性。如，区域游戏材料地球仪，教师为幼儿提供一份可动手粘贴各大洲位置的地球仪材料，要比仅仅为幼儿提供一个地球仪有趣得多。

---

① 霍力岩，孙蔷蔷. 建构主义视野下幼儿学习与发展本质特征初探 [J]. 福建教育，2015（Z3）：43-44.

　　第二，幼儿的操作过程会对其思维发展起着不可估量的作用。在对材料的操作过程中，幼儿获取了大量的信息，提升综合、比较、分类、抽象、概括等方面的能力。起初，这些信息是简单的、分散的、不完整的，伴随观察与操作，这些信息将会储存在幼儿大脑中，并被汇集、分析与整理。因此，教师可以通过示范性操作或指导性操作，帮助幼儿有路径、有步骤地进行操作体验学习。如，提供配有操作流程图的操作材料，要比只提供操作材料更能有效支持幼儿进步。

　　第三，幼儿通看、听、摸、拉、摇等感知动作与外界相互作用，初步形成动作图式。学前儿童的思维以具体形象思维为主，教师应该鼓励让幼儿通过看一看、摸一摸、动一动等形式进行操作体验，在学习过程中，凡是幼儿能观察的尽量让幼儿观察，凡是幼儿能动手操作的尽量让幼儿动手操作，凡是幼儿能总结归纳的尽量让幼儿总结归纳。教师应该引导幼儿主动参与到活动中，形成自己的经验体会。在这一过程中，教师要遵循幼儿对周围事物充满好奇，乐于探索与体验的发展规律，为幼儿设计与提供一个活动化的学习情境，让幼儿能够通过操作体验的方式实现学习。下面我们将用案例"会发光的小电珠"，来说明教师如何在活动中支持幼儿通过操作体验的方式进行学习。

案例 1-6：会发光的小电珠

　　1. 活动导入

　　老师："小朋友们，小明家里突然停电了，整个房间黑黑的，什么也看不见，小朋友们能不能帮小明想想办法？"这时，小朋友们的兴趣马上被调动起来了，但是由于科学区中放置了许多手电筒供孩子们拆装、感知，因此孩子们一听到老师说为小明想办法，就全部回答可以用手电筒照明。

　　为了引导孩子进一步拓展思维，探索、发现其他的照明方式，老师进一步问道："这里有很多新材料，你们能够想办法用这些新材料做出会发光的小电筒吗？"同时为幼儿提供探索记录表（记录表分为两列，左边一列填写材料编号，右边一列填写这种材料能否让小灯泡发光，能发光的画√，不能发光的画×），鼓励孩子们把探索结果记录在纸上，并在探索的过程中提醒他们使用材料必须注意安全。

　　2. 初步实验：制作发光的小电筒

　　在探索的过程中，老师不断地提问："谁能做出会发光的小电筒？用了什么材料？是不是所有的材料都能让灯泡亮起来？"同时提醒孩子们把自己的探索结果及时记录下来。有个别幼儿很快地做出会发光的小电筒，高兴地说："老师，我的小电筒会发光。"其他幼儿也都在热烈地讨论、交流着自己的"成果"和发现,有的说:"我试过铜线,就是 1 号,是能让小电珠发光的。"有的说:"2 号是彩纸,不能让小电珠发光,所以我在记录纸上画了'×'。"还有的说:"电池里的电要通过铁丝流到灯泡里才会亮的。"最后,老师告诉孩子们,电池里的电流通过导线传输到灯泡里,所以灯泡就亮了,这个过程叫作导电。然后老师把材料粘贴在白板上,能让灯泡亮起来的材料和不能让灯泡亮起来的材料分开放,并归纳能让灯泡亮起来的材料叫金属,所有金属都能导电。

3. 深入探究:制作更亮的小电筒

初次尝试后,孩子们对"电"产生了极大的好奇,于是,老师进一步加大难度,为孩子们提供了小灯泡、电线、电池等材料,并因势利导地提出问题:"怎样让小灯泡更亮?"这是活动的难点,老师采用了鼓励、亲身参与、引导等方法来帮助孩子突破难点。在探索前,老师提醒幼儿,桌上有一些空白的记录纸,他们可以把自己的探索结果在记录纸上画出来。孩子们在探索中开动脑筋,想出不同的方法让小灯泡更亮,并在记录纸上用图画的形式一一表现出来。他们有的说:"我用了两节电池,电灯泡更亮了。"有的说:"我用了三节电池,电灯泡就更亮了。"在这一环节中,老师故意把电池放反,然后提出问题:"你们说用两节电池,电灯泡更亮了,但现在为什么小灯泡不亮呢?"引导孩子得出结论:每节电池都有正负极,"+"代表正极,"−"代表负极,只有正确摆放电池,灯泡才会亮。

幼儿的思维水平处于感知运动阶段和前运算阶段,他们需要通过亲身实践、直接感知、动手操作的方式进行学习,针对"磁性""电流""正负极"这类抽象的科学概念,教师通过直接讲授的方式传授给幼儿是难以实现的,幼儿需要通过自己动手操作来慢慢地发现和理解。虽然幼儿不能通过流畅的语言将背后隐含的科学原理讲解出来,但是我们能够通过观察幼儿的行为,发现幼儿在活动中产生的学习与发展。从案例 1-6 中我们可以看出,教师为了支持幼儿进一步地操作体验,为幼儿创造了一个宽松的环境和氛围,提供了丰富的操作材料(如手电筒、电线、干电池、电珠、铜线、铁丝、钢丝、铝线、橡皮管、棉线、塑料管、纸、记录纸、笔等),为每个幼儿都能运用多种感官、多种方式进行探索活动创造了条件,让每个幼儿都有机会利用不同的材料进行探索、参与、尝试。同时,教师在活动过程中,始终鼓励幼儿大胆操作,引导幼儿在活动中不断地提出问题、发现问题、解决问题,让孩子们在游戏互动中感受科学探索的过程和方法,体验成功的乐趣。

（二）促进幼儿通过间接经验学习的教师支持策略

幼儿在与他人的对话和交流过程中，思路和想法会更加明确和外显，这种认知冲突是观点交流和智慧碰撞的结果，有助于幼儿进行深入思考和批判性反思，帮助他们建构新的、更深层次的理解。教师应发现和利用幼儿各自的优势，促使幼儿分享彼此的认知经验，学习别人解决问题的方式、交往的技能，协同解决复杂的问题，达到共同建构知识的目的。[①] 因此，幼儿园教师应理解幼儿通过社会观察学习，并能够建立支持性人际互动关系，特别是快乐且有价值的支持性同伴互动关系。

1. 教师支持幼儿观察学习的策略

对于观察学习来说，教师最重要的是为幼儿提供一个分享交流的环境，让幼儿在分享交流中实现对其他同伴操作结果的认识。在分享交流过程的环境中，幼儿拥有共同的思维平台，幼儿之间分享的是操作的思维和行动的过程，因同一年龄段的幼儿具有相近的年龄特点，且在集体活动中常按照相似的材料以及同一种节奏学习，所以，幼儿分享的行动与思维的过程，是其他幼儿能够体验、理解、体悟的过程。每个幼儿在教师的支持下，对同一话题展开交流，通过相互影响实现思维共享，大家都有分享的机会，也都有倾听的机会，分享与交流拓宽了幼儿原有思维的广度，丰富了幼儿进一步探究的视角，为幼儿后续的实践提供新的可能。教师支持幼儿观察学习主要可以从榜样和学习者两个方面入手。

一方面，针对榜样，教师应该：第一，通过适宜的语言、动作和神态促进幼儿大胆、自主地分享与交流，并且应该促进幼儿的每一步分享在前一步分享的基础之上有所提升。只有这样，教师才能不断支持幼儿向最近发展区靠近，获得有意义的关键经验，实现原有水平基础上的发展，并养成乐于分享、善于交流的积极学习品质。第二，通过设立榜样，为幼儿创造展示自我的机会。教师可以引导幼儿在经过实践环节后，向集体或小组展示自己的学习过程，支持幼儿主动分享、描述和交换新的想法、方法和经验，利用幼儿喜欢获得表扬和肯定的心理需求，激发幼儿的学习动机，让幼儿感受到成就感、自信心。

另一方面，针对学习者，教师应该：第一，引导表现"突出"或"优异"的幼儿分享，并引发其他幼儿的注意；第二，为幼儿创设有利于分享的物质环境，如让幼儿的座位呈 U 形或者半圆形排列，引导幼儿认真倾听并细致观察其他幼儿的作品；第三，通过梳理和归纳经验、鼓励幼儿知识迁移，帮助幼儿完成不同程度的再现；最后，适时以肯定性的语言、表情或动作评价幼儿的分享，帮助幼儿在与他

① 霍力岩，孙蔷蔷. 建构主义视野下幼儿学习与发展本质特征初探 [J]. 福建教育，2015（Z3）：43–44.

人分享时建立自信心。下面我们将用案例"整理被褥"来说明教师如何在活动中支持幼儿观察学习。

案例 1-7：整理被褥

依依和翔宇一起起床，起床后依依便开始穿衣服，穿好以后她拿起被子用力一甩，把原本卷在一起的被子平铺在床上，然后按照老师教的方法把两个被角对折并认真检查是否对齐，再对折一次，最后调整没有拉平整齐的地方，并把床单一起铺平。不一会儿，她就把小床弄得整整齐齐的。

翔宇起床后，呆呆地坐在床上，既没有穿衣服，也没有叠被子，在老师的提醒下，才把衣服慢吞吞地穿好，中间还和其他小朋友一起说笑。穿完之后，翔宇准备直接走出睡眠室去换鞋子。这时老师说道："翔宇，你的被子还没叠好。我们请依依来示范一下，然后叠好被子，好吗？"

翔宇看了看自己的床，回到床边。只见依依说："第一步先把被子铺平，第二步把被角对齐，第三步用小手砍两刀以后对折，就像我这样。"依依边说边示范起来。翔宇边看边学着依依的样子也开始做起来。

在案例 1-7 中，教师支持幼儿观察学习的具体策略体现为：教师请依依做示范给翔宇看，为幼儿之间创造分享和交流的环境，也为幼儿观察学习创造了条件，最终实现幼儿之间对整理被褥经验的学习。幼儿之间存在个体差异，因此对于具有较强独立意识的幼儿，教师要给他们创造更多的示范机会，让幼儿在观察与交流过程中相互学习、了解、探讨，获得新的经验，共同进步。

2. 教师支持幼儿合作学习的策略

在课前小组组建过程中，教师要遵循"组内异质"的原则分组，促进高效合作和公平竞争，同时通过设计小组形象增强成员间的凝聚力和情感依赖，通过合理的任务分工使小组成员主动承担任务，为小组成员提供承担不同角色的机会，从而增强幼儿的交往意识和角色意识。[①] 此外，有清晰明确的任务目标是展开合作学习的关键点之一，因此，教师应该向幼儿解释任务和目标结构，让幼儿能够基于一个共识展开合作学习。

在实施阶段，教师要鼓励幼儿大胆合作，互相帮助、互相讨论。教师应当在设计教育活动时重视幼儿的合作学习，在教案中要充分体现幼儿的合作学习。教师应积极发挥"领导者"的组织和协调作用，调动所有幼儿参与到合作学习中来，在最近发展区内帮助幼儿形成认知冲突，顺利实现合作学习。在活动过程中，教师要

---

① 　蒋波，谭顶良 . 论有效合作学习的内在机制 [J]. 中国教育学刊，2011（6）：33-36.

注意观察、倾听每组幼儿的活动情况，并在幼儿需要的时候提供适宜的支持。教师还应支持幼儿营造互相讨论、互相帮助的氛围，鼓励每个幼儿都能够主动帮助他人，有合作与关爱他人的意识。下面我们将用案例"开着房车去旅行"来说明教师如何在活动中支持幼儿的合作学习。

案例 1—8：开着房车去旅行

1.搭建房车

　　孩子们今天计划搭建一辆房车，有了之前搭建战车的经验，孩子们搭建起车身来非常迅速。他们搬来小桌子，放在几块大垫子上面。他们说："这辆房车我们一人一个房间。"远鹏提出："那上层没有车顶怎么办？"家泉抬了抬头，想了想说："要不我们就把走廊上面的屋顶当作房车的车顶吧！"远鹏犹豫了一下，回应道："这么大的屋顶！好吧，也行！"但是他们并没有继续思考该如何搭建房车第二层的车顶。

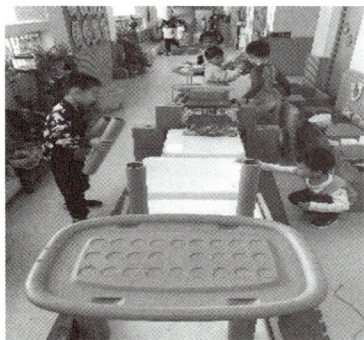

　　见两个孩子没有尝试搭建上层的屋顶，我决定采取平行介入的方法来参与孩子们的游戏。我拿来了四个长纸筒，将一个箱盖放在纸筒上面。家泉看到了我的做法说："看！刘老师搭建了一个车顶！"我说："我喜欢住在上层，但是没有车顶我担心下雨了怎么办，这样我就不用担心下雨啦！"随后他俩也拿来了箱盖和长纸筒，在房车每个房间的第二层都搭建了车顶。

　　恩恩和煜然一起搭建房车的驾驶室，恩恩在车头摆放了一排长纸筒，她说："这是一个自动车门。"煜然坐在驾驶座尝试了一下当司机的感觉，他问小伙伴们："今天我们要去哪呢？"小伙伴们七嘴八舌地讨论起来："去游乐园""去沙漠""去雪山""去北京"……最后大家一致决定，去北京！

　　车尾位置竖放着几根长纸筒，我好奇地问："长纸筒是做什么的呢？"芷菡说："这是房车的太阳能板，能够吸收太阳能，使房车发动。"她的回答让我非常惊喜，看似简单的组合搭建蕴含着孩子独特的想法。

　　"我要去房间休息一下。"煜然从驾驶室来到他的专属房间，他用两个纸箱为自己的房间搭建了一张小桌子，然后弯着身体坐在房间里面。我问他："在房间里感觉如何呢？"他说："太棒了！我好想在这里睡觉。"

　　在分享环节，我创设了讨论的机会，从房车的舒适度展开讨论。孩子们都觉得房车的房间空间太小了，只能一直弯着腰，不舒服。经过讨论与现场尝试探究，孩子们提出可以用四张小椅子把桌子垫高，让房间变得更宽敞些。但也有孩子提出疑问，担心房车的稳固程度。在一番激烈的讨论中，孩子们决定下次游戏好好尝试一下。

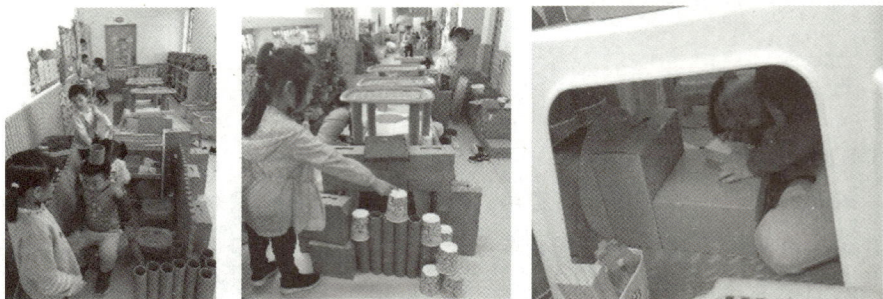

2. 房车变大啦

房车游戏"吸粉"无数，有继续游戏的孩子，也有新加入的小伙伴。在上次游戏的基础上，孩子们增加了小椅子。芷菡铺好垫子，拿来了小桌子和四张小椅子。她和若晴不断地调整桌脚与小椅子的位置，直到房车变得稳固。

房车的车身搭建好了，泽睿上去第二层试一下，他激动地说："耶！太好玩了！"而崇文也进房间感受了一下，他趴在房间里，又抬起了身体，说："太棒了！下面的房间变大了。"

泽睿用圆形纸板画了一个方向盘，坐在了司机位置。他转动着方向盘，左右摆动着身体，体验了一把当司机的感觉。过了一会，泽睿回到了他的房间，手指在纸箱上弹动着。我好奇地问："你在做什么呢？"他说："我在用电脑，我正在出差呢。"我继续询问："那你感觉房间怎么样呢？"他说："太舒服了，上次煜然没法坐起来，这次我可以了！"

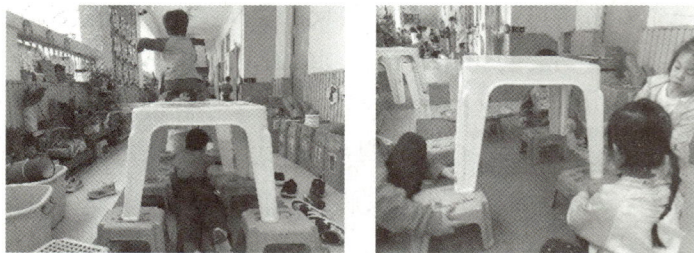

为了增加孩子的游戏经验，我与孩子们分享了一本图画书《开着房车游澳洲》。图画书里的双层房车虽然不大，但是功能多样。开着房车旅行，去到海边可以停下来游泳；肚子饿了可以在房车外面搭建厨房进行野餐；出了汗有浴室可以洗澡；来到了炎热的沙漠公园也不用担心，因为房车里有凉快的空调……孩子们通过图画书了解了房车的多种功能，发现了房车旅行的乐趣。于是就着图画书的内容，孩子们提出了房车游戏还可以怎么玩的想法：有的提出应该换一个大一点的地方；有的提出应该增设帐篷；有的觉得应该增加厨房；等等。讨论进行得非常热烈。

3. 一辆玻璃屋顶房车

移桌子、抬桌子，游戏一开始的力气活由孩子们合力一起完成。过了一会儿，大家齐心协力铺好垫子，摆好椅子，今天的房车初具雏形。关于房车中房间的搭建，孩子们用椅子摆放在里面，小伙伴们都进去感受了一下，我从他们脸上开心的表情看出，他们很满意这辆房车的房间。

芷菡从家里带来了泡沫袋，她非常开心地说："我们把这个放在哪里好呢？"泽睿想了一下说："不如放在上面，把它当作一个透明的玻璃屋顶吧！"这个提议得到了大家的认同，他们拿来长条积木把玻璃屋顶撑了起来。

大家一起坐进了房车里，芷菡拿来了一块布，盖在了透明屋顶上，并把布铺平整。我好奇地问："为什么你要盖上一块布呢？"她说："因为出了大太阳，阳光晒进了车里，所以要遮一下太阳。"坐在后座的诗彤说："太阳好晒啊！现在凉快多了。"

过了一会，芷菡拿来了一个纸盒问我："老师，你可以帮我写'加油箱'三个字吗？"我帮她写上了。随后她找来了一条管子插进了加油箱里，然后把加油箱放好。房车"行驶"了一会，司机远鹏说："房车快没油了！"芷菡取出了加油箱里的管子，往加油的孔里插进去，给房车"加满"了油。

（案例来源：广州市海珠区穗花幼儿园，刘慧）

在案例1-8中，搭建房车是一个需要多人合作、互动的游戏，幼儿在游戏的过程中能与同伴分工合作，各自负责建造房车的不同位置，朝着搭建一辆功能齐全的房车而共同努力，合作、协商等社会性技能在潜移默化中得到了锻炼。当房车调整到活动室里后，幼儿更加需要合作才能移动桌子、椅子，他们主动地配合对方，显示出了高度的合作精神。例如，幼儿以桌子的底部为房车的房间，尽管屈身在里面，依然享受着小小空间的游戏乐趣；幼儿把自己带来的泡沫袋当作房车的玻璃屋顶，因"出太阳"了而给房车遮光，小小材料带给孩子无限的想象空间。在搭建房车游戏的过程中，教师一直在捕捉幼儿的兴趣点，以幼儿的意图为核心，追随他们的兴趣走向，进行支持或指导。教师根据幼儿的需要满足他们游戏的需求，不断支持幼儿的游戏。如，幼儿想更换游戏场地，教师充分满足他们的需求，支持他们运用课室的桌椅进行游戏；幼儿想尝试在房车第二层的泡沫垫上游戏，教师在支持他们想法的同时默默保护幼儿游戏的安全。在每次游戏结束时，教师采取小组分享、交流的形式，给各个游戏小组提供互动交流、表达意见的机会，让幼儿学会分享、思考，尝试开拓、创新；采取了多次集体分享的形式，帮助幼儿自主思考、发现问题并尝试解决；采用了图画记录的方式，引导幼儿用画笔记录自己的游戏过程，实现小组内动作与语言能力不同水平幼儿的优势互补，相互之间提醒与帮助。

我的行动

1. 合作学习是教师安排分配幼儿完成规定的任务，幼儿按照要求开展实施吗？为什么？

2. 教师促进幼儿实现合作学习的指导关键要点是什么？

【我来写一写】

1. 下面关于幼儿学习方式的描述，你认为哪些是正确的？请在正确描述后面的圆圈画√。

幼儿可以通过亲自操作、亲身体验来获取直接经验的方式进行学习。 ○

观察学习是幼儿重要的学习方式。 ○

幼儿学习的方式大体可以分为体验学习和观察学习两大类。 ○

幼儿只能通过直接经验进行学习。 ○

2. 一般而言，幼儿的学习方式可以分成哪两个类别？请你分一分。

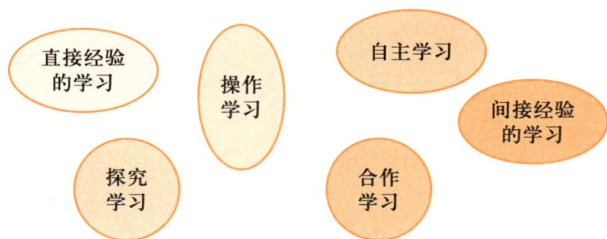

【我来练一练】

找到 2 种及以上尊重幼儿学习方式的幼儿园游戏活动，并说一说你打算如何遵循幼儿的学习方式开展这些活动。

第二节 观察和理解幼儿独特的学习方式

【我来写一写】

回顾你自己曾经设计过的一次集体教育活动或综合主题活动，请在下表中写出：幼儿在活动中呈现出哪些学习方式？教师针对幼儿学习方式进行支持的策略有哪些？

幼儿的学习方式是什么样的？ 1. 2. 3. 您通常会使用什么策略来支持幼儿的学习方式？ 1. 2. 3.

一、观察和理解幼儿在一日生活活动中的学习方式

（一）实践 1.1：讲故事

实践内容：请你回顾自己所在班级的幼儿，或者是曾经观摩过的活动中的幼儿，讲述一个在一日生活活动中很具有典型性意义的有关幼儿学习方式的故事。

实践步骤：

1. 你可以和同事讲，也可以和一起参与培训或研修的小组成员讲。故事应描述出幼儿在学习中的行为表现，并说明这些表现给他的学习方式带来了什么影响，介绍你或其他教师是怎样为他们提供帮助的。

任务单 S1.1.1

一日生活活动幼儿学习故事

起因（交代时间、地点、任务）：

经过（注意行为表现描述）：

结果（关注教师是否使用支持策略、效果如何）：

讲述人：

讲述时间：

---

2. 在相互讲述的过程中，请你总结出学习方式对幼儿学习与发展的影响。

任务单 S1.1.2

我认为学习方式对幼儿学习与发展的影响：

1.

2.

3.

---

3. 你也可以举例说明自己在一日生活活动中对于幼儿学习方式理解和支持不足的地方，然后说一说下次希望重点改进的三个方面。

任务单 S1.1.3

简要描述不足：

我的思考与改进：
1.
2.
3.

（二）实践 1.2：课堂观摩

1. 观摩目的

（1）请在一日生活活动中，重点观察 2～3 名幼儿的学习方式。

（2）观察教师如何支持幼儿通过四种学习方式进行有效学习。

2. 观摩前的准备工作

（1）经验准备

观摩者掌握幼儿的学习方式：感知比较学习、操作体验学习、观察学习、合作学习。

观摩者掌握课堂观摩的目标、重点和难点，以及在观摩中的注意事项等内容。

（2）物质准备

课堂观摩工具；手机、相机等拍摄工具。

3. 在观摩过程中需要使用的工具

任务单 S1.1.4

支持幼儿有效学习的学习方式观摩表（一）

观察时间：	观察地点：	观察者：
观察对象：	年龄班：	带教教师（职称）：

一日生活活动各个环节	☐ 入园	描述：
	☐ 饮水	描述：
	☐ 过渡环节	描述：
	☐ 盥洗	描述：
	☐ 进餐	描述：
	☐ 如厕	描述：
	☐ 午睡	描述：
	☐ 整理	描述：
	☐ 户外自由活动	描述：
	☐ 离园	描述：

备注：可以进行多项选择。

任务单 S1.1.5

支持幼儿有效学习的学习方式观摩表（二）

请从以下环节中勾选 1 项内容：

☐ 入园 ☐ 饮水 ☐ 盥洗 ☐ 进餐 ☐ 如厕	☐ 午睡 ☐ 整理 ☐ 户外自由活动 ☐ 离园
我看到幼儿呈现出这样的学习方式：	我看到教师这样支持了幼儿的学习方式，并帮助幼儿实现有效学习：

续表

我觉得可以学习的地方：	我觉得可以改进的地方：
1.	1.
2.	2.
3.	3.

（三）实践 1.3：案例分析

1. 案例呈现

> 　　午点时间，老师组织大家去洗手，雯雯在洗手时把衣袖撸了上去，洗着洗着袖子就掉下来被弄湿了，当她看见多多把袖子从衣袖口往上面折，想起了之前老师教大家洗手时要把袖子从衣袖口往上面折，这次，袖子不再往下掉了。洗完手后，大家安静地坐在座位上等老师发水果。今天的午点是鸭梨，只见老师一边发鸭梨一边引导幼儿观察："观察一下鸭梨是什么颜色？""黄色。""你再摸一摸鸭梨，是什么感觉？""很光滑。""对，那请你闻一闻这个鸭梨。""很香。""好，我们来尝一尝这个鸭梨是什么味道吧。"孩子们都很高兴地吃了起来，有的孩子还边吃边说："这个鸭梨真甜啊，好吃极了。"

2. 案例分析（重点分析学习方式）

（1）你能描述一下案例中雯雯和多多的行为表现吗？

任务单 S1.1.6

我眼中的雯雯：

我眼中的多多：

（2）案例中的幼儿呈现出什么样的学习方式？你能从学习方式的角度分析一下吗？

任务单 S1.1.7

他们是这样学习的：

（3）你觉得案例中的老师在这个过程中还可以为幼儿提供什么样的支持？

任务单 S1.1.8

老师还可以这样做：

（四）实践 1.4：自主实操

请你根据自身的实践经验，设计一个在一日生活活动中支持幼儿观察学习的活动方案。

任务单 S1.1.9

支持幼儿观察学习的一日生活活动

活动目标：

活动准备：

活动过程：

续表

活动延伸：

二、观察和理解幼儿在区域游戏活动中的学习方式

（一）实践 2.1：讲故事

实践内容：请你回顾自己所在班级的幼儿，讲述一个在区域游戏活动中很具有典型性意义的故事。

实践步骤：

1. 你可以和同事讲，也可以和一起参与培训或研修的小组成员讲。故事应描述出幼儿在学习中的行为表现，并说明这些表现给他的学习方式带来了什么影响，介绍你是怎样为他们提供帮助的。

任务单 S1.2.1

区域游戏活动幼儿学习故事

起因（交代时间、地点、任务）：

经过（注意行为表现描述）：

续表

结果（关注教师是否使用支持策略、效果如何）：
讲述人： 讲述时间：

2. 在相互讲述的过程中，请你总结出学习方式对幼儿学习与发展的影响。

任务单 S1.2.2
我认为学习方式对幼儿学习与发展的影响： 1. 2.   3.

3. 你也可以举例说明自己在区域游戏活动中对于幼儿学习方式理解和支持不足的地方，然后说一说下次希望重点改进的三个方面。

任务单 S1.2.3
简要描述不足：   我的思考与改进： 1. 2. 3.

（二）实践 2.2：课堂观摩

1. 观摩目的

（1）重点观察 2～3 名幼儿在区域游戏活动中的学习方式。

（2）观察教师如何支持幼儿的学习方式帮助其有效学习。

2. 观摩前的准备工作

（1）经验准备

教师掌握幼儿的四种学习方式。

教师掌握课堂观摩的目标、重点和难点，以及在观摩中的注意事项等内容。

（2）物质准备

课堂观摩工具；手机、相机等拍摄工具。

3. 在观摩过程中需要使用的工具

任务单 S1.2.4

支持幼儿有效学习的学习方式观摩表

观察时间：		观察地点：		观察者：	
观察对象：		年龄班：		带教教师（职称）：	
观察区域：☐美工区 ☐阅读区 ☐表演区 ☐建构区 ☐益智区 ☐其他区：＿＿＿＿＿					
活动过程	幼儿学习方式描述		教师支持幼儿学习方式的行为描述		
1.					
2.					
3.					
4.					
教学反思与改进	我认为值得学习的地方： 1. 2. 3.		我认为可以改进的地方： 1. 2. 3.		

（三）实践 2.3：案例分析

1. 案例呈现

请扫码阅读区域游戏活动"水管漏水啦"观察实录，并对活动中幼儿的学习方式进行分析。

区域游戏活动"水管漏水啦"观察实录

2. 案例分析（重点分析学习方式）

（1）你能描述一下案例中幼儿的行为表现吗？

任务单 S1.2.5
请你选择 2 名幼儿进行分析。 幼儿 1：_____ 行为表现：   幼儿 2：_____ 行为表现：

（2）案例中的幼儿呈现出什么样的学习状态？你能从学习方式的角度分析一下吗？

任务单 S1.2.6
他们是这样学习的：

（3）你觉得案例中的老师在这个过程中还可以为幼儿提供什么样的支持？

任务单 S1.2.7
老师还可以这样做：

（四）实践 2.4：自主实操

请你根据自身经验，设计一个在区域游戏活动中支持幼儿合作学习的活动方案。

任务单 S1.2.8

支持幼儿合作学习的区域游戏活动

活动目标：

活动准备：

活动过程：

活动延伸：

三、观察和理解幼儿在综合主题活动中的学习方式

（一）实践 3.1：讲故事

实践内容： 请你回顾自己所在班级的幼儿，讲述一个在综合主题活动中很具有典型性意义的故事。

实践步骤：

1. 你可以和同事讲，也可以和一起参与培训或研修的小组成员讲。故事应描述出幼儿在学习中的行为表现，并说明这些表现给他的学习方式带来了什么影响，介绍你是怎样为他们提供帮助的。

任务单 S1.3.1

综合主题活动幼儿学习故事

起因（交代时间、地点、任务）：

经过（注意行为表现描述）：

结果（关注教师是否使用支持策略、效果如何）：

讲述人：
讲述时间：

2. 在相互讲述的过程中，请你总结出学习方式对幼儿学习与发展的影响。

任务单 S1.3.2

我认为学习方式对幼儿学习与发展的影响：
1.

2.

3.

3. 你也可以举例说明自己在综合主题活动中对于幼儿学习方式理解和支持不足的地方，然后说一说下次希望重点改进的三个方面。

任务单 S1.3.3

简要描述不足：

我的思考与改进：

1.

2.

3.

（二）实践 3.2：课堂观摩

1. 观摩目的

（1）重点观察 2～3 名幼儿在综合主题活动中的学习方式。

（2）观察教师如何支持幼儿的学习方式使其有效学习。

2. 观摩前的准备工作

（1）经验准备

教师掌握幼儿的四种学习方式。

教师掌握课堂观摩的目标、重点和难点，以及在观摩中的注意事项等内容。

（2）物质准备

课堂观摩工具；手机、相机等拍摄工具。

3. 在观摩过程中需要使用的工具

任务单 S1.3.4

支持幼儿有效学习的学习方式观摩表（一）	
活动主题	
活动对象	

续表

活动目标	
活动重点	
活动准备	

活动过程	幼儿学习方式	教师支持策略
1.		
2.		
3.		
4.		
5.		

任务单 S1.3.5

支持幼儿有效学习的学习方式观摩表（二）

活动名称：＿＿＿＿＿＿＿＿＿＿＿＿＿

活动对象：＿＿＿＿＿＿＿＿＿＿＿＿＿

反思教师：＿＿＿＿＿＿＿＿＿＿＿＿＿

续表

反思维度	反思的具体事项	若达成请画√
1. 活动目标达成了吗？	学养目标达成了吗？	（ ）
	经验目标达成了吗？	（ ）
	德行目标达成了吗？	（ ）
	文蕴目标达成了吗？	（ ）
2. 你是如何达成的？	环节1： 环节2： 环节3： 环节4： 环节5：	教师支持策略：
3. 表现较好的幼儿有哪些典型行为表现？		
4. 表现较弱的幼儿有哪些典型行为表现？		
5. 你要如何调整与改进？	1. 2. 3. 4. 5.	

（三）实践 3.3：案例分析

1. 案例呈现

综合主题
活动"垃
圾分类"
教学实录

请扫码阅读综合主题活动"垃圾分类"教学实录，并对活动中幼儿的学习方式进行分析。

2. 案例分析（重点分析学习方式）

（1）你能描述一下案例中幼儿的行为表现吗？

任务单 S1.3.6

请你选择 2 名幼儿进行分析。

幼儿 1：_____

行为表现：

幼儿 2：_____

行为表现：

（2）案例中的幼儿呈现出什么样的学习状态？你能从学习方式的角度分析一下吗？

任务单 S1.3.7

他们是这样学习的：

（3）你觉得案例中的老师在这个过程中还可以为幼儿提供什么样的支持？

任务单 S1.3.8

老师还可以这样做：

（四）实践 3.4：自主实操

请你根据自身的实践经验，设计一个在综合主题活动中支持幼儿操作体验学习的活动方案。

任务单 S1.3.9
支持幼儿操作体验学习的综合主题活动
活动目标：
活动准备：
活动过程：
活动延伸：

四、观察和理解幼儿在早期阅读活动中的学习方式

（一）实践 4.1：讲故事

实践内容：请你回顾自己所在班级的幼儿，讲述一个在早期阅读活动中很具有典型性意义的故事。

实践步骤：

1. 你可以和同事讲，也可以和一起参与培训或研修的小组成员讲。故事应描述出幼儿在学习中的行为表现，并说明这些表现给他的学习方式带来了什么影响，介绍你是怎样为他们提供帮助的。

任务单 S1.4.1

早期阅读活动幼儿学习故事

起因（交代时间、地点、任务）：

经过（注意行为表现描述）：

结果（关注教师是否使用支持策略、效果如何）：

讲述人：
讲述时间：

---

2. 在相互讲述的过程中，请你总结出学习方式对幼儿学习与发展的作用。

任务单 S1.4.2

我认为学习方式对幼儿学习与发展的作用：
1.

2.

3.

---

3. 你也可以举例说明自己在早期阅读活动中对于幼儿学习方式理解和支持不足的地方，然后说一说下次希望重点改进的三个方面。

任务单 S1.4.3

简要描述不足：

我的思考与改进：
1.

2.

3.

（二）实践 4.2：课堂观摩

1. 观摩目的

（1）重点观察 2～3 名幼儿在早期阅读活动中的学习方式。

（2）观察教师如何支持幼儿的学习方式帮助其有效学习。

2. 观摩前的准备工作

（1）经验准备

教师掌握幼儿的四种学习方式。

教师掌握课堂观摩的目标、重点和难点，以及在观摩中的注意事项等内容。

（2）物质准备

课堂观摩工具；手机、相机等拍摄工具。

3. 在观摩过程中需要使用的工具

任务单 S1.4.4

支持幼儿有效学习的学习方式观摩表		
观察时间：	观察地点：	观察者：
观察对象：	年龄班：	带教教师（职称）：

续表

选用图画书（简要介绍）		
活动过程	幼儿学习方式行为描述	教师支持幼儿学习过程的行为描述
1.		
2.		
3.		
4.		
教学反思与改进	我认为值得学习的地方： 1. 2. 3.	我认为可以改进的地方： 1. 2. 3.

（三）实践 4.3：案例分析

1. 案例呈现

早期阅读活动"15 只老鼠的礼物"

设计意图：

图画书《避开恶猫的方法》讲述了 15 只小老鼠为了不让猫吃掉，一起开动脑筋想办法，最后送了一个铃铛挂在猫脖子上。结合图画书中蕴含的数学价值，我设计了大班绘本活动"15 只老鼠的礼物"，让幼儿跟随故事情节的发展，猜测老鼠会选择什么样的礼物送给猫，感知多种统计方法，并尝试进行统计。从猜测礼物的轻和重，到猜测三种礼物的理由，再到猜测什么时候去送，幼儿分别感知了用举手的方法统计、用排队的方法统计、用图表的方法统计等多种统计方法。我同时鼓励幼儿清楚连贯地表达自己的想法，在讲述中不断推进故事情节的发展。

早期阅读活动"15 只老鼠的礼物"教学实录

　　活动目标：

　　（1）通过猜测、讲述等理解故事内容，用完整的语句清楚连贯地表达自己的想法。

　　（2）运用分类、计数等方法尝试统计。

　　（3）体验通过合作解决问题带来的快乐。

　　请扫码阅读早期阅读活动"15 只老鼠的礼物"的完整内容，并对活动中幼儿的学习方式进行分析。

2. 案例分析（重点分析学习方式）

（1）你能描述一下案例中幼儿的行为表现吗？

任务单 S1.4.5

请你选择 2 名幼儿进行分析：
幼儿 1：＿＿＿＿＿＿＿＿
行为表现：

幼儿 2：＿＿＿＿＿＿＿＿
行为表现：

（2）案例中的幼儿呈现出什么样的学习状态？你能从学习方式的角度分析一下吗？

任务单 S1.4.6

他们是这样学习的：

（3）你觉得案例中的老师在这个过程中还可以为幼儿提供什么样的支持？

任务单 S1.4.7

老师还可以这样做：

（四）实践 4.4：自主实操

请你根据自身的实践经验，设计一个在早期阅读活动中支持幼儿感知比较学习的活动方案。

任务单 S1.4.8

支持幼儿学习方式的早期阅读活动

活动目标：

活动准备：

活动过程：

活动延伸：

【我来写一写】

回顾你自己曾经设计过的一次集体教育活动或综合主题活动，请在下表中写出：幼儿在活动中呈现出哪些学习方式？教师针对幼儿学习方式进行支持的策略有哪些？

幼儿的学习方式是什么样的？
1.

2.

3.

你通常会使用什么策略来支持幼儿的学习方式？
1.

2.

3.

【我来练一练】

请你继续完善利用任务单 S1.3.9 设计的综合主题活动，并思考如何进一步改进以更好地契合幼儿独特的学习方式。

第三节　反思自身是否能够理解和支持幼儿独特的学习方式

【我来写一写】

请你回顾本章的全部内容，写出三点到目前为止自己感受最深的学习体会与收获。

我的体会与收获

我的体会与收获 ①

我的体会与收获 ②

我的体会与收获 ③

一、反思自身是否理解幼儿独特的学习方式

在学习了本章内容后，请以小组为单位或与一同参与培训或研修的小组成员围绕以下要点展开讨论并进行记录。

任务单 F1.1.1

讨论要点	反思记录
1. 关于幼儿的四种学习方式的理论讲解，你印象最深的三点是什么？	1. 2. 3.
2. 为什么要重视幼儿独特的学习方式？	1. 2.

续表

讨论要点	反思记录
3. 请举例说明，你是如何在活动中支持幼儿学习的？	我是这样做的：

二、反思自身是否能够支持幼儿独特的学习方式

（一）反思是否在一日生活活动中支持幼儿独特的学习方式

在学习了本章内容后，关于如何在一日生活活动中支持幼儿的有意义学习过程，请以小组为单位或与一同参与培训或研修的小组成员围绕以下要点展开讨论并进行记录。

任务单 F1.2.1

讨论要点	反思记录
1. 你觉得在一日生活活动中支持幼儿独特的学习方式有哪些意义？请写出三点	1. 2. 3.
2. 你认为在设计一日生活活动支持幼儿观察学习时，需要掌握哪些设计要点？请至少写出三点	1. 2. 3.
3. 除了上述设计要点，你还能补充哪些注意事项？	1. 2.

（二）反思是否在区域游戏活动中支持幼儿独特的学习方式

在学习了本章内容后，关于如何在区域游戏活动中支持幼儿的有意义学习过程，请以小组为单位或与一同参与培训或研修的小组成员围绕以下要点展开讨论并进行记录。

任务单 F1.2.2

讨论要点	反思记录
1. 你觉得在区域游戏活动中支持幼儿独特的学习方式有哪些意义? 请写出三点	1. 2. 3.
2. 你认为在设计区域游戏活动支持幼儿合作学习时，需要掌握哪些设计要点? 请至少写出三点	1. 2. 3.
3. 除了上述设计要点，你还能补充哪些注意事项?	1. 2.

（三）反思是否在综合主题活动中支持幼儿独特的学习方式

在学习了本章内容后，关于如何在综合主题活动中支持幼儿的有意义学习过程，请以小组为单位或与一同参与培训或研修的小组成员围绕以下要点展开讨论并进行记录。

任务单 F1.2.3

讨论要点	反思记录
1. 你觉得在综合主题活动中支持幼儿独特的学习方式有哪些意义? 请写出三点	1. 2. 3.
2. 你认为在设计综合主题活动支持幼儿操作体验学习时，需要掌握哪些设计要点? 请至少写出三点	1. 2. 3.

续表

讨论要点	反思记录
3.除了上述设计要点，你还能补充哪些注意事项？	1. 2.

（四）反思是否在早期阅读活动中支持幼儿独特的学习方式

在学习了本章内容后，关于如何在早期阅读活动中支持幼儿的有意义学习过程，请以小组为单位或与一同参与培训或研修的小组成员围绕以下要点展开讨论并进行记录。

任务单 F1.2.4

讨论要点	反思记录
1.你觉得在早期阅读活动中支持幼儿独特的学习方式有哪些意义？请写出三点	1. 2. 3.
2.你认为在设计早期阅读活动支持幼儿感知比较学习时，需要掌握哪些设计要点？请至少写出三点	1. 2. 3.
3.除了上述设计要点，你还能补充哪些注意事项？	1. 2.

【我来写一写】

请你再次回顾本章的全部内容，写出三点自己感受最深的学习体会与收获。

我的体会与收获

我的体会与收获①

我的体会与收获②

我的体会与收获③

【我来练一练】

根据专业反思的结果，并结合幼儿在综合主题活动中的学习方式和学习过程，请你继续完善在本章第二节中设计的遵循幼儿学习方式的活动方案。

【选一选】

在学习本章内容之后，请你再次思考以下问题，在认为最符合自己情况的方框内画√。你发现自己的进步了吗？

项　目	不符合	不太符合	一般	比较符合	非常符合
1. 我理解学习的内涵					
2. 我熟悉《3～6岁儿童学习与发展指南》中对幼儿学习方式的相关表述					
3. 我知道幼儿可以通过亲近自然、直接感知、实际操作、亲身体验来获得学习经验					

续表

项　目	不符合	不太符合	一般	比较符合	非常符合
4. 我知道教师单方面的讲授不符合幼儿的学习特点					
5. 我能充分利用已有材料让幼儿通过动手操作等获得直接经验					
6. 我能在活动过程中引导幼儿专注于当前的活动					
7. 我知道模仿是幼儿的学习方式之一					
8. 我知道幼儿可以通过模仿教师和其他幼儿的语言与行为进行学习					
9. 我在设计与实施活动时，会为幼儿提供充足的材料和留有充足的时间					
10. 我经常鼓励幼儿与同伴合作					
11. 我经常支持幼儿在观察、合作和交往中学习					

【拓展阅读】

[1] 高普尼克，梅尔佐夫，库尔. 孩子如何学习 [M]. 林文韵，杨田田，译. 杭州：浙江人民出版社，2019.

该书运用丰富而具有创造性的实验，将孩子超越成人的学习天赋细致入微地展现出来，讲述了孩子如何理解他人、如何认识事物、如何学习语言、心智如何运行、大脑如何工作等问题。该书不仅阐述了孩子是如何学的，还讲述了孩子是如何做到的，详细阐释了孩子大脑的学习机制以及背后的原因。该书通过有趣的实验和直白的话语，更易于教师理解幼儿的学习能力以及学习模式。

[2] 马虹，李峰，吴采红. 幼儿主动学习：支架幼儿学习的教育实践 [M]. 北京：中国农业出版社，2018.

该书第一部分从理论上介绍了幼儿主动学习，包括幼儿主动学习的基本概念、价值意义、发生的条件以及促进幼儿学习的策略；第二部分通过展示 15 个教育活动案例，从实践上凸显支持幼儿主动学习的方式。该书通过理论与实践相结合的方式展示出支持幼儿主动学习的方式，既能够增加教师对幼儿主动学习的理解，又能够使教师获得实践上的支持，对广大教师将理论结合实践有很大的价值意义。

［3］霍克．改变心理学的 40 项研究：第 7 版 [M]．白学军，等译．北京：人民邮电出版社，2018.

该书从历史的角度深入阐述了心理学史上具有里程碑意义的 40 项研究，并介绍了这些研究的后续进展和相关研究。全书主要分为十个专题，包括人类行为的生物学基础、意识和知觉、条件作用和学习、认知、记忆和智力、毕生发展、动机和情绪、人格、心理障碍、心理治疗以及人类互动和社会行为。每个专题选取了四项研究，其中包括巴普洛夫经典性条件反射、班杜拉的观察学习、人类睡眠等著名的实验研究，每项研究详细介绍了原始出处、研究的背景、理论假设、研究方法、研究结果、讨论、结果的意义、批评、最近的应用和参考文献。该书将"枯燥的"心理学经典研究变成了一个个引人入胜的故事，教师阅读此书将会对有关学习心理学有着更深入的了解。

全程育人
——支持幼儿有意义的学习过程

第二章

学习目标

学习本章内容后，你将能够更好地：

1. 理解幼儿的学习过程；

2. 把握支持幼儿有意义的学习过程的价值；

3. 掌握在各类教育活动中支持幼儿有意义的学习的策略；

4. 通过实际案例，学会在一日生活活动、区域游戏活动、综合主题活动、早期阅读活动中开展幼儿学习研究，并支持幼儿有意义的学习过程。

【想一想】

场景1："花花，你别东张西望！""花花，你别找旁边的小朋友说话！""花花，你别乱碰前面小朋友的肩膀！"一个幼儿园大班的老师正对着一个叫花花的孩子喊话，"花花，老师让对照着模板，画椭圆形的花瓣，你画好了吗？""我画好了。"孩子无力地应答着。一节美术活动在老师的指挥下终于落幕了。

场景2：在一个幼儿园的小班中，小刚和小强都来到放有世界地图和中国地图拼板的地理区。小刚在看过各种地图拼板以后，选择了一个他以前从未见过、看起来难度不小的中国地图拼板。他先看了看中国地图拼板上的图形轮廓，又看了看拼板上一块块的图片，然后他把这些图片逐一拿出来随机放在桌子上靠近自己胸前的地方。有几个孩子走过来看他拼图，小刚没有觉察到，还有个孩子过来跟他说让他去看一个新的拼图，他"嗯"了一下并没有理会，丝毫没有分神。在认真专注地做中国地图拼图这个工作时，他一直身体前倾、眉头紧皱，不时自己点下头或摇下头。他把中国地图中的各个省市的图片先一排排地排好，然后选择了其中一个最大的图片即新疆维吾尔自治区，小心翼翼地比对着边缘的形状，把它放到他认为正确的位置；再后来，他又选了图片中他认为较大的几个即西藏自治区、四川省、青海省和内蒙古自治区沿地图边缘逐一进行比对，并把西藏自治区、四川省、内蒙古自治区的图片放到了正确的位置。他拿着青海省的图片在拼图板边缘试了几次都不对时，于是把它放到一边，然后试着找新的较大的图片拼摆图板的边缘……边缘的拼图摆完后，小刚若有所思地又拿起青海省的拼图片，开始在地图拼板里面为它寻找位置。他先用一边去比对，然后转动图片又用另一边去比对，最后为青海省找到了正确的位置。"就是这样！"他开心地笑着，双手攥拳在胸前上下使劲，好像在给自己加油……然后，小刚继续给每一块图片找位置。他一直坚持完成了整块中国地图拼板的拼图工作，然后去找教师："老师，给我和我的拼板拍张照片吧。"

请你基于上述内容思考以下问题：

（1）在上面两个场景中教师的行为表现有何不同？幼儿的行为表现有何不同？为什么会产生两种截然不同的活动状态？

（2）你认为教师应当如何支持幼儿在游戏中的学习与发展？

【选一选】

为了更好地学习本章内容，请你在学习前根据自身的实际情况，在相应的方框内画√。

项　目	不符合	不太符合	一般	比较符合	非常符合
1. 我知道幼儿的学习过程是什么样的					
2. 我认为幼儿的发展取决于教师能否有效地支持幼儿的学习过程					
3. 我能在各类教育活动中给予幼儿充分发现和解决问题的时间和空间，并在过程中促进幼儿主动学习与全面发展					
4. 在集体教育活动中我能围绕主题，设计和组织连贯且有序的活动环节，支持幼儿进行深度探究					
5. 在区域游戏活动中我能科学地识别幼儿的发展状态和需要，支持幼儿持续探究					
6. 我会时刻关注并支持幼儿发展的整体性					
7. 我能依据幼儿的生活经验、兴趣与需求设计各领域相互融合的主题活动					
8. 在组织活动时，我能明确活动的任务，并在活动过程中有目的、有计划、有组织地支持幼儿，将各领域的经验做横向和纵向的联结，并联系幼儿生活经验做科学统整					

第一节 理解幼儿有意义的学习过程

【我来写一写】

1.请结合自己对幼儿学习过程的内涵理解，在以下空白处用三个关键词或短语尝试描述幼儿的学习过程应该是什么样的。

2.要想有效支持幼儿有意义的学习过程，教师应该掌握哪些基本内容？请填写在下方方框内。

1.

↓

2.

↓

3.

↓

4.

↓

5.

3.在活动过程中你是如何一步一步支持幼儿学习过程的？请选择一种活动类型，填写其活动环节或步骤。

在 ＿＿＿＿＿＿＿＿ 活动中，

我设计了 ＿＿＿＿＿＿＿＿

＿＿＿＿＿＿＿＿

＿＿＿＿＿＿＿＿

＿＿＿＿＿＿＿＿ 等环节来支持幼儿有意义的学习过程。

一、如何理解幼儿的学习过程

结合上一章的案例，以及你所掌握的与幼儿学习相关的理论，相信你对幼儿学习过程已经有了初步的认识。请结合自己的理解，尝试给幼儿的学习过程下一个定义，并填写在下方空白处。

如果你的答案和下面的内容有出入，那也是正常的，因为学习本身就是一个循序渐进的过程，随着本书内容的逐渐深入，你对学习的了解也将更加深刻和全面。对幼儿来说，学习更是一个很复杂的过程。由于它的复杂性，研究者们从多方面分析幼儿学习是如何发生的，如何进行的，以及它的结构是什么。

建构主义是一个被哲学家、心理学家、教育学家、课程与教学设计者等广泛应用的术语。建构主义观点在世界教育改革讨论中被广泛接受与运用，虽然没有形成一个统一的建构主义学习理论，但大多数建构主义者在两个核心观点上达成了一致，这两个核心观点能帮助幼儿园教师初步建立一个相对完整的儿童学习观：

核心观点1：学习者能够主动建构自己的知识。

核心观点2：学习者在社会互动中建构自己的知识。

案例2-1、案例2-2能够帮助你更好地理解以上核心观点。

案例2-1：笑脸口罩

秋季是流感的高发季节，孩子们都戴着口罩来上幼儿园。老师看到一个孩子的口罩上印着笑脸图案，十分有趣，于是问："你的口罩是在网上买的吗？"孩子回答："不是，是白天买的。"老师想了一会儿，又换了一种问法："是用手机在网上买的吗？"孩子回答："是的，是妈妈在网上买的。"

案例2-2：玩沙子

两个4岁的男孩紧挨着在沙池里玩。聪聪正在往塑料盘里装沙子，一次又一次地把盘子装满然后用力地用铲子背把沙子拍平整。偶然地，他来到也在玩沙子的豆豆身旁。

聪聪看了豆豆一会儿，发现豆豆也在设法把沙子拍平。但是，豆豆用的不是铲子背，而是盘子，一次就能把沙子弄平整。等豆豆把盘子放下来，聪聪马上抓起那个盘子，用豆豆的方法高兴地玩起来。可是，豆豆哭了，说："他把

> 我的盘子拿走了。"
>
> 　　老师马上进来，让聪聪把盘子还给豆豆，并建议他等豆豆玩过后再轮流玩。聪聪想了想，走到豆豆面前说道："我们可以一起把沙子铲到这个大点儿的塑料盘里，一起拍平整，像个超级大饼。"豆豆表示他想先用盘子来拍平整，然后再把盘子给聪聪用，聪聪同意了以后，两个人开始另外找了一个沙子多的地方，准备先堆满沙子。

　　在案例2-1中，幼儿遇到了一个新的问题情景——购买口罩的渠道。初次面对这个问题时，孩子没有购买渠道的概念，但还是选择联系自己的已有经验回应教师的问题，在教师进一步追问下，幼儿开始联系当前的问题情境来建构意义并作出有效的反应。在案例2-2中，聪聪试图观察并模仿同伴的行为，幼儿之间遭遇了不愉快与解决问题的过程，教师和幼儿一起制订新的计划并实施，两名幼儿由各自独立游戏走向了合作游戏。

　　以上两个案例帮助我们更加深入地了解到：一方面幼儿是如何运用信息和资源，以及如何在他人的支持下建构和完善自己的心理模型的（对应核心观点1）；另一方面学习可以看作幼儿通过提高自身的能力，从而使其能在具有某种文化意义的活动中，更好地与他人合作（对应核心观点2）。

　　在了解了建构主义的核心观点后，我们不得不提到建构主义的代表人物——皮亚杰。皮亚杰提出认知发展理论，用以描述儿童是如何通过收集和整理信息来理解外部世界的。他认为，认知发展不是简单地向已有的知识存储里增加新的事实和想法的过程，而是通过两个基本过程——同化和顺应，以达到平衡来获得认知发展的。

　　同化是在儿童利用已有图式理解周围世界中发生的事件时产生的，它是指儿童试图通过将新的知识纳入原有的知识体系来理解事物的过程。然而，将新知识纳入原有图式的过程，同时也很可能是歪曲新信息的过程。例如，有些儿童第一次看到老虎时，可能会把它叫作"大猫咪"，这是因为儿童试图将新经验与已有的辨认动物的图式匹配起来。

　　顺应是在儿童为适应新情境必须改变原有图式时产生的。如果新信息与任何已有的图式都不匹配，那么就必须产生更加合适的新的图式。与调整信息来适应思维的同化不同，顺应是通过调整思维来适应新信息。例如，儿童为了辨认动物，在己有图式的基础上增加了一个辨认老虎的图式，这就是顺应的过程。

　　根据皮亚杰的理论，同化和顺应都可以看作一种复杂的平衡行为。他认为，思维的变化实际上是通过平衡这一过程得以实现的，即儿童不断检测自己的思维过程是否恰当，从而获得平衡。简单地说，平衡的过程是这样的：如果我们将特定的图式应用到事件或情境时，已有图式起作用，那么平衡就建立起来了；如果这个图式不能产生满意的结果，那么就存在失衡，我们会感到焦虑，这种焦虑就驱使我们通过同化和顺应不断搜索解决方法，由此我们的思维得以改变并向前发展。当然，这种失衡的程度必须是恰当的。如果太小，我们对变化没有兴趣；如果太大，我们可能会沮丧或焦虑，而不愿做出改变。

皮亚杰提出的认知发展理论在不同课程流派中都得到了回应，关于各课程流派的学习观点我们在第一章已经进行了介绍，接下来我们还需要对它们所秉持的学习过程观进行学习。

浪漫主义流派认为，同化是学习的根本，是自己已有的模式与环境相匹配的过程。因此该流派主张的教育方法是开放式教学法，即一切活动都不必按照一定的顺序开展，要听凭幼儿自己的兴趣进行。幼儿自己选择活动、设计活动、自由开展活动，不受任何约束。教师通过观察、倾听、记录、对话等方式研究和支持幼儿。

进步主义流派认为，学习在不断同化和顺应的过程中实现平衡。因此该流派主张的教育方法是"做中学"或"发现中学习"，即教师观察幼儿的行为表现，不断改进环境和材料，然后让幼儿以小组或个人的方式进行操作活动，并在操作活动中发现问题、解决问题，最后达到思维的进步。在活动中，教师有责任去"引发"幼儿的兴趣，而不仅仅是发现幼儿已有的兴趣。

文化传递主义流派认为，顺应大于同化，学习是外界刺激后反应的过程。因此该流派主张的教育方法是教师按照事先制定的教学大纲进行直接教学，即强调借助强化理论让幼儿进行反复练习，直至幼儿完全掌握。这种模式要求幼儿每天上两三节课，在课堂上接受教师的教育。

我们可以通过案例2-3来理解儿童的同化与顺应过程。

案例2-3："告状"的昕昕

在娃娃家区角中，昕昕和"爸爸"将野餐垫铺好，开始野餐了。"爸爸"喝完饮料后把空瓶随意地扔在餐布上。昕昕对"爸爸"说："你不能这样，这些已经吃完了，可以扔到垃圾桶里。""爸爸"没有反应。于是，昕昕自己把空瓶扔到了垃圾桶内。

这时两名客人也加入了野餐，"爸爸"和他们胡乱吃喝，将"吃剩的食物"扔了一地，并且大声吵闹。

昕昕说："爸爸，你不能这样，把这里弄脏了人家还怎么野餐？""爸爸"还是没有理睬。昕昕去找老师："他们弄得一地都是！"老师说："你自己想想办法解决吧。"

昕昕返回活动区，对三个人说："你们不能这样，这样吃会吃坏肚子的！"他们三个仍然没有理睬昕昕，昕昕在一旁默默地看着他们，直到游戏结束。

在案例2-3中，同伴乱扔垃圾的行为在昕昕的认知经验中是"不对的事"，她希望能用自己的认知经验来同化同伴的游戏行为，于是她告诉同伴"你不能这样做"。但是在不同的认知经验碰撞下并没有取得效果，她又进一步调整了自己的游戏策略：身体力行清理垃圾、向教师寻求帮助、用游戏口吻劝说。这时候，教师应重视昕昕的诉求，认真倾听，意识到活动中发生的矛盾是幼儿间认知的不平衡，在适宜的时机介入，给昕昕支持，或许游戏就可以顺利发展下去了。

在对案例进行分析后，我们再来理解皮亚杰关于同化与顺应的观点就会清晰很多。同化即将知识纳入原有的图式（认知结构），用已有结构来解释外部世界的信息，如认为骆驼是马。顺应即出现在原有图式（认知结构）与现实环境不完全吻合时，调整原有图式，创造出新图式，更好地与环境相适应，如天上飞的不一定是鸟。同化能丰富幼儿原有的认知结构，顺应能让幼儿的认知结构不断升级；同化带来的是量的变化，顺应带来的是质的变化。幼儿的学习就是通过同化与顺应机制促使个体在平衡与不平衡间来回变动的过程，最终幼儿的图式（认知结构）从初级发展到高级。

那么，在教育活动中如何兼顾幼儿的自由学习和认知结构的发展呢？接下来，我们一起通过一个小活动来具体感受幼儿学习中的同化和顺应过程。

我的行动

图2-1　蛋糕

请按照顺序依次探究并回答以下问题：

（1）你在过生日的时候都会吃什么？你切过蛋糕吗？

（2）请仔细看看这块蛋糕（图2-1），想一想如何用四刀切成大小、形状相同的五块呢?

（3）你可以使用多种材料，比如剪刀、纸张、笔等，进一步探索。

（4）请展示你的探究成果。

（5）听了同伴的分享，你有什么新的想法? 回家后继续探索新的方法。

通过刚才他人的分享与体验，你是否有以下感受:

（1）激发前期经验，为下一步的学习做好准备。

（2）开始尝试去完成任务，使用固有的图式指挥行为，感觉困难，同化失败，处于不平衡的状态。

（3）获得他人的建议，改变了原有的图式，接受新的方法，进入顺应的状态，达到平衡。当他人告诉你还有其他的方法时，你开始使用刚才获得的新图式去同化，但是没有成功，你又处于不平衡的状态。

（4）互相分享，接受了其他的方法，从不平衡的状态到了同化和顺应的状态。

（5）根据学习的内容，进一步改造图式，思考新的方法，完成新一轮的顺应。

实际上，我们可以据此设计一个支持幼儿有意义的学习过程的教育活动，表2-1中的支架语、学习过程和学习方式提示可以帮助你更加顺利地组织一次教育活动。

表 2-1　"分蛋糕"活动中的支持信息

支架语	学习过程	学习方式
你们过生日的时候都会吃什么? 你切过蛋糕吗?	激发已有图式	观察比较
请仔细看看这块蛋糕，想一想如何用四刀切成大小、形状相同的五块呢?	使用已有图式展开同化（不平衡）	
你可以使用多种材料进一步探索	进入同化或顺应的平衡状态	操作体验
请展示你的探究成果	巩固图式＋调整图式，完成顺应	观察模仿
回家后继续探索新的方法	进一步同化或顺应	合作交流

通过上述内容，相信你对皮亚杰以及建构主义的理论观点有了进一步的认识。事实上，不同的学习理论对学习过程有不一样的理解。行为主义学习理论把学习者的学习看作一个被动的过程，一个比较消极的过程。认知主义学习理论重视学习者

在学习过程中有自己的思考，重视学习者的主观能动性，把学习过程理解为学习者内部认知结构的一个变化的过程。而建构主义学习理论对于学习过程的理解则是学习者对知识进行主动建构的过程。①

伊列雷斯在《我们如何学习：全视角学习理论》一书中综合了以上三种观点，提出学习是发生于生命有机体中的导向持久性能力改变的过程，既包括个体的获得过程，又包括与环境的互动过程。②从伊列雷斯对学习的定义来看，学习不仅指学习过程的结果，同时也包括学习过程对个体心智的影响，以及个体与社会环境的互动过程。他将所有的学习分为两个过程：个体与他所处环境的互动过程、心理的获得过程。

可以说，幼儿的学习都包含两个非常不同的过程，这两个过程必须都是活跃的，幼儿才能够产生学习。在大多数情况下，它们会同时发生，因此不会让个体体验为两种独立的过程；不过它们也可以完全或部分地在不同时间发生。一个是幼儿与其所处环境的互动过程，通常发生在幼儿所有的清醒时间，幼儿能够多多少少地察觉这个过程——通过这一点，知觉或导向成为学习的一个重要因素。另一个是心理的获得过程，通常发生在幼儿互动所蕴含的冲动和影响之中，获得通常来说突出表现为这样的特征：将新的冲动、影响与相关的早期学习成果连接起来——通过这一点，幼儿的学习成果获得了属于自己的个人印记。

我们需要将以上观点进行综合理解：一方面幼儿的学习过程伴随着他们与周围环境中人、事、物的互动过程和互动过程中的心理获得过程；另一方面这个互动过程是幼儿主动建构来获取知识和经验的过程，而不是被动地接受知识的过程。这个过程既可以是幼儿独立地探究过程，也可以是幼儿在与成人或同伴的互动活动中，在成人或同伴的帮助下解决不能独立解决的问题，以已有的知识经验为基础，促进自身知识经验在同化与顺应中不断获得发展的过程。

二、如何支持幼儿的学习过程

（一）明确的目标：支持有意义学习的起点

目标就像灯塔，没有目标，我们就像黑夜中的航船，迷茫，失去方向。不同的目标指引我们到达不同的彼岸。想要达成教育目标，就要基于教育目标设计不同的活动过程。因此，幼儿园教师要明确"我应支持和培养什么样的幼儿"，并以此作为不断反思和改进自身教育教学行为的起点。想要有效支持幼儿有意义的

---

① 刘昊，张凤.幼儿的认知与学习 [M].合肥：安徽教育出版社，2014：50–53.
② 伊列雷斯.我们如何学习：全视角学习理论 [M].孙玫璐，译.北京：教育科学出版社，2010：4.

学习过程，首先要知道幼儿要达成的学习目标是什么，并据此设计活动过程和活动目标。

我的行动

1. 你是依据什么来设计幼儿园教育活动目标的？你的活动目标能实现吗？

2. 你觉得应该重视幼儿哪些方面的发展？你如何将自己期望的幼儿发展目标转化为活动目标呢？

1. 学习品质目标：积极态度与良好行为的培养

养成幼儿积极学习品质是支持幼儿有意义的学习过程的第一目标。《指南》中指出学习品质的本质是"幼儿在活动过程中表现出的积极态度和良好行为倾向"。其中态度和行为是相互影响与制约的关系：一方面我们可以通过态度预见行为；另一方面我们也可以通过行为影响态度的形成。《指南》实际上将学习品质划分为学习态度和学习行为两个维度。学习态度是学习行为的潜在动因，学习行为是学习态度的外在表现，二者是相互统一、一体两面的关系。

《指南》中这种对学习品质的基本维度划分，与学者希森对于学习品质的理解具有一致性。希森认为，"学习品质"作为一个术语被人们用来描述儿童在学习情境中的态度、倾向或典型行为，如好奇心、坚持性和解决问题的灵活性。希森指出，以往的研究往往将学习品质的结构以菜单式的方式进行列举，很容易造成对学习品质内涵理解的泛化或模糊理解。培养幼儿的学习品质需要找到适宜的可以覆盖这些学习品质必备要素的框架。因此希森从发展心理学和教育心理学的视角并以一种有意义的方式进行组织，基于专业证据，采用实践取向，将学习品质划分为情感/动机和行动/行为的维度，同时将情感/动机维度定义为"热情"，将行动/行为维度定义为"投入"。[①] 希森用案例的形式分析了两个维度的要素及其关系。

案例 2-4：妮妮的艺术创想

妮妮已经坐在艺术桌边至少 15 分钟了。这个四岁的孩子一直在聚精会神地工作，体验将不同颜色的墨汁滴到咖啡滤纸上的圆圈里。在她工作时，她的面部表情慢慢从严肃专注到困惑皱眉，再到她最后滴出一个不可思议的效果时表现出的惊奇的、满足的笑容。

---

① 希森. 热情投入的主动学习者：学前儿童的学习品质及其培养 [M]. 霍力岩，房阳洋，孙蕾蕾，等译. 北京：教育科学出版社，2016：24-27.

　　在案例2-4中，毫无疑问，妮妮在活动中表现出了积极的学习品质——既有情感的，又有行为的。虽然矜持的性格使她的表现有些低调，但她还是既积极又主动的。妮妮的例子证明了情感是所有行为的主要驱动力。在妮妮产生积极学习行为，诸如坚持性或专注力（她将彩色水滴入滤纸上，15分钟不受干扰）之前，她首先需要情感的带动——兴趣、好奇、高兴等，也需要学习动机等。当然，互动关系是双向的：妮妮成功、主动地参与到滴水游戏中，进一步增加了她高兴、有成就和掌握本领的感觉。这一感觉进而刺激她更加努力地投入到其他有挑战性的项目中，并坚持完成。

　　由此我们可以得出，对学习的热情和对学习的投入是相互影响和作用的。学习的热情是学习投入的情感基础、内在驱动力，学习投入是学习热情的行为表现，学习投入能进一步激发幼儿对学习的热情。这样划分学习品质维度，可以帮助幼儿园教师认识到学习品质既有动机维度，还有行为维度，以便他们同时培养幼儿这两个维度，并将这两个维度联系起来。这个框架可以用来快速提醒教师注意到学习品质的一些关键点，诸如在设计课程和教学策略的指导方面，作为组织阅读信息、进行专业发展讨论的方法方面，作为政策制定者和其他决策者的交流工具方面等。希森不仅指出了学习品质的基本维度，还指出了各维度下的具体要素，而且各维度要素的内部逻辑是紧密联系的。基于此，我们可以认为培养学习品质就是支持幼儿在活动过程中表现出的正面的、积极的学习态度和学习行为。

2. 关键经验目标：五大领域的相互渗透、整合

　　发展幼儿的关键经验是支持幼儿有意义的学习过程的第二目标。《纲要》指出："幼儿园的教育内容是全面的、启蒙性的，可以相对划分为健康、语言、社会、科学、艺术等五个领域，也可作其他不同的划分。各领域的内容相互渗透，从不同角度促进幼儿情感、态度、能力、知识、技能等方面的发展。"这意味着课程不能只关注单一的领域，既要关注领域划分的多种可能，还要关注不同领域间的有机联系和相互渗透。没有相互渗透的领域是背离幼儿发展规律和学习特点的，是背离课程的整体性和综合性的。《指南》在说明部分强调，要"关注幼儿学习与发展的整体性。儿童的发展是一个整体，要注重领域之间、目标之间的相互渗透和整合，促进幼儿身心全面协调发展，而不应片面追求某一方面或几方面的发展"。这是《纲要》《指南》从"分领域的分科教学"走向"主题导向的整合教学"的明确要求，强调了五大领域之间相互整合与渗透的综合主题的活动内容与形式，而不是单一领域、单一目标的实现。

　　正如杜威在其《儿童与课程》一书中指出的，"学科中心论"使儿童服从分门别类的教学科目，不仅脱离了儿童的生活经验，还把儿童的经验加以"肢解"，破坏了儿童自己生活的统一性和完整性；"儿童中心论"仅仅停留在儿童兴趣和能力

的自发性方面，强调一切系统科目只有从属于儿童的活动，经验才有意义，排斥了儿童的心智训练。学科或科目内容的逻辑顺序与幼儿生长的心理顺序在本质上是一致的，幼儿和课程仅仅是构成一个单一过程的两极。实际上，有意义的学习过程是在有效平衡这两级的基础上，围绕一定的主题展开的持续发展的过程，强调主题导向的整合活动及幼儿在其中的活动进程，而且幼儿的活动进程是根据对主题活动进行的任务分解，学习过程就是幼儿完成相应动作和分解的活动任务的过程。

由此可知，幼儿的发展是一个整体，要注重领域之间、目标之间的相互渗透和整合，促进幼儿身心全面协调发展，而不应片面追求某一方面或某几方面的发展。同样地，学习品质的培养不依赖某个单独领域的活动，而是渗透在多领域的整合活动当中。通过融合其他领域的关键经验于具体的活动情境中，幼儿园教师可以引导幼儿在玩中学、做中学过程中开展主题探究学习、同伴互助学习、社会观察学习等丰富的学习活动，并通过模仿或创造，形成学习成果。

> **我的行动**
>
> 请翻阅《3～6岁儿童学习与发展指南》，学习并巩固幼儿在健康、语言、社会、科学和艺术这五大领域的发展目标，并向你身边的人说一说它们。

就二者关系而言，学习品质目标和关键经验目标构成幼儿园活动目标相互统一的体系。首先，学习品质和关键经验应该是彼此独立、线性发展的，因而二者会形成双重纵向发展线索。其次，学习品质和关键经验应该是彼此影响、交互发展的。每一阶段的关键经验的发展都离不开学习兴趣和行为倾向的作用，同时关键经验的发展也能够进一步激发幼儿的学习兴趣和行为倾向。也就是说，学习品质的培养是幼儿获得关键经验的基础，只有在幼儿充满兴趣、积极主动、专心致志、不怕困难、乐于分享、善于创造的基础上，幼儿对关键经验的学习才能更加有效率。相应地，幼儿在获得关键经验后，自信心和成就感获得提升，又会进一步巩固其积极的学习品质。

（二）适宜的策略：支持有意义学习的进程

在尊重幼儿学习过程的内在机制作用下，教师如何支持幼儿通过直接感知、实际操作、亲身体验等方式经历有意义的学习过程？你可以从以下内容得到启示：

1. 以儿童为中心设计教育活动

"以儿童为中心设计教育活动"似乎不需要被单独强调，大部分幼儿园教师会认为自己知道要这样做。然而，你真的做到"以儿童为中心"了吗？请回忆一下童年时期，你最喜欢的一堂课大概是什么样的？向同事或参与培训、研修的小组成员描述一下，哪些时刻是让你感觉到快乐且有收获的呢？

幼儿园教师如何设计以儿童为中心的有意义的教育活动？答案非常简单，就是以支持儿童的学习为宗旨，让儿童负起学习的责任，引导儿童成为自主的学习者。我们讨论任何一种类型的学习，都会涉及学习的一些基本问题，如为什么学、怎样学、何时学、学到了什么、在哪里学、和谁一起学等。这些基本问题所探讨的实际上是学习动机、学习方法、学习时间、学习结果、学习的物质环境和社会环境等。其实，以儿童为中心的教育活动，主要表现为儿童在学习活动中具有独立的主人翁意识，有明确的学习目标和积极、自觉的学习态度，能够在教师的启发、指导下独立探索知识。除此之外，以儿童为中心的教育活动还有以下几个方面的表现：

• 能够激发儿童自主学习的动机。自主学习的动机往往存在于儿童学习活动的过程中或内在于儿童的自我知觉中。儿童会通过自己设定目标、对自己的胜任能力进行判断、寻找自我价值感等来激发自己的学习动机。

• 允许儿童使用适宜自己的策略。自主学习表现为儿童有意识地、有计划地使用自己特有的学习策略。有时候，这种意识和计划已经熟练地内化为儿童的自觉行为，儿童不必思考就能够自如地调动这些学习策略为自己的学习服务。

• 给予儿童自己做计划的时间，帮助他们做好自我约束，合理安排时间，以达到较好的学习效果。

• 儿童对自己的学习结果有清醒的意识，对自己的学习效果（是否真正理解和掌握了所学的内容）能够进行自我监控、自我判断，并根据学习任务的要求做出相应的调整。

• 为儿童提供各种资源条件，允许儿童对学习情境中所出现的各种信息进行收集。

由此，幼儿园教师在设计教育活动时应综合考虑以上各角度，全方位支持幼儿的主动活动。有学者提出以下有助于促进儿童有意义学习的建构活动，给教师提供了具体做法的支持：

• 引发儿童对某一主题的先前想法和经验，然后改变学习情境，以帮助儿童进行精细加工或重新建构他们当前的知识。

• 经常为儿童提供机会，让他们参与复杂的、有意义的、基于问题的活动。

• 为儿童提供学习所必需的各种信息来源和工具（包括技术性工具和概念性工具）。

• 让儿童参与合作学习，并支持儿童参与以任务驱动的与他人进行的对话。

• 将自己的思维过程外化呈现给儿童，并鼓励儿童以同样的方式通过对话、写作、绘画或其他表征进行实践。

• 经常让儿童将所学知识应用于不同的真实情境中，利用所学知识来解释观点、解析文章、预测现象，并基于证据建构自己的论点，而不是仅仅拘泥于获得"绝对正确的答案"。

• 鼓励儿童在上述列出的学习条件下进行反思性的、自主性的思考。

• 采用多种不同的评价策略来理解儿童观点是如何变化的，并对他们的学习过程和思维结果提供反馈。

以上策略体现了以儿童为中心，教师支持儿童展开自主建构与合作建构学习的建构活动内容。

2. 基于最近发展区提供持续有效的活动支持

幼儿持续进阶的学习与发展离不开教师持续有效的支持。幼儿的学习过程相当于一条由多个关键节点组成的连续的、平稳上升的过程曲线。《指南》在说明部分指出："幼儿的发展是一个持续、渐进的过程，同时也表现出一定的阶段性特征。每个幼儿在沿着相似进程发展的过程中，各自的发展速度和到达某一水平的时间不完全相同。教师要充分理解和尊重幼儿发展进程中的个别差异，支持和引导他们从原有水平向更高水平发展，按照自身的速度和方式到达《指南》所呈现的发展'阶梯'，切忌用一把'尺子'衡量所有幼儿。"我们可以认为，幼儿的学习过程与其发展进程具有内在一致性，幼儿的发展过程是持续的、进阶的，以促进幼儿发展为目的的学习过程也是持续的、进阶的。持续进阶的内容包括三种形态：一是思维的持续进阶；二是行动的持续进阶；三是思维和行动一体化的持续进阶，也就是既让思维的过程能够落实在行动上，同时又能够让行动的过程对接思维的过程。

幼儿的主动建构需要教师的有效支持。支架式教学属于建构主义学习理论所倡导的根据维果茨基"最近发展区"理论提出的一种新型教学模式。支架式教学是教师支持学习者从当前水平发展至理想水平的过程，是教师支持学习者建构和内化知识与技能从而进行更高水平的认识活动的过程。[①] 目前，幼儿园中部分教师尤其是新入职教师，因对幼儿学习的研究较多地停留在表面的关注层面，很难识别幼儿的学习兴趣、学习水平和最近发展区等，因此不能根据幼儿的学习状态及时地采取适宜的策略支持幼儿的进一步学习。为了确保学习的有效性，幼儿园教师应在正确的时机提供适宜的支持，并在幼儿获得技能后给予积极的反馈。这样，幼儿才能在教师支持下持续攀登。案例 2-5 是发生在"火锅店"的故事，该案例可以带你感受教师支持的重要性：

---

① LARKIN M. Using scaffolded instruction to optimize learning[J]. ERIC Digest, 2002（12）: 4.

> **案例 2-5：火锅店点餐**
>
> 　　雯雯来到"火锅店"，坐在椅子上一直没有说话，一直看着正在忙碌的店员。这时，老师走进来，说："服务员，我要点餐。"
>
> 　　雯雯看了老师一眼，也说："服务员，我也要点餐。"
>
> 　　老师问雯雯："我喜欢吃辣，你喜欢吃辣吗？"
>
> 　　雯雯微微一笑："我要吃不辣的。"
>
> 　　老师（对服务员）："我们要一份不辣的锅底。"
>
> 　　老师"吃"完先走了，雯雯继续开展游戏。

　　持续有效的支持要求教师要把握"度"。"度"即不偏不倚，无过无不及。所谓幼儿园过度教育，指超过了适当的限度，不符合幼儿学习和发展的需要。幼儿是活动的主体，教育是师幼双向互动下的"人人探究"，而不是教师单项发布的"句句指令"。而在实践中，往往容易出现教师忘记自身引导者、合作者的身份，让"全员育人"的开展成效大打折扣。

　　（1）对个体游戏的过度干预

　　第一，过程干预过多。过多的过程干预非但不能有效促进幼儿的发展，还可能妨碍幼儿的主动学习和探究。如大班两名幼儿在建构区搭建飞机，他们不断地把飞机砸到地面再重新搭建。案例 2-6 记录了教师与幼儿的对话。

> **案例 2-6：飞机摔碎了**
>
> 　　幼：飞机飞得越高，摔得越碎。（把自己的发现和另一名幼儿分享。）
>
> 　　师：你们搭了一架好大的飞机呀！（没有倾听幼儿谈话。）
>
> 　　幼：是的，这是大飞机，它掉下来……（没说完。）
>
> 　　师：你们比一比谁搭的飞机更大呢？
>
> 　　幼：……
>
> 　　师：这么大的飞机是不是需要一个大机场呢？
>
> 　　幼：……

　　类似的互动方式在幼儿园中经常发生，教师往往习惯用问题和互动填满所有安静的时间，不能仔细地观察和倾听。过于随意的指导只会分散幼儿的注意力，打断了幼儿的思考。

　　第二，结果意识过重。部分教师总是关注幼儿的学习结果，如涂色作品是否规范、涂得好，建构区是否有创造性的作品，科学区是否得出正确的实验结果等。案例2-7记录了中班一名幼儿在科学区操作电池和灯泡时与教师发生的对话。

案例 2-7：灯泡为什么会亮

　　幼：教师，这个灯泡不亮。（将电池安装好后发现灯泡没有亮。）

　　师：我来看看。（迅速把电池正负极调整正确。）

　　幼：亮了亮了！（激动。）

　　师：为什么电池的正极和负极装反了就不亮呢？

　　幼：……（疑惑。）

　　师：为什么电会变成光呢？

　　幼：……（努力理解教师的问题。）

　　师：灯泡为什么会亮呢？

　　幼：因为灯泡有能量了，它心情好。

　　师：老师告诉你，灯泡是根据电流的热效应原理制作而成的，你懂了吗？

　　幼：……（似懂非懂地点点头。）

这名教师用"连珠炮"一样的提问来引导幼儿，期待幼儿说出正确答案。当幼儿努力按照自己的理解进行回答后，因与心中的标准答案差距较远，所以教师并没有给出积极的肯定。教师迫不及待地将标准答案直接告诉幼儿，殊不知过于枯燥的知识让幼儿早已没有了兴趣，一次探索的机会就此消失了。

（2）对集体活动的过度指导

第一，活动指导过空。在集体教育活动的组织过程中，教师如果只关注自己"教"的结果，急于推动活动进程，就会忽视幼儿"学"的过程，造成幼儿跟随、快进的不良习惯。案例2-8记录了在集体活动"溶解的秘密"中教师与幼儿的对话。

案例 2-8：融化还是溶解

　　师：我们看看什么东西可以溶解？（进行实验操作。）糖怎么了？

　　幼：糖化了。（几名幼儿同时回答。）

　　师：糖溶解了。（第一次纠正。）

　　师：盐呢？

　　幼：融化了。

> 师：是溶解了！（第二次纠正。）
>
> 幼：要多搅拌一会儿才能融化。
>
> 师：才能溶解！（第三次纠正。）我们应该说"溶解了"，大家记住了吗？（强调。）
>
> 幼：记住了。（齐声回答。）

这名教师采用一问一答的单向互动模式，"满堂灌"地反复纠正幼儿所谓的"错误"。幼儿可能在表面上接受了教师的说法，但实质上并没有掌握科学概念，容易进行机械记忆和出现抵触情绪。

第二，规则控制过严。部分教师常以维持秩序为首要目的，以"指挥员""调度员"的口吻进行简单化、操作式的指导，把大部分时间用在纠正幼儿行为上，通过口令、提醒等方式纠正幼儿的"违规"行为。这种高度控制下的"整齐划一"容易造成幼儿紧张和焦虑，使他们无法放松、积极、愉快地投入活动中。

以上是反面的案例，旨在提醒教师不要过度干预幼儿和他们的活动，我们将在本书第四章通过更多具体实例说明教师应该如何有效支持幼儿的学习与发展。

3. 支持幼儿之间的合作学习

幼儿园教师除了要支持幼儿依靠自我力量的自主探究过程，还要支持幼儿与幼儿之间的合作探究过程，即支持幼儿之间通过合作游戏发展积极学习品质。建构主义认为，学习者以自己的方式建构对于事物的理解，从而不同人看到的是事物的不同方面，不存在唯一的、标准的理解。但是，我们可以通过学习者的合作使理解更加丰富和全面。因此，建构主义指导下的教学组织形式有小组学习、协作学习、合作学习等，建构主义提倡在教室中创建"学习共同体"，将建构主义的这一理论观点转化为幼儿园教师的工作实践是我们应努力追求的。

准确理解并把握合作学习是什么、有哪些特征是幼儿园教师能够富有成效地支持幼儿合作学习的一个重要前提条件。如果不能很好地理解合作学习的含义，不能准确把握合作学习的特点，那么合作学习的开展就有可能走偏或流于形式，就难以达到开展合作学习的真正目的。

合作学习是两个及以上幼儿围绕一个共同目标，通过分工、协作的形式，共同努力完成任务的一种学习方式。如幼儿 A 和幼儿 B 在大厦搭建活动中开始了合作游戏，两人计划先搭建主楼大门和圆柱，再搭建房顶和外墙。

下面我们一起来进行一项需要合作才能完成的游戏，以此来总结归纳合作学习的基本特点。

我的行动

猜物游戏描述：

每 10 个人一组，选择 1 个人当谜底人，谜底人在心里任意想一个物体，其他猜谜人依次向谜底人发问，直至猜出谜底。

猜谜人发问的固定句式：<u>是红色 / 硬的 / 圆形 / 有味道 / 大的……</u>吗？

谜底人只能回答"是"或者"不是"。

猜谜人轮流提问后，最后一个猜谜人在前面获得的信息的基础上推导出谜底。

怎样进行活动：

（1）你可以和同事或一同参与培训、研修的教师组成一组。还可以与家人一起玩这个游戏。

（2）在游戏过程中，你要思考：在这个游戏过程中能体现合作学习吗？在猜物的过程中具体体现了合作学习的哪些特点呢？

（3）请你把答案写在一张记录纸上。

合作学习的基本特点即任何一个合作学习都必须具有的要素，不管这个合作学习的具体方式、方法如何，离开了这些必须具有的要素，就不能称之为合作学习。我们可以从以下几个方面掌握合作学习的基本特点：

• 活动性。合作学习不只是文本式的学习方式，还强调幼儿在实践活动中学习与发展。

• 参与性。合作学习强调幼儿亲力亲为，而不是教师包办代替，重视幼儿学习活动的过程。

• 支架性。幼儿进行的合作学习，不同于科学家的研究，教师的指导是必不可少的，如内容的确定、活动的组织、疑难解答等都离不开教师的点拨、组织和鼓励。

• 资源共享性。合作学习通过小组成员的分工、活动、讨论和大组的汇报，充分展示教师和每一个幼儿的思想和智慧，从而实现幼儿对课堂中的各种信息或材料的共享。

• 任务完成的合作性。合作学习的目的在于完成学习任务和实现小组的学习目标，小组的成员只有努力合作，在合作中完成学习任务，才能把个人的利益和小组的利益结合起来。

• 过程与结果的统一性。合作学习重视幼儿在小组合作的过程中发现问题，在过程中解决问题，要求每一个幼儿积极参与到发现和解决问题的过程之中，强调过程与结果的统一。

在认识了合作学习及其基本特点后，有些教师就认为自己可以开展教学实践、指导幼儿学习了。其实不然。合作学习还有一些重要的实践原则和方法需要教师理解和掌握。案例 2-9 中的情况你是否遇到过？

案例 2-9：看不到的合作学习

　　在一间活动室里，教师正在试验以学习小组的形式进行教学。但她看到的却是一团糟：第一个小组的孩子正在为由谁来记录而争吵；在第二个小组中，一个孩子静静地坐着，因太害羞而不敢加入小组活动；第三个小组的两个孩子在谈论足球，而另一个孩子在画画。

　　教师的结论是：我们班的孩子不知道怎样合作学习。

在这种情况下，你认为这位教师应该做什么？请记录在下方空白处。

　　很多幼儿园教师都认为，合作学习不仅是让幼儿在距离上与其他幼儿靠近，或者让幼儿在一起讨论学习材料，互相帮助，还要让幼儿一起分享学习资料等。虽然这些方面都很重要，但对合作学习来说仍然不够。

　　合作学习是通过小组合作、集体交流来实现的。在小组成员间建构开放、包容的学习氛围，使幼儿相互激励，相互促进，充分发挥幼儿的主动性，让幼儿在学习过程中产生愉悦感，提高幼儿参与学习的积极性和有效性，是合作学习的基本要求。当然，幼儿合作学习的成功，与教师的引导和参与是分不开的。合作学习中的教师不是更清闲了，而是担负起了更大的管理和调控职责。在合作学习中，教师的重点是如何精心设计合作学习，从幼儿分析、目标设置、任务选择、策略匹配、教学过程展开与评估等方面全程把握。但是要使合作学习卓有成效，仅仅依靠教师的事先设计是远远不够的。在开展合作学习的过程中，随时都会有意外发生，如果这些问题得不到有效的解决，往往会阻碍合作学习的顺利开展。因此，除了事先宣布合作规则外，在很多情况下，教师必须对各个小组的合作学习进行现场的观察和介入，为他们提供及时有效的指导。

4. 创设适宜幼儿的活动情境

设想一下，幼儿的经验学习是情境性的还是普遍性的？强调知识的社会建构和情境学习的心理学家们认同维果茨基的观点，认为学习是社会的内在属性并依存于特定的文化情境。

情境学习强调真实世界的学习不同于学校中的学习，它更像是徒弟在师傅引导和示范下所做的学徒工作，师傅慢慢传授技艺，直到徒弟可以独立工作。情境学习要求建立一个学习的共同体，这个共同体是一个具有特定思维方式和行为方式的团体，共同体的实践是共同体互动和做事的方式，同时也是共同体创造的用来建构这个共同体知识与经验的工具，即它意味着对一个活动系统的参与，其中参与者共享着理解，知道他们在干什么，以及他们的所作所为在他们生活中意味着什么，对共同体的意味是什么。对幼儿来说，基于情境设计的团体实践活动更加契合他们的学习规律、学习特点、学习方式等。

在幼儿园教育活动中，设计生动、有趣的情境是尊重幼儿兴趣的表现，基于兴趣的、深度学习导向的合作学习和创造性学习是幼儿的学习过程。幼儿园教师通过情境创设帮助幼儿学习，应是基于幼儿学习特点的，从幼儿的学习兴趣或学习目标出发的，历经深度学习、导向合作学习和创造性学习的过程。教师最终通过不同的情境创设促使幼儿直接感知、实际操作和亲身体验的探究性活动，并在"有意图的环节"设计阶段性任务与目标，而且每个环节设计都指向不同的行动，或重视轻、巧、快的兴趣吸引，或重视感官体验，或重视深度操作，或重视分享表达等。每个环节都是由教师组织的有目的、有计划、有意图的情境创设，指向幼儿的主动学习与全面发展。如在案例 2-10 "京剧脸谱找朋友"中，教师创设了合作情境，帮助幼儿在情境中进行多元的分享合作、发挥联想与创意。

案例 2-10：京剧脸谱找朋友

教师通过"找朋友"的小游戏，引导幼儿发现自身脸谱和同伴脸谱相同与不同，欣赏他人作品的有益经验。

师：小朋友们，老师发现大家做的京剧脸谱真是太棒了。现在请大家把你们的创意脸谱放在教室空地的中央，围成一个圆圈，放好的小朋友和你身边的同伴拉拉手，我们围成一个大圆圈，套在脸谱作品的外边。

幼：（略。）

师：好！现在"赶大集"开始啦！大家边转圈边跟我一起念"京剧脸谱找朋友，找到一个好朋友"，我说"停"，大家就停下来！

幼：（略。）

师：来，"京剧脸谱找朋友，找到一个好朋友"，停，那请这位小朋友跟我们说一下，面前的脸谱和你的作品有哪些相同和不同之处呢？

幼：（略。）

师：那请问刚才这位小朋友说的是谁的作品呀？你可以把你的作品送给他／她吗？

幼：（略。）

师：走了两轮之后，我们换人喊停，有哪位小朋友愿意呢？好，那我们就跟着乐乐的口令一起转圈。

教师引领幼儿基于同伴经验调整升级自己的京剧脸谱。

师：刚才被小伙伴赠送脸谱的小朋友，老师有一个问题想问问你们，就是你们觉得自己拿到的这个脸谱有哪些地方是值得你学习的呢？有哪位小朋友愿意说一说呢？

幼：（略。）

师：我觉得刚才乐乐说得真是太到位了！那你回去之后要怎么改进和完善你的脸谱呢？

幼：（略。）

在案例 2-10 中，教师先后通过情境创设来引导幼儿学会用语言表达对他人作品的喜爱之情，并能从中获得有益经验，并引导幼儿基于同伴经验对京剧脸谱进行创意创作。

5. 提供丰富有价值的课程资源

课程资源这一概念对于大多数幼儿园教师来说可能是比较新颖的。但是，就其形式而言，许多课程资源却是教师们十分熟知的，如阅读资料、杂志、报纸、录音带、光盘、网络等纸质印刷品和电子音像制品，及其与之相关的活动室、实验室、图书室、语音室、手工室、文体活动场馆等。为了使课程资源充分发挥作用，真正有利于幼儿的学习，我们认为教师在进行课程资源的开发和利用时，应进行必要的筛选，让健康的、富有积极意义的和符合幼儿学习需要的课程资源来帮助实现教学目标，帮助幼儿提高学习效率。在二维码链接的文件中，我们简要介绍了在主题游戏活动中能够直接影响幼儿学习过程质量的几种资源，学习者可以扫码阅读。

课程资源
参考

三、在各类教育活动中支持幼儿有意义的学习过程

在各类教育活动中支持幼儿有意义的学习过程的关键在于培养幼儿的学习品质和关键经验。《指南》指出，学习品质是幼儿在活动过程中表现出的积极态度和良好行为倾向，强调"在活动过程中"养成积极的学习品质。这意味着，学习品质培养要以理解幼儿的学习方式与特点为前提，即理解幼儿的学习是以直接经验为基础，在活动中学习、在活动中发展的。关于这一点，杜威认为，要从经验中学习，或者说从做中学。[①] 杜威主张"做中学"，实质是强调在活动中学，即让儿童在感兴趣的情境与活动中，通过积极主动的手脑并用的"探索－验证"性活动，改造旧经验，获取新经验。阿莫纳什维利也提出了类似观点："儿童单靠动脑，只能理解和领悟知识；如果加上动手，他会明白知识的实际意义；如果再加上心灵的力量，那么认识的所有的大门都将在他面前敞开，知识将会成为他改造事物和进行创造的工具。"[②] 因此，教师在活动过程中最大限度地支持和满足幼儿通过直接感知、实际操作和亲身体验获取丰富且有价值的直接经验，是在活动过程中培养幼儿积极学习品质的基本教学模式，而且活动过程是有目的、有计划地通过"有意图"的活动环节加以组织实施的，即学习品质培养和关键经验发展所依赖的学习情境有其独特之处。

以下我们将重点介绍一日生活活动、区域游戏活动、综合主题活动、早期阅读活动这四种活动样态，并通过实际案例及分析呈现幼儿园教师在活动过程中促进幼儿有意义的学习过程的支持策略。

（一）一日生活活动中的幼儿学习研究与支持

一日生活活动是指幼儿园满足幼儿一天基本生活需要的活动，包含幼儿在幼儿园中必经的各个生活环节，入园、进餐、饮水、盥洗、如厕、午休、离园，以及整理、散步、自由活动等均包含在一日生活之中。《指南》强调："要珍视游戏和生活的独特价值，创设丰富的教育环境，合理安排一日生活，最大限度地支持和满足幼儿通过直接感知、实际操作和亲身体验获得经验的需要。"可见，幼儿的学习是以直接经验为基础，在游戏和日常生活中进行的。幼儿园教育要引导幼儿投入到本就属于他们的生活中去，帮助他们在活动中学会生活，在生活中得到发展。

想要关注幼儿有意义的学习，教师就要关注幼儿的日常生活，因为一日生活中充满了各种可能性，幼儿园在一日生活的各个环节中都可以进行有意义的学习。

① 杜威.我们怎样思维·经验与教育[M].姜文闵，译.北京：人民教育出版社，2004：10.
② 阿莫纳什维利.学校没有分数行吗？[M].朱佩荣，编译.北京：教育科学出版社，1986：60.

例如，盥洗是幼儿园一日生活活动中出现频率最高的活动，教师是否关注培养幼儿认真洗手的个人卫生习惯，是否能注意培养幼儿有节约用水的习惯等，关系到自身是否能够抓准培养幼儿良好行为习惯的最佳契机。再如，幼儿园的签到墙和到园记录单，在一个星期结束后，教师可以请孩子们分析一下签到墙和到园记录单，看看哪些孩子是在 8:00 之前来园的，哪些孩子是在 8:30 以后才来园的，等等。孩子们可以进行简单分类、统计，并做统计图。教师自身就要有有意义学习的意识，将常规化活动变成有特定意义的有效学习。一般来说，教师可以遵照以下路径在一日生活活动中观察、发现、引导与支持幼儿。

1. 发现契机

幼儿园教师应在组织一日生活活动的过程中敏锐地发现各个活动中蕴含的教育价值和契机，并通过及时、有效的支持和引导，将这些价值发挥出来，使活动中的幼儿获得价值引导下的发展。在幼儿园的教育工作中，教师的角色既不是父母，也不是一般意义上的同伴。正如瑞吉欧所说，教师是以专业的眼光赋予学习者和学习以价值的人。对幼儿园教师来说，特别要关注在日常生活中寻找教育契机并赋予其教育价值。以下是一位教师关于"水宝宝搬家"的活动纪实，我们可以从案例 2-11 片段一中看到教师是如何发现教育契机的：

案例 2-11 片段一：把水搬走？

早上晨间锻炼后回到活动室，孩子们盥洗结束后像往常一样端着杯子开始喝水。嘉禾却和旁边的小伙伴激情地讲述着早上的新鲜事，看他兴奋的样子真是不忍心打断他。突然，教室里面"哐当"一声，杯子倒了，水洒了一桌子，他转过头看着我，活动室里面此起彼伏的声音："老师，他把水打倒了！"旁边的小朋友焦急地提醒道："快点儿把水搬走呀！"

"把水搬走？"这句话引起了我的思考。

2. 生成活动

幼儿园教师一旦发现适宜的教育契机，应及时引导幼儿自发开展各种探究活动。当幼儿有了主动探究的问题意识时，教师要支持他们更好地游戏和探索。孩子们在探究过程中获得的是具体认知和感性经验。这种感性经验需要通过口头语言和书面语言表达出来，进而发展成为一种综合素质。在案例 2-11 片段二中，为了满足孩子们的好奇心，教师利用"搬水"这一资源开展体验式活动：

案例 2-11 片段二：水宝宝搬家

　　听了孩子们的提议，我附和着说道："嗯，是的，得赶快让水搬家了，要不然水会打湿衣服的！可是怎么帮助水宝宝搬家呢？"文文说："可以用抹布擦了！"嘉禾说："可以用纸把它吸走。"他指了指美工区玩具柜上的绘画纸。"绘画纸可以帮助水宝宝搬家吗？"嘉禾迟疑了一会儿，点点头。"来试一试吧！"收到小伙伴的提议，嘉禾快速拿来一张绘画纸，将它盖在水上，擦过来擦过去。可是水宝宝就是不听话，绘画纸不仅没有帮助水宝宝搬家，还洒得到处都是。嘉禾很着急，停下来尴尬地看着我，我向大家求助："还可以用什么方法帮助水宝宝搬家？"

3. 鼓励探究

　　在幼儿解决问题的过程中，幼儿园教师应提供步骤、方法的支持，促进幼儿思考、操作、与同伴交流等，使幼儿不仅能积累大量有关周围世界的经验，同时还能学到科学解决问题的步骤、方法，发展逻辑思维能力与合作能力，进而提升问题解决能力等。经验积累和品质提升有利于幼儿形成正确的科学精神与态度，培养探索未知的能力和主动探究的习惯。同时需要注意的是，知识与经验是在探究之后，在讨论中形成的。幼儿既可以独立探究，也可以合作探究。在这些形式的探究中，由于探究背景的差异，幼儿对问题的理解往往各不相同，在群体中，这些差异成了宝贵的学习经验。通过交流、质疑，幼儿能拓展或调整自己的探究成果、探究方法，获得更全面、科学的认识。例如在案例 2-11 片段三中幼儿的表现：

案例 2-11 片段三：水宝宝搬完了

　　嘉禾想了想，旁边的小伙伴指着纸巾盒，说："直接用纸巾擦干就行了呀。"嘉禾听了小伙伴的建议，决定试一试。嘉禾把纸巾放到桌上，纸巾立即吸入好多水，桌上的水变少了，他小心翼翼地拿起纸巾，快速地移到盆子上方，用手使劲一挤，水滴答滴答流进盆子里，他高兴地说："水宝宝搬家了！搬到盆子里了！"反复几次后，桌上的水"搬"完了，桌面又恢复了干净清爽。栖栖这时候拿起海绵，把它放到装有少许水的碗里，海绵一放下迅速地将水吸干了。栖栖兴奋地说："老师，海绵会喝水。"于是，我拿出一个空盆，同时向他提问："试一试，你能用海绵把这盆子里的水搬到另一个盆子里吗？"我在旁边关注着他，栖栖将吸满水的海绵取出，然后移动到另一个盆上方，用海绵吸一吸、挤一挤，把盆子里的水一点一点地运送到旁边的桶里面。不一会儿，栖栖兴高采烈地跑来告诉我："水宝宝搬完了。"

4. 经验延伸

经验延伸即对活动进行再现、反思、讨论，并进行经验提升。在经验延伸过程中，幼儿园教师可能运用到演示、示范、提问、追问等多种教学技巧和语言策略，与幼儿共同回顾已经发生的活动过程，分享其中的关键时刻、有趣轶事，反思不足，肯定有价值的经验，然后将其内化为幼儿的经验、思想和技能，为下一个新的探索过程做准备。如案例 2-11 片段四中：

案例 2-11 片段四：探索水的秘密

孩子们对海绵的吸水性有了初步的了解，为了让他们感受到更多的科学现象，我指导幼儿用各种不同的纸做成小花，再将小花放在水中，纸花如魔术般地绽放开来，这一刻，孩子们又惊讶又开心，拍手欢呼起来。我还为孩子们提供了宣纸、水粉纸、卡纸等不同厚度的纸，孩子们发现用不同纸张制作的花盛开的时间不一样，纸越薄花开得越快。虽然他们不懂得其中的原理，但这一现象在他们心中埋下了一颗探究的种子。而且"水宝宝搬家"事件后，我们在沙水区增加了玩具投放，如海绵、勺子、吸管、漏勺、针筒等工具，孩子开启了丰富的亲水活动。

（案例来源：广州市实验幼儿园，邓瑞红）

过渡中的有效等待——"我们的停车场"

扫描二维码阅读案例"过渡中的有效等待——'我们的停车场'"，可以对幼儿园教师如何在一日生活活动中支持幼儿有意义的学习过程有更深入的认识。

（二）区域游戏活动中的幼儿学习研究与支持

区域游戏活动是幼儿通过与材料的互动，自主选择、自由展开的一种游戏活动。这类活动看似简单，背后却是教师精心创设和准备的游戏环境与支架材料。我们也许会发现，在区域游戏活动中，教师说的话并不多，与幼儿的互动也是点到即止，但实际上教师想说的、想做的都"藏"到了材料里。因此，虽然材料是区域游戏活动的重中之重，但教师的角色并未缺失。如果把区域游戏活动中每一件精心准备的材料都当成是教师的化身，我们会发现教师的身影其实无处不在，隐性地发挥着对幼儿的引导和支持作用，为幼儿提供自由活动的机会，支持幼儿自主地选择、计划活动。除了通过材料"说话"，在区域游戏活动中教师与幼儿的互动及对幼儿的指导也同样必不可少。教师是区域游戏活动的创设者、组织者，也是观察者、指导者，更是支持者、参与者。教师的陪伴、语言、表情、动作等都会成为影响区域游戏活动发展和深化的重要因素。接下来我们将了解幼儿园教师在开展区域游戏活动时应遵循的三个原则。

第一个原则是观察先行。区域游戏活动的开展应基于教师对幼儿的了解和与幼儿的良好互动，因此，观察是区域游戏活动开展的基本前提。观察的内容包括幼儿的发展水平、幼儿的兴趣、幼儿的互动模式等。需要说明的是，这里所说的观察并不是机械地完成观察任务，而是真正走进幼儿，与幼儿建立伙伴关系，在有机的、良性的互动中了解幼儿的兴趣点与需求，发现幼儿的优势和进步空间，为支持幼儿的发展和有效学习奠定基础。这种伙伴关系产生于师幼相互交往的过程中，即谈话、倾听、规划、分享、协商、帮助和信任，观察行为在真实的、具体的、亲密的师幼关系中同步展开。

第二个原则是以幼儿为本。区域游戏活动是幼儿主导的自由游戏，教师应该顺应幼儿的活动节奏，尊重幼儿的游戏方式。有时我们会发现幼儿并没有按照教师创设区域游戏环境时所设想的那样进行活动，即使是这样，教师也绝不应该一开始就过分干涉幼儿的活动方向，而是应该俯下身静静地"看"和"等"。此外，在创设区域游戏活动时，教师也可以邀请幼儿共同讨论和参与，充分赋能幼儿，让幼儿在区域游戏活动的最初创设阶段就成为活动过程的关键因素。这样的区域游戏活动更符合幼儿的思维习惯和行为特征，幼儿成为区域游戏活动的真正主导者，区域游戏也成为幼儿真正喜欢的游戏。坚持以幼儿为本，是区域游戏活动实现其内在价值与外在表现一致性和统一性的保障，进而达成区域游戏活动的教育目的，帮助幼儿在快乐中有效学习。

第三个原则是准确支持。在区域游戏活动中，我们更强调的是教师创设支持性环境和支持性氛围，让幼儿能放心、自信、有信任感且适当独立地开展活动。与此同时，教师应该关注幼儿在活动中是如何进行游戏的，包括幼儿同伴之间的互动情况、幼儿与物品之间的互动情况，以及幼儿需要什么、如何给予支持等。区域游戏活动进行时应达到的理想状态是：幼儿感觉不到教师的存在，但当幼儿真正需要时，教师总能及时给予最准确、最适宜的反馈和支持。这里所说的"幼儿感觉不到教师的存在"有两层含义：一是幼儿对游戏感兴趣，全身心投入到区域游戏活动中，忘记了教师的存在；二是教师不轻易介入幼儿的游戏，充分尊重幼儿的自由探索，给予幼儿沟通、协商、思考，甚至"试错"的空间。支持准确指的是教师在对观察先行、以幼儿为主原则的理解和践行的基础上，在伴随幼儿开展活动的过程中，根据幼儿活动进展情况作出实时判断并实施行之有效的支持策略，帮助幼儿走向"最近发展区"。

一般来说，幼儿与任何一份游戏材料的互动操作，都需要经历四个步骤，即产生兴趣—开始操作—专心致志—完成活动，这是从教师观察的角度出发的表述。从幼儿自身经历的具体过程角度分析，我们可以将幼儿主动学习的过程分解为六个阶段：主动做、有点难、动脑子、过关卡、做成了、送大家。

从同化与顺应的角度，我们可以进一步了解区域游戏活动中不同学习阶段幼儿的学习过程、学习方式与教师可使用的支持策略（表 2-2）。

表 2-2　区域游戏活动中的幼儿学习与教师支持策略

幼儿学习阶段	幼儿学习过程	幼儿学习方式	教师支持策略
主动做	同化	观察学习	材料新颖、适合幼儿已有经验
有点难	不平衡	操作体验观察学习	根据幼儿最近发展区设置操作难点
动脑子			鼓励
过关卡			提示、示范、帮助
做成了	顺应	合作学习操作体验	赞许、表扬
送大家	平衡		材料更新、语言支持

1. 产生兴趣

产生兴趣是个体与环境发生互动过程中有意义学习的开始，是幼儿发生快乐且有价值学习的根本动力所在。兴趣在这里涉及多方面的含义，对应多种不同的场景和可能，既包括幼儿内在的探索周围环境的需要，又包括幼儿对周围环境中有趣的材料能够与其经验相联系，让其产生探索的意愿，还涉及幼儿的情绪、意志，即幼儿向上生长的意愿。

那么兴趣从何处产生？产生需要的基本条件有哪些？首先，产生兴趣的基础在于教师提供的材料或环境有与幼儿先前经验相连接的地方。一个幼儿完全不了解、不熟悉的事物或完全陌生的情景只会给他们带来压力和焦虑，不能使他们产生兴趣。这一点我们在一些非常经典的心理学实验场景中经常可以看到，尽管其实验目的本身并不直接关注这一方面。如在测查依恋关系的经典实验范式——陌生情景实验中，幼儿被带到一个完全陌生的环境下，母亲又不在身边，几乎所有幼儿都会感到压力，产生焦虑的情绪。所以使幼儿产生快乐且有价值学习的兴趣必然建立在幼儿已有的经验之上，但这种经验不能是重复的，它要有创新性，否则无法满足有意义学习的要求。完全重复的场景也会使幼儿丧失兴趣。

兴趣是幼儿主动活动的内驱力，活动的内容、材料的形态要与幼儿的兴趣点对接，吸引幼儿的注意，让幼儿看到就喜欢，有意愿去动手摸一摸、试一试、玩一玩。幼儿园教师可以将幼儿对事物感兴趣的关键因素从年龄特点、思维特点以及幼儿的经验与阅历三个方面进行考虑。教师在充分分析幼儿可能感兴趣的材料的特点后，可以以此为依据进行材料制作、选择，并在不断地尝试、观察中进一步明确、总结幼儿对某一类材料的兴趣点。

在与材料的互动过程中，幼儿的主动学习主要表现为"主动做"。主动做，即幼儿进入其感兴趣的区域游戏环境中，在好奇心的驱使下自动开始观察，搜寻自己喜欢的、感兴趣的游戏材料，看一看、摸一摸、动一动，这些行为预示着幼儿主动游戏的开始。而让幼儿感兴趣并主动开展游戏的材料，因其具有操作性和引导性的特点，所以可以支持幼儿的主动学习的过程。

该阶段幼儿的典型行为表现为有好奇心和学习兴趣，教师应该结合幼儿经验设计具有吸引力和新颖性等的材料，引发幼儿的好奇心和学习兴趣。教师在了解幼儿前期经验的基础上，提供活动材料，以唤起幼儿的已知、激活其原有的认知，调动其积极的学习兴趣、激发其好奇心，排除干扰幼儿注意力的其他因素，从而调动幼儿的参与热情。

2. 开始操作

幼儿选择材料的过程应是自主的、自觉的。这对幼儿所处环境提出了很高的要求。首先在物质环境上，幼儿要身处一个能够进行自主选择材料的支持性环境中，并且这种支持性的环境，其中的材料蕴藏着教师丰富的教育意图，能够支持幼儿全方位地发展。例如，有这样一所"家庭式"幼儿园，将家庭环境复制到幼儿园中，典型的场景是"妈妈"在包饺子，孩子们在围在妈妈身边，看起来是一个非常温馨和谐的场景。但是由于其提供的"家庭式"的环境材料非常有限，"妈妈"在包饺子时又无法与幼儿进行有效的互动，幼儿往往处于一种无所事事的状态，他们相较于普通幼儿园中的幼儿也表现出了更多的攻击性行为，认知能力也相对滞后。因此，供幼儿自主选择的材料首先应具有丰富性和支持性。其次，对材料的选择要尊重幼儿的自主意愿。这与前面所讲的兴趣紧密相连，由于每个幼儿的已有经验不同，其兴趣也各不相同。因此，教师在选择材料的过程中要充分尊重幼儿的自主性。

操作材料的过程是幼儿与环境发生互动的过程，也是幼儿主要的学习过程。在操作材料的过程中，幼儿掌握学习的内容。材料可以看作隐形的教师，操作材料的过程相当于教师教学的过程。有意图的材料被幼儿正确地操作，导向幼儿经验重组和整合。幼儿主动拿起活动材料，观察材料的内容、结构，琢磨玩法或者试探性地操作。只有材料与幼儿产生互动，材料预设的各种目标才能有机会得以实现。如果材料只是摆在柜子里，幼儿不去摸、不去玩，没有产生互动，那么材料永远是冷冰冰的材料，不可能变成教育工具，也不能实现对幼儿学习与发展的支持。当幼儿与材料产生互动时，材料就开始承担起隐形教师的指导作用，激发幼儿动手操作和不断地探索，其思维活动也就开始了。

在与材料的互动过程中，幼儿的主动学习主要表现为"有点难"。有点难，即游戏材料有难度、有挑战性，让幼儿更愿意与之互动。然而对于难度大小是教师很难把握的，难度过大的材料让幼儿望而却步，从而失去操作的兴趣；难度过小的材料让幼儿没有成就感，兴趣也难以持久。因此，适宜难度是在幼儿的最近发展区范围内的，需要教师结合幼儿的发展目标观察、分析幼儿已有的水平，提供"有点难"的材料，让幼儿通过自主探究，够一够、跳一跳就获得成功，激发幼儿的成功体验，持续调动幼儿游戏的主动性。

该阶段幼儿的典型行为表现为积极主动，教师应该根据幼儿的年龄特点、已有的认知结构，为幼儿提供个性化的帮助和支持，在活动区给幼儿提供接触、摆弄有准备的材料和环境的机会，帮助幼儿对已有经验进行梳理和归纳。教师应用鼓励、示范、赞许等语言、表情和动作，支持幼儿更好地感知，培养幼儿的问题解决能力以及克服困难的意志。

3. 专心致志

幼儿专心致志的表现有幼儿有意注意、有目的地探究、深度思考、活动持续一段时间、不怕困难地坚持、态度认真等主动学习的状态。要实现幼儿专心致志的状态，需要游戏材料具有较强的操作性和引导性，即指向学习品质的操作性和指向关键经验的引导性。能够帮助幼儿获得学习品质的操作性材料一定要有幼儿从半成品到成品的探究过程，能够帮助幼儿获得关键经验的引导性一定要具备对幼儿有挑战性的引导点。这样才能引导幼儿在积极的状态中探索材料，通过主动观察去思考摆在眼前的诸多半成品材料之间的关系，寻找和猜测成品的模样和有效提示，自己动手尝试将这些半成品材料通过摆弄、组合、尝试、改变，一步一步地做成成品。

在与材料的互动过程中，幼儿的主动学习主要表现为"动脑子、过关卡"。动脑子，即因为有点难，所以需要幼儿认真、专注地探究，通过动脑思考进行反复的尝试和试验，找到完成活动的关键点。一份具有引导性的材料，能够引发幼儿积极的动脑思考，幼儿有深度的学习就此展开。

过关卡，即强调一份材料从半成品到成品的操作过程，幼儿需要探索并挑战几个难度点，在诸多半成品材料之间找到关系，进行连接，通过一个又一个的关卡，一点点推进，直到获得成功。过这一个个关卡，就是教师支架幼儿主动学习的过程。

该阶段幼儿的典型行为表现为认真专注和不怕困难，教师应该在学习活动中帮助幼儿通过主动探索，发现兴趣点，产生好奇，自己动手动脑进行学习。教师还要为幼儿提供"支架"，帮助幼儿在探索与操作物品的过程中实现新旧知识的相互融合，丰富和改造自身的知识经验。

4. 完成活动

完成活动是幼儿有意识地使用语言符号进行有意义的经验整合的过程，在完成活动阶段，最重要的是幼儿经验的分享与思维的共享。在分享环节，幼儿将自己操作材料的过程用语言呈现出来，这对于分享者自身而言是一种经验的整合和输出；对于倾听分享的幼儿来说，是很好的同伴学习机会，他人的经验与自身操作同样材料或类似过程的经验进行碰撞，能够增加或改变原有的认知内容及结构。在这一过程中，语言既是工具，也是媒介，幼儿借助语言能够将经验符号化，而对于入学准备来说，符号的学习是最有效率和意义的，其原因在于能够增加迁移的场景和效率。

我们通常认为，幼儿自然结束与材料的互动，就是完成了活动。然而，这仅是完成活动的表面现象，幼儿是怎样玩的，如何学习的，如何成长的，都没有记录，没有任何方式呈现幼儿的活动。由于没有记录或呈现，教师很难去评价幼儿的活动状态以及游戏的活动价值。因此，教师需要进一步思考：幼儿完成这个活动经历了什么？遇到了哪些困难？他们是如何解决的？是否获得了经验？幼儿能否表达这些经验？如何呈现幼儿的经验？……当认真思考以上问题之后，教师对"完成活动"的理解就加深了一步。教师在设计材料时，就会充分考虑幼儿完成活动后，如何具体化呈现出幼儿的操作过程，如何利用幼儿完成活动的成品来评价发展的价值，如何支持幼儿拿着某种状态的作品与同伴自由交流分享、自信地表达自己的学习、回家跟爸爸妈妈说说自己的收获。

在与材料的互动过程中，幼儿主动学习主要表现为"做成了、送大家"。做成了，即一份材料经由幼儿的深度思考，从半成品到做成成品，经历了一个又一个关卡，如同幼儿的学习上了一个又一个台阶，既获得了新经验，也获得了成功的心理体验。之所以让幼儿把操作的材料带回家、送大家，是让幼儿的学习"看得见"。不但幼儿自己看得见，也让同伴看得见，让家长看得见。能够拿在幼儿手中带回家的成品，是幼儿学习过程的表现，也是评价幼儿发展过程的依据。

该阶段幼儿的典型行为表现为敢于探究和尝试。教师应该在幼儿完成材料操作后，给幼儿提供进行表现和展示的机会，让他们巩固自己的学习过程，获得自信心、自我成就感。这个过程还可以发展幼儿的语言交流能力。

"主动做、有点难、动脑子、过关卡、做成了、送大家"可以涵盖幼儿在区域游戏活动中的主动学习路径（图2-2），同时也可以帮助教师理解和尊重幼儿的学习方式。教师应明确区域游戏活动中的学习大多是直接经验的学习，是幼儿主体与客体相互作用的过程，因此要按照幼儿的学习方式支持其学习，从而让幼儿渴望学习，抓住学习，深度学习，有动机地学习。

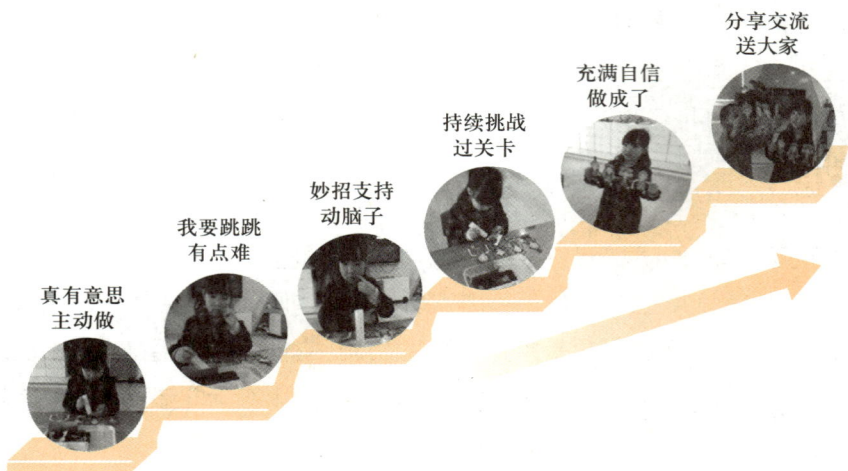

图2-2   区域游戏活动中的幼儿主动学习路径图

我的行动

请你尝试按照"主动做、有点难、动脑子、过关卡、做成了、送大家"六步幼儿主动学习路径组织一次支持幼儿有意义学习的区域活动。

（三）综合主题活动中的幼儿学习研究与支持

在幼儿园的多种活动样态中，最能够体现幼儿园教育性的就是集体教育活动。幼儿园的集体教育活动应该区别于中小学的集体教育活动，是以主题为基础的，支持幼儿在兴趣、体验、探究、分享合作和联想创意中有效且有益成长的一种综合主题活动。这种活动由幼儿的年龄特点和教育规律决定，是防止幼儿园教育"小学化"的关键。综合主题活动是幼儿园教师引导并支持幼儿围绕"有准备的主题"，经由"有意图的环节"，聚焦"有深度的探究"，共享"有成长的成果"，达成"有意义的学习"的集体教育活动。

由于西方自由游戏的观念倡导让幼儿完全自由地玩耍，所以教师基本上不干预幼儿的活动。在我国，幼儿园教育一定程度上存在"小学化"的问题，这个问题自20世纪80年代起就备受关注，国家政策文件和专家学者都呼吁要防止幼儿园教育陷入"小学化"误区。综合主题活动的提出，在这两种教育理念之间寻找到了一种平衡，是幼儿园集体教育活动的新形式、新突破。它既是对西方自由游戏观念的突破，即实现"有意图的自由游戏"，又在纯粹的自由游戏中弥补教育性和指导性的缺失。幼儿在综合主题活动中也开展自由游戏，综合主题活动是以幼儿的兴趣为基础设计主题的，但是其中的主题是"有准备的主题"，是教师根据幼儿的兴趣和发展需要设计的主题，其中隐含着教师和幼儿的共同意愿，在幼儿的兴趣和发展之间寻求一种微妙的平衡。

在这个"有准备的主题"之下，幼儿通过"有意图的环节"专心致志、手脑并用地参与到解决问题的过程中，在这个过程中学习。"有意图的环节"主要由五个师幼共享的思维、操作过程构成，即产生兴趣、主动体验、深度探究、分享合作和联想创意。

我们可以再次回顾"我的行动：切蛋糕"，进一步理解综合主题活动中不同学习阶段幼儿的学习过程、学习方式与教师可以使用的支持策略（表 2–3）。

表 2–3　综合主题活动中的幼儿主动学习与教师支持策略

学习阶段	学习过程	学习方式	教师支持策略
产生兴趣	激发已有图式	观察比较	谈话激发 谜语引发 游戏引发
主动体验	使用已有图式展开同化（不平衡）		问题导入 视频观看 实物观察
深度探究	进入同化或顺应的平衡状态	操作体验	材料提供 语言引导 榜样示范
分享合作	巩固图式＋调整图式，完成顺应	观察模仿	同伴交流 激励引导 表演展示
联想创意	进一步同化或顺应	合作交流	归纳点评 设置悬念 表演结束

1. 产生兴趣

教师首先应了解幼儿的经验与发展水平，以及幼儿的兴趣所在，通过创设有趣的活动情境，如设计角色游戏、展示新异事物、组织观看视频材料等方式，使幼儿表现出对活动的强烈兴趣，在短时间内调动起幼儿已有的生活经验。在好奇心和兴趣的驱动下，幼儿对教师提供的有意图的材料进行初步接触，然后活动过渡到主体部分。

• 环节要点 1：教师要熟悉幼儿，了解幼儿的经验和发展水平，才能知道幼儿的兴趣所在。

• 环节要点 2：教师首先要通过语言、动作、神态展示出对活动的兴趣以吸引幼儿。

• 环节要点 3：幼儿学习以直观经验为主，教师要为幼儿提供可观察、可动手操作的材料，以保持幼儿的学习兴趣。

2. 主动体验

幼儿产生兴趣后，开始积极、主动地动手操作，并且愿意尝试一些具有挑战性的事情。幼儿通过动手、动脑的亲身体验和操作过程，建立起与环境的相互联系，把兴趣转化为动手操作的动力，从而真正融入到正在开展的活动中。

• 环节要点 1：幼儿主动体验的过程是全身心的，要调动起幼儿的积极性，使其全身心投入到体验的过程中。

• 环节要点 2：幼儿的主动体验以触觉、视觉、听觉等多种感官的刺激为基础。

• 环节要点 3：重视幼儿主动体验过程中的情感和环境氛围，为幼儿创设适宜的、支持性的环境。

3. 深度探究

幼儿是可以进行深度学习的，这个过程体现在幼儿主动体验和动手操作过程中感受到"有点难"和克服困难的过程中。幼儿在主动体验的过程中感受到有点难，会更加激起斗志，调动原有经验，将已有的知识迁移到当前任务中。他会不断地试误，在这个过程中不断观察和调整自己的策略，实际上完成任务的过程也是幼儿思维重构的过程。

• 环节要点 1：教师要为幼儿提供能够进行深度探究的材料，在幼儿的最近发展区，让幼儿感受到"有点难"，同时又能够支持幼儿完成。

• 环节要点 2：教师要注意记录幼儿深度探究的过程，分析在此过程中幼儿思维的发展。

• 环节要点 3：在深度探究的过程中，幼儿良好的学习品质得到培养，他们的学习是有益的。

4. 分享合作

幼儿在自主探究的过程中迁移、运用和重组自身的知识经验，由于每个幼儿前期经验不同，他们在自主探究过程中产生的新经验与原有经验的结合也不同。因此，鼓励幼儿分享和合作本质上是不同的知识经验结构之间的碰撞，幼儿可以用语言、动作等多种方式进行分享与合作，在探究过程中相互观察，从而实现更深入和更广泛的学习。

- 环节要点 1：教师要在价值理念上做好引领，使幼儿认识到分享与合作的重要性。
- 环节要点 2：幼儿分享与合作的欲望是自然生成的，分享的基础是幼儿产生了新的、值得骄傲的经验，合作的基础是幼儿有共同解决问题的意愿。
- 环节要点 3：幼儿分享与合作的方式可以是多种多样的，不局限于语言交流。

5. 联想创意

联想创意环节是幼儿思维火花的碰撞、重组和再造过程。幼儿在经过自主操作、深度探究之后，在与其他幼儿分享与合作的过程中，会产生新的想法、新的创意。教师要鼓励幼儿的创造性想法，并与幼儿一起，将创造性想法付诸实践。

- 环节要点 1：教师要鼓励幼儿在分享与合作的过程中产生新的想法和创意。
- 环节要点 2：教师要尊重幼儿任何创造性的想法和表达，由衷地表示接纳和赞赏。
- 环节要点 3：教师应结合自己的教育意图，带领幼儿将创造性想法付诸实践，实现幼儿的阶段性、阶梯性发展。

在"有准备的主题"和"有意图的环节"基础之上，幼儿才能实现"有深度的探究"。幼儿是可以进行深度学习的，但是由于思维尚未发展成熟，幼儿的深度学习需要通过主动的、操作性的探究活动来实现，这个过程伴随着问题的产生、辨析和解决以及最终成果的呈现。幼儿学习的结果会呈现在幼儿的成果物上，通过这些成果物，我们不仅能够看到幼儿的学习结果，更能够看到幼儿思维和认知的阶段性发展演变过程。

只有这样幼儿才能真正实现有效且有益的学习。有效指向学习的成果方面，幼儿通过学习要长些真本领，而不是漫无目的地随意玩耍。同时幼儿的学习又是有益的，这是由于有效的学习不是通过被动的、灌输的、死记硬背的学习方式实现的，而是通过幼儿的主动体验、主动操作、主动反思和主动建构实现的。因此，保护幼儿的学习兴趣和培养幼儿的学习品质具有重要意义，对幼儿终身的学习和成长是有益的。

接下来的两个案例可以帮助幼儿园教师进一步掌握在综合主题活动中支持幼儿有意义的学习过程的要点。案例 2-12 展示了在一次综合主题活动中幼儿的学习过程，案例 2-13 展示了基于主题框架的多次综合主题活动所遵循的路径。

案例 2-12：神奇的磁铁

活动目标：

1. 学习品质目标：积极主动参与、合作探究活动；

2. 关键经验目标：进一步感知磁铁能吸引金属的特性；

3. 能力目标：能够完成初步科学探索的过程，通过团队合作完成任务。

活动准备：

1. 经验准备

（1）教师经验准备：有磁铁教学的经验。

（2）幼儿经验准备：在生活中见过磁铁吸引金属等现象的经验。

2. 物质准备：磁铁，铁制材料和非铁制材料若干；水盆，白板等。

活动过程：

1. 产生兴趣阶段

教师创设"不湿手却能从水中取物"的问题情景，引发幼儿的发散性思考，激发他们的探究兴趣。

（1）语言支持：老师现在遇到一个问题，需要请中班的小朋友们帮我想想办法。我不小心把回形针、小铁夹、班里的钥匙掉进了这个水盆里，而我没有戴橡胶手套，怎么样才能把它们取出来而不把手弄湿呢？

（2）非语言支持：说话时配合疑惑的表情。

（3）物质支持：水盆、回形针、小铁夹、钥匙。

（4）学习氛围：营造开放、自由的学习氛围，最大限度地活跃幼儿的思维。

（5）导入方式：以问题情景导入。

★设计意图：以问题情景引入，引发幼儿的学习兴趣。

2. 主动体验阶段

教师提供磁铁，幼儿尝试用磁铁取出水中的物品，感受磁铁能够吸引某些金属的特性。

（1）语言支持。

语言引导1：老师手里拿的就是神奇的小帮手——磁铁，小朋友们都来看一看、摸一摸，磁铁是什么样子的？

语言引导2：我们用细线将磁铁绑好，试一试将水里的东西取出来，哪位小朋友愿意帮助我取出东西呢？

（2）非语言支持：教师倾听幼儿的表达；教师仔细观察幼儿的感知情况。

（3）感知实物：引导幼儿看一看、摸一摸磁铁的外形。

（4）学习氛围：营造轻松、自由的学习氛围。

★设计意图：教师提供磁铁，引导个别幼儿初步尝试从水中取物。

3.深度探究阶段

幼儿分成小组，尝试用磁铁吸引不同材质的物体。

（1）语言支持。

语言引导1：刚刚磁铁通过吸引力帮助老师取出了水中的物体，可是，磁铁能够吸引所有物体吗？这还需要小朋友们进一步探索。

语言引导2：每个小组面前的篮子里装着各种各样的物体，请小朋友们根据自己的兴趣分工合作进行实验。

语言引导3：请小朋友们把观察到的结果记录在表格里，将磁铁能吸起来的物体记录在"笑脸"这一列，将磁铁不能吸起来的物体记录到"哭脸"这一列。小朋友们可以把这些物体用图画的方式表达出来。（教师对观察记录表进行使用指导，并举例。）

语言引导4：小朋友们遇到困难时可以向老师求助。

（2）非语言支持。

观察：教师尽可能关注到每一位幼儿的探究情况。

鼓励：教师通过点头、微笑、鼓掌等方式肯定幼儿的探究成果。

协助：当幼儿在探究中遇到困难时，教师应在幼儿求助后及时协助幼儿。

记录：教师用拍照、表格记录等方式尽可能全面地记录每个小组的探究进展。

（3）物质支持。

探究材料：为每个小组准备好充足的探究材料。

记录表：教师准备好观察记录表，并对观察记录表进行使用指导。

（4）学习氛围：营造合作、开放、平等的探究氛围。

★设计意图：引导幼儿分组实验，再次主动、积极地探索从水中取物。

4.分享合作阶段

请每个小组比较和讨论与其他小组的差异。

（1）语言支持。

语言引导1：请大家把小组探究结果贴在前面的白板上。

语言引导2：请每个小组结合记录表讲一讲你们的探究发现！

语言引导3：各组的发现有些不同，那么谁的是对的？谁的是需要改正的呢？小组之间可以相互讨论并再次实验。

（2）非语言支持。

倾听：在幼儿分享探究成果时，教师应该认真倾听幼儿的表达。

肯定：教师通过微笑、点头、拥抱等方式肯定幼儿的想法，尊重幼儿的表达。

（3）学习环境：准备好白板、胶带。

（4）学习氛围：在幼儿表达自己的观点时，尊重幼儿的想法；尊重幼儿的个体差异，发现每个幼儿探究的价值。

（5）记录表交流：引导幼儿用记录表分享交流。

★设计意图：鼓励小组间进行探究结果的比较，引导幼儿观察学习。

5.联想创意阶段

教师总结并延伸本次活动。

（1）语言支持。

语言引导1：今天大家都特别棒，知道了很多磁铁可以吸起来的东西和不能吸起来的东西，请大家分别说一说。

语言引导2：生活中还有哪些东西能够被磁铁吸引？请你回家以后和爸爸妈妈一起探究吧！

（2）非语言支持。

关注：教师的眼神尽可能关注到每一位幼儿。

肯定：教师通过微笑、鼓掌等方式肯定幼儿的探究成果。

（3）物质支持：教师借助记录表总结。

（4）学习氛围：营造轻松的学习氛围。

★设计意图：提升幼儿的经验，实现家园共育。

针对案例2-12，我们可以从教师支持策略的角度，即教师支持幼儿有意义学习过程的角度，进行如下分析：

在综合主题活动"神奇的磁铁"中，我们可以看出在幼儿学习的每个阶段，教师都有相应的支持策略来达成阶段目标。

在产生兴趣阶段，教师通过语言导入问题情景，同时配合"疑惑的表情"，以及"水盆、回形针、小铁夹、钥匙"的物质支持，营造"开放、自由的学习氛围"，使幼儿的思维最大限度地活跃起来，从而引发其好奇心和学习兴趣，达成了这个阶段的设计意图。

在主动体验阶段，教师以语言调动幼儿通过视觉、触觉感知磁铁，通过引导幼儿感知实物来亲身感知磁铁。然后教师进一步通过语言引导幼儿自主体验。在幼儿感知磁铁时，教师观察幼儿的感知情况、倾听幼儿的表达，并营造轻松、自由的学习氛围。通过这些支持策略，教师达成了这个阶段的设计意图。

在深度探究阶段，教师通过第一次语言引导，引发幼儿进一步思考，继续探究磁铁是否能吸引住所有物体，为幼儿的探究指明了方向；通过第二次语言引导，引导幼儿通过小组合作的方式进行探究；通过第三次语言引导，对记录的方式进行说明与指导。此外，教师通过眼神关注观察幼儿，用点头、微笑、鼓掌等方式鼓励并肯定幼儿的探究成果。当幼儿在探究中遇到困难时，教师做到了及时"协助"幼儿。同时教师使用拍照、表格记录等方式记录每个小组的探究情况。在物质支持上，教师为每位幼儿准备了充足的探究材料和记录表，营造了合作、平等的探究氛围。通过这些支持策略，教师达成了这个阶段的设计意图。

在分享合作阶段，教师引导幼儿用记录表分享交流，并进一步通过语言支持幼儿进行同伴分享，鼓励幼儿将自己的发现大胆地表达出来。在幼儿分享探究成果时，教师认真倾听幼儿的表达，通过微笑、点头、拥抱等方式肯定幼儿的想法，通过尊重幼儿的个体差异营造了一种和谐的学习氛围。在幼儿分享后，教师进一步使用语言引导全体幼儿进行观察学习。通过这些支持策略，教师达成了这一阶段的设计意图。

在联想创意阶段，教师借助记录表对此次活动进行了总结。在用语言总结时，教师还配合眼神关注、微笑、鼓掌等非语言支持，肯定了幼儿的探究成果，并对全体幼儿的探究成果给予了肯定和鼓励。然后教师继续用语言引导，将此次活动拓展到家庭活动中，这有助于幼儿进一步深入了解此次探究的主题。通过这些支持策略，教师达成了这个阶段的设计意图。

案例 2-13："葫芦的秘密"系列活动

1. 项目导入

本次活动来源于一次幼儿在菜园中的活动，教师观察到幼儿对菜园内生长的葫芦很感兴趣，并且能结合自己生活中的经验大胆表达自己的想法，因此根据幼儿的兴趣开展了"葫芦的秘密"系列活动（图 2-3）。

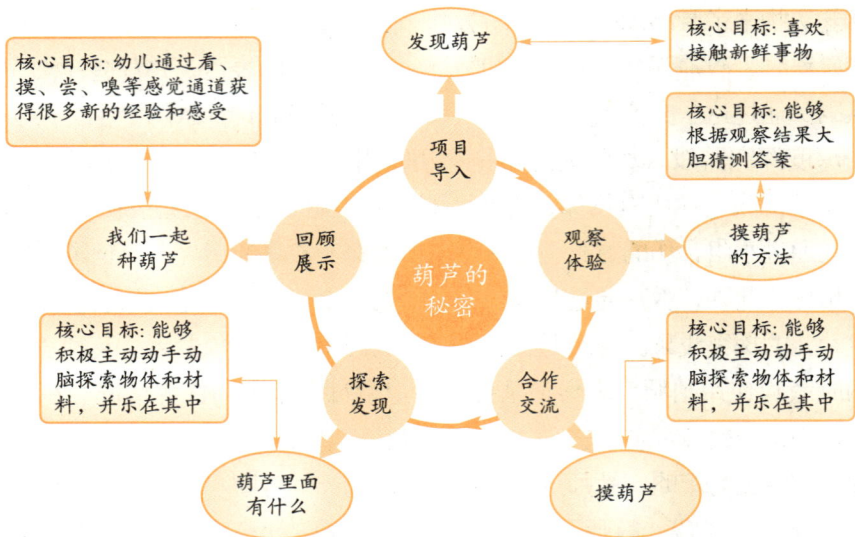

图 2-3   "葫芦的秘密"系列活动网络图

2. 项目过程

教师对幼儿的行为表现进行具体的观察与解析，并提供适宜的支持，生成了项目活动的内容。

3. 观察体验

幼儿根据自己的认知经验，认真观察菜园中葫芦的位置，并大胆设计摸葫芦的方法，如有 6 名幼儿计划利用轻体砖搭建楼梯、12 名幼儿计划利用梯子摸葫芦等方法（图 2-4）。

在体验的过程中幼儿通过已有的认知，积极主动地思考问题，大胆说出自己的想法，并将其想法画出，制订出摸葫芦的计划，为下一阶段摸葫芦做好充分的准备。

4. 合作交流

幼儿制订出摸葫芦的计划后，同伴之间交流彼此的计划，并且进行了分组。每一组幼儿根据计划开展活动。在活动中，幼儿能够积极主动尝试按照计划摸葫芦。有的小组选择了利用轻体砖搭建楼梯，有的小组则选了梯子，还有的小组选择了利用木棍的方法，幼儿都在进行自主的探索尝试，体验着合作的快乐。

在此过程中，幼儿能够互相合作，通过交流共同完成计划；遇到问题时，幼儿能讨论出现问题的原因，一起想解决问题的方法。例如在轻体砖倒塌后，幼儿能自主找出原因，并及时调整计划，最终摸到了葫芦，感受了成功的喜悦。基于此，幼儿又提出了新的问题："葫芦里面有葫芦娃吗？"这一问题引发了我们进一步的探索与发现。

5. 探索发现

探索发现是孩子们对自己感兴趣的问题通过直接感知、亲身体验和实际探索答案的过程。在本环节中，幼儿大胆想出打开葫芦的方法，并制订相应的计划，如有 7 名幼儿计划用石头砸开，有 9 名幼儿计划用刀切开等，幼儿依次按照计划去尝试（图 2-5）。

在打开葫芦的过程中，幼儿通过小组合作按照计划打开葫芦，通过直接感知、实际操作、亲身体验获取了打开葫芦的经验，并产生了对葫芦生长过程的兴趣，从而引出了下一次活动"我们一起种葫芦"。

6. 回顾展示

在本阶段，孩子们在经历了"发现葫芦—摸葫芦—打开葫芦"之后，又对种葫芦产生了兴趣，从而开展了"种植需要什么""我们是快乐的挖土工""天气冷了怎么办""葫芦苗的力气大"等系列探索活动。

7. 系列活动小结

在项目开展的过程中，教师通过多元化的活动形式和丰富的活动材料组织了活动，使幼儿从现有水平循序渐进地过渡到潜在水平，获得了新经验，并将其广泛地运用到生活中。幼儿能够通过"提出问题—制订方案—付诸实践"等自主学习方式，围绕发现葫芦、计划并实践摸葫芦、尝试打开葫芦等问题，逐层递进地展开此系列活动。在活动中，幼儿还通过绘画的形式，记录自己的想法并大胆、准确地表述出来；根据自己的想法，亲自动手探究其中的"奥秘"；在计划与实践中，能够相互模仿与学习，不断创新自己的想法，汲取成功与失败的经验，巩固或调整自己的认知，主动建构知识与经验。

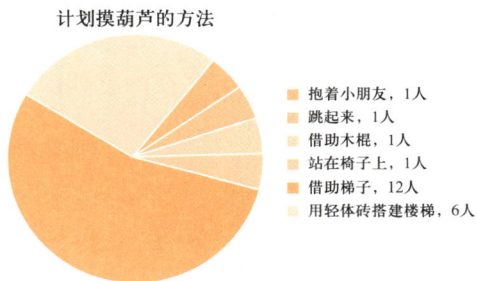

图 2-4 计划摸葫芦的方法

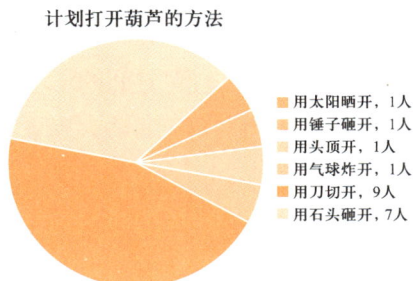

计划摸葫芦的方法
- 抱着小朋友，1人
- 跳起来，1人
- 借助木棍，1人
- 站在椅子上，1人
- 借助梯子，12人
- 用轻体砖搭建楼梯，6人

图 2-5 计划打开葫芦的方法

计划打开葫芦的方法
- 用太阳晒开，1人
- 用锤子砸开，1人
- 用头顶开，1人
- 用气球炸开，1人
- 用刀切开，9人
- 用石头砸开，7人

在"计划摸葫芦的方法"和"计划打开葫芦的方法"两个环节中，教师引导幼儿通过绘画形式表达出自己的想法与方案。幼儿在活动中表现的想法丰富多彩，而且存在较大的个体差异。从图 2-4 和图 2-5 中我们可以看出，大部分幼儿通过结合自己的生活经验制订计划，有些幼儿更是能够发挥各自的想象力。尽管有些想法显然不能达成目标，但教师能够最大限度地满足幼儿通过直接感知、实际操作和亲身体验获取经验的需要，因势利导地做出有效支持，尽可能让每个幼儿在活动中获得满足感及成就感，真正做到"做中学、玩中学、生活中学"。

在案例 2-13 中，通过对幼儿的观察与分析，我们可以看到幼儿学习与发展在各领域中的"典型表现"，教师着重在科学、社会领域给予支持与引导，进而渗透到其他各领域的学习与发展中。幼儿在过程中充分发挥了想象，并在实践过程中体验了合作的快乐、成功的喜悦。同时，幼儿也能够积极反思实践失败的原因，并且在教师给予的物质支持及语言引导下，提升自身的表达能力、动手能力、思考及逻辑思维的能力、与他人互动的能力。在该案例中，教师带领幼儿走进自然，接触自然，开发生态式教育环境，从而使幼儿在生活事物和现象中得到直接经验与感性认知。

（四）早期阅读活动中的幼儿学习研究与支持

早期阅读是指幼儿凭借变化的色彩、图像、文字和成人形象的讲读，来理解以图为主的低幼儿童读物内容的活动过程。它是一个融观察、记忆、想象、思维、表达等多种认知活动于一体的综合性过程。早期阅读是幼儿语言学习与发展的一个不可缺少的部分，对促进幼儿语言发展乃至其他领域的发展均具有重要的价值。

目前，早期阅读活动在许多幼儿园都开展得有声有色，但是也存在部分教师对早期阅读的认识不够深入、了解不够全面的情况，存在阅读目的功利化倾向，把幼儿早期阅读简单地等同于早期识字，过分强调知识的获取，忽视情感发展与思维能力、想象能力等方面的培养，从而在阅读活动过程中存在困惑和误区。怎样有效地开展早期阅读活动？接下来我们将系统描述幼儿在早期阅读中的学习过程，并举例说明。

本书根据幼儿独特的学习方式和语言思维发展特点，构建了"听—想—说—用"的早期阅读循环路径，以支持幼儿有意义的早期阅读活动。

1. 听一听

"听一听"即重要的事情认真听，意在引导幼儿听懂教师讲的故事与故事背后隐藏的任务。活动设计主要解决"听什么""为什么听""如何听"的问题（图 2-6）。

倾听是语言表达的前提，在幼儿的学习与发展中，倾听能让幼儿愿意说，帮助幼儿说得更精彩。"听一听"的活动内容主要是教师依据原创图画书讲故事，幼儿认真听故事。听完故事后，教师针对图画书的关键页面、关键情节等核心要素进行提问，帮助幼儿听到、听清并真正听懂故事内容。教师的主要意图是通过故事将幼儿带入主题情境，引起幼儿兴趣，激发幼儿主动参与，帮助幼儿理解主题活动，为后续的活动环节做铺垫。

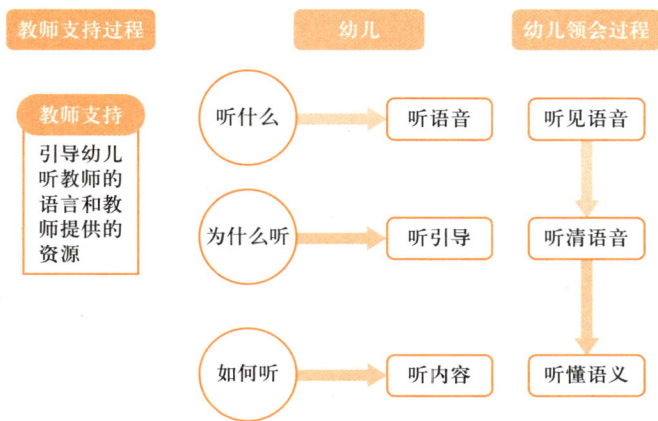

图 2-6 "听一听"过程图

2. 想一想

"想一想"即自己的事情自己做，意在引导幼儿做对自己的事情。活动设计主要解决"想什么""为什么想""如何想"的问题（图 2-7）。从心理学角度来说，"想"可以链接思维，是事物的一般属性和事物内在的联系在人脑中间接的、概括的反映。幼儿的思维以直觉行动思维和具体形象思维为主，对于幼儿来说，没有行动就没有思维，他们需要在对具体形象物体的操作中进行思维，他们的学习是行知合一、边做边想、边想边做的过程。"想一想"的活动内容主要是教师提供可操作的材料，幼儿专心致志地操作材料，将半成品的材料做成成果物。在这一活动过程中，幼儿在教师设计的有准备的情境中，通过直接感知、实际操作和亲身体验的学习方式，实现与操作材料的直接互动，思维与隐藏在操作材料中的教育意图间接互动，幼儿手脑并用，身心并用，在教师的支持下一步一步进行深度探究，建构关键经验，收获有效且有益的学习与发展。

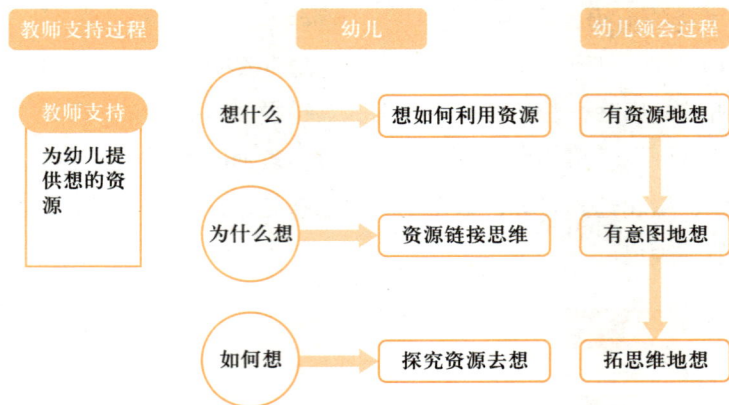

图 2-7　"想一想"过程图

3. 说一说

"说一说"即开心的事情说出来，意在引导幼儿讲好自己的故事。活动设计主要解决"说什么""为什么说""如何说"的问题（图 2-8）。《指南》指出，幼儿的语言能力是在交流和运用的过程中发展起来的。教师应为幼儿创设自由、宽松的语言交往环境，鼓励和支持幼儿与成人、同伴交流，让幼儿想说、敢说、喜欢说并能得到积极回应；利用多种活动扩展幼儿的生活经验，丰富幼儿的语言内容，增强幼儿的理解和表达能力。"说一说"的活动内容主要是教师基于观察与支持幼儿学习的过程，引导幼儿分享自己在动手操作的过程中做了什么、怎么做的，让幼儿说出、说到、说清。在这一活动过程中，幼儿通过观察同伴的成果物，倾听同伴的经验分享，建构出新的经验。

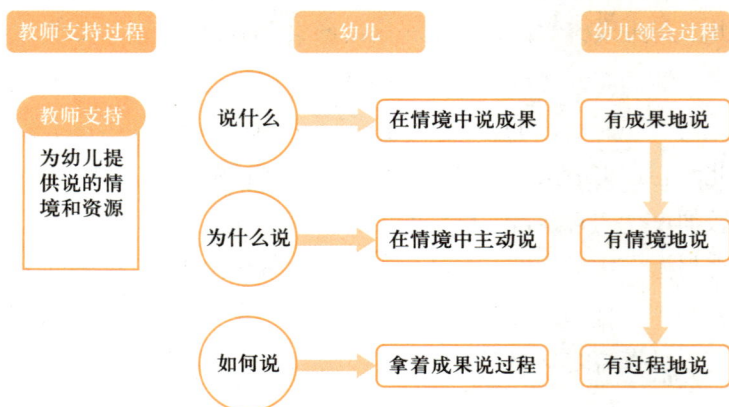

图 2-8　"说一说"过程图

4. 用一用

"用一用"即美好的愿望合起来，意在引导幼儿演出属于自己的"戏剧"。活动设计主要引导幼儿对新经验和已有经验进行整合并完整表达（图 2-9）。《指南》指出，要鼓励幼儿用故事表演、绘画等不同的方式表达自己对图书和故事的理解。所以，通过听、想、说、用，幼儿对图画书的故事内容已经较为熟悉，能够理解，在已有经验基础上，发挥联想和创意，进行故事创编和表演。在这一活动过程中，幼儿以"戏剧"表演的方式对听、想、说、用的关键内容进行复习和巩固，在提升语言表达能力的同时，进一步发展各领域的素质。

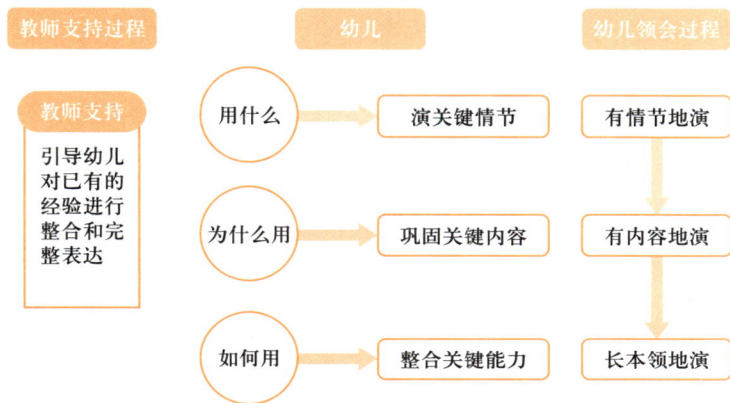

图 2-9　"用一用"过程图

　　下面是一位教师基于原创图画书《想当牙医的小老鼠》设计的大班早期阅读活动"保护牙齿，从小做起"教案，可以帮助我们进一步掌握在幼儿早期阅读活动中支持幼儿有意义学习过程的要点。

案例 2-14：保护牙齿，从小做起

保护牙齿，从小做起

活动目标：

1. 听懂图画书故事内容和活动任务。

2. 积极表达自己听到和想到的故事内容和活动作品。

3. 注意早晚刷牙，方法正确，知道其他保护牙齿的方法。

4. 观察比较事物，具有初步的探究能力。

活动重点：

1. 引导幼儿认真听并能听懂图画书故事内容和活动任务，并积极表达自己听到和想到的故事内容和活动作品。

2. 帮助幼儿养成早晚刷牙、学会保护牙齿的良好生活与卫生习惯。

3. 帮助幼儿学会观察健康的牙齿和不健康的牙齿，认识到保护牙齿的重要性。

4. 让幼儿明白伙伴之间应相互帮助，团结起来做事情。

活动准备：

1. 经验准备：

（1）教师经验准备：明白积极学习品质中合作性的内涵及其支持策略；了解《指南》中大班幼儿健康领域、科学领域的发展特点及相应的支持策略；掌握保护牙齿的基本方法。

（2）幼儿经验准备：知道一些保护牙齿的基本方法；参与过一些绘画制作、粘贴缝制的艺术活动。

2. 物质准备：

活动 PPT、原创图画书《想当牙医的小老鼠》、食物粘贴卡、操作单、保护牙齿粘贴卡、动物匹配卡、保护牙齿宣传册封面、彩笔、装订机。

活动过程：

1. 听一听

教师先通过引导幼儿观察并猜测小老鼠的"职业"，激发幼儿的好奇心和学习兴趣，再通过声情并茂地讲述故事，引导幼儿观察和聆听图画书《想当牙医的小老鼠》。

支架语1：小朋友们，请大家仔细看一看，然后猜一猜封面上的小老鼠是干什么的？看看谁猜得又快又准确。

支架物：图画书《想当牙医的小老鼠》。

支架势：指着图画书封面上的小老鼠。

支架态：好奇的表情。

支架语2：这是一只想当牙医的小老鼠。为了成为一名牙医，小老鼠要过几道关卡？每道关卡小老鼠是怎么过的？我们一起来看一看吧。

支架物：图画书《想当牙医的小老鼠》。

支架势：讲述图画书，带领幼儿欣赏图画书内容。

支架态：欣慰的神情。

★设计意图：引导幼儿听懂图画书的故事内容和任务要求。

2. 想一想

教师引导幼儿对图画书进行回忆、复述、理解，并通过操作材料，深入理解保护牙齿的方法。

支架语1：想一想，小老鼠的朋友们是怎么保护牙齿的？如果不想牙虫在我们嘴巴里安家，我们的饮食要注意什么？要多吃什么，少吃什么呢？

支架物：图画书《想当牙医的小老鼠》、食物粘贴卡、操作单。

支架势：引导幼儿在操作单中相应的位置，粘贴正确的食物粘贴卡。

支架态：仔细观察着幼儿的操作。

支架语2：除了要注意饮食，小老鼠的朋友们还有好多保护牙齿的方法——大象每天早晚都认真刷牙；小猪掌握正确刷牙的方法；牛先生经常锻炼；小羊定期检查牙齿。让我们帮助小动物们找到自己保护牙齿的方法吧！

支架物：图画书《想当牙医的小老鼠》、保护牙齿粘贴卡、动物匹配卡。

支架势：引导幼儿在操作单中相应的位置，粘贴正确的保护牙齿粘贴卡。

支架态：仔细观察着幼儿的操作。

支架语3：为了告诉动物们如何保护自己的牙齿，小老鼠组织了宣传活动。你能帮助小老鼠制作保护牙齿的宣传册吗？

支架势：用期待的眼神看向全体幼儿。

支架语4：请先用彩笔和贴纸绘制宣传册封面，然后按照封面和操作单的顺序将它们粘贴到一起吧！这样宣传册就完成啦！

支架物：图画书《想当牙医的小老鼠》、保护牙齿宣传册封面、装订机、彩笔。

支架势：指导幼儿按照顺序装订成册。

★设计意图：通过操作材料，帮助幼儿掌握保护牙齿的方法。

3. 说一说

鼓励幼儿拿着自己制作的宣传手册，进行角色扮演，通过扮演小小宣传员，进一步理解并表达保护牙齿的办法。

支架语1：小朋友们做的宣传册真棒！现在请拿着你的宣传手册，扮演一名小小宣传员，告诉小伙伴们，我们要如何保护牙齿呢？

支架物：保护牙齿的宣传册。

支架势：做邀请手势。

支架态：用温柔的眼神和微笑鼓励幼儿大胆分享。

支架语2：还有谁愿意跟我们分享一下？

支架态：继续正面鼓励其他幼儿分享。

★设计意图：引导幼儿通过角色扮演进一步理解并表达保护牙齿的办法。

4.用一用

教师引导幼儿延伸思考、自主交流。

支架语1：小朋友们张大嘴巴，请你和你的好朋友相互看一看，她／他的牙齿是白白的还是黑黑的？

支架态：鼓励幼儿大胆发挥想象。

支架语2：回家观察一下爸爸妈妈的牙齿，看看他们的牙齿健康吗？如果不健康，你要怎么告诉他们保护牙齿很重要呢？

★设计意图：引导幼儿延伸思考，使用与图画书有关的语言。

活动延伸：

1.集体教育活动：组织幼儿开展其他关于保护牙齿的综合主题活动。

2.区域游戏活动：在区域中投放健康的牙齿和不健康的牙齿的模型，帮助幼儿进一步感知。

3.日常生活活动：在生活中引导幼儿保护自己的牙齿。

4.家园共育活动：鼓励家长监督幼儿早晚认真刷牙。

　　事实上，幼儿园教师很容易关注自己的"教"而忽视幼儿的"学"，幼儿在学习中的主体地位被忽视。杜威曾如此论述："一位聪明的教师清除学生的不适当的、毫无意义的意见，而选择和强调他所期望结果相一致的那些意见，从而容易获得巨大的技巧。但是，这种方法解除了学生的理智的责任感，只不过是在教师的指引下，像走钢丝的杂技演员一样，有些轻巧灵活的适应力而已。"[①] 在这种观念的指导下，教育成为一种事先谋划好的，以设计好的方式控制幼儿心智和身体的技术；一种幼儿必须服从的训练机制，幼儿的主体性被异化为对象物，抹去了幼儿本身所具有的主动学习潜能。因此，在教育改革追求以幼儿为本的背景下，在教师追求专业化发展的道路上，我们必须对传统的教师与幼儿关系进行深刻反思，才能实现对幼儿教育本质的回归。

---

① 杜威.我们怎样思维：经验与教育[M].姜文闵，译.北京：人民教育出版社，1991：225–226.

【我来写一写】

1. 请结合自身对幼儿学习过程的内涵理解，在以下空白处用三个关键词或短语尝试描述一下幼儿的学习过程应该是什么样的。

2. 要想有效支持幼儿有意义的学习过程，教师应该明确掌握哪些基本内容呢？请填写在下方方框内。

```
┌─────────────────────┐
│ 1.                  │
└─────────────────────┘
          ↓
┌─────────────────────┐
│ 2.                  │
└─────────────────────┘
          ↓
┌─────────────────────┐
│ 3.                  │
└─────────────────────┘
          ↓
┌─────────────────────┐
│ 4.                  │
└─────────────────────┘
          ↓
┌─────────────────────┐
│ 5.                  │
└─────────────────────┘
```

3. 请选择一种活动类型，说一说在活动过程中你是如何一步一步支持幼儿学习过程的？请填写其活动环节或步骤。

> 在 _____ 活动中，
> 我设计了 _____
> 　　　　_____
> 　　　　_____
> 　　　　_____
> 　　　　_____ 等环节来支持幼儿有意义的学习过程。

【我来练一练】

根据自己对幼儿在活动中的学习方式和学习过程的理解，撰写 1 篇支持幼儿有意义的学习过程和培养幼儿积极学习品质的活动方案，活动样态不限。

第二节　设计并实施支持幼儿有意义学习过程的教育活动

【我来写一写】

回顾自己设计的比较满意的一次活动，并反思自己是如何在活动中支持幼儿有意义的学习过程的。请你写出幼儿的学习过程，以及对幼儿学习进行支持的过程。

项　目	内　容	
活动类型	☐　一日生活活动 ☐　区域游戏活动 ☐　综合主题活动 ☐　早期阅读活动	
活动目标		
活动过程	幼儿典型行为表现	教师支持策略
有兴趣		
有主动性		
有探究		
有分享		
有创意		

一、设计并实施支持幼儿有意义学习过程的一日生活活动方案

（一）实践 1.1：讲故事

实践内容：请你回顾自己曾经带过的幼儿或者选择身边比较有代表性的幼儿，为大家讲述一下这名幼儿在一日生活活动中的学习过程是怎样的。

实践步骤：

1.你可以和同事讲，也可以和一起参与培训或研修的小组成员讲。故事应描述出幼儿在学习中的行为表现，并说明这些表现体现了幼儿经历了什么样的学习过程，介绍你是怎样在过程中为他们提供帮助的。

任务单 S2.1.1
我的故事
讲述人：

2.请你总结有意义的学习过程对幼儿学习与发展的影响。

任务单 S2.1.2
我的总结

3.你也可以举例说明自己在一日生活活动中对于幼儿学习过程理解和支持不足的地方，然后说一说下次希望重点改进的三个方面。

任务单 S2.1.3
我的思考与改进：
1.
2.
3.

（二）实践1.2：课堂观摩

1. 观摩目的

（1）重点观察2～3名幼儿在一日生活活动的某个环节经历了什么样的学习过程。

（2）观察教师在幼儿学习过程中提供了什么样的支持，以及这些支持对幼儿有什么样的影响。

2. 观摩前的准备工作

（1）经验准备

教师掌握幼儿有意义的学习过程，及其特征和基本步骤。

教师掌握课堂观摩的目标、重点和难点，以及在观摩中的注意事项等内容。

（2）物质准备

课堂观摩工具；手机、相机等拍摄工具。

3. 在观摩过程中需要使用的记录表

任务单 S2.1.4

在一日生活活动中支持幼儿有意义的学习过程观摩表	
观察对象（姓名）：	观察对象（年龄／性别）：
观察场域（时间／地点）：	
观察环节： □ 入园　　□ 午睡　　□ 饮水　　□ 整理 □ 盥洗　　□ 户外活动　□ 进餐　　□ 离园 □ 如厕	
我看到幼儿经历了这样的学习过程：	我看到教师这样支持了幼儿的学习过程：
我觉得可以学习的地方： 1. 2. 3.	我觉得可以改进的地方： 1. 2. 3.

4. 注意事项

- 教师应进行有重点、有节点的观察和记录，而不是进行整体性的观察和记录。
- 教师在观察过程中不应干扰幼儿的学习进程。

（三）实践 1.3：案例分析

请扫描二维码，阅读一日生活活动"蜗牛是植物的朋友吗"的教学实录，并对其中幼儿的学习过程进行分析。

一日生活活动
"蜗牛是植物
的朋友吗"教
学实录

任务单 S2.1.5

1. 你在一日生活环节中遇到过类似问题吗？

2. 你是如何对待和处理这些类似问题的？

3. 在该案例中，教师是如何支持幼儿的？如果换作是你，你会如何做？

二、设计并实施支持幼儿有意义学习过程的区域游戏活动方案

（一）实践 2.1：讲故事

实践内容： 请你回顾自己曾经带过的幼儿或者选择身边比较有代表性的幼儿，为大家讲述一下这名幼儿在区域游戏活动中的学习过程是怎样的。

实践步骤：

1. 你可以和同事讲，也可以和一起参与培训或研修的小组成员讲。故事应描述出幼儿在学习中的行为表现，并说明这些表现体现了幼儿经历了什么样的学习过程，介绍你或其他教师是怎样在过程中为他们提供帮助的。

任务单 S2.2.1

我的故事

讲述人：

2. 请你总结有意义的学习过程对幼儿学习与发展的影响。

任务单 S2.2.2

我的总结

3. 你也可以举例说明自己在区域游戏活动中对于幼儿学习过程理解和支持不足的地方，然后说一说下次希望重点改进的三个方面。

任务单 S2.2.3
我的思考与改进： 1.   2.   3.

（二）实践 2.2：课堂观摩

1. 观摩目的

（1）重点观察 2～3 名幼儿在区域游戏活动中经历了什么样的学习过程。

（2）观察教师在幼儿学习过程中提供了什么样的支持，以及这些支持对幼儿有什么样的影响。

2. 观摩前的准备工作

（1）经验准备

教师掌握幼儿有意义的学习过程，及其特征和基本步骤。

教师掌握课堂观摩的目标、重点和难点，以及在观摩中的注意事项等内容。

（2）物质准备

课堂观摩工具；手机、相机等拍摄工具。

3. 在观摩过程中需要使用的记录表

任务单 S2.2.4				
在区域游戏活动中支持幼儿有意义的学习过程观摩表				
观察时间：	观察地点：		观察者：	
观察对象：	班级：		教师（职称）：	
观察区域：☐ 美工区　　☐ 阅读区　　☐ 表演区　　☐ 建构区　　☐ 益智区 　　　　　☐ 其他区：＿＿＿＿＿＿				

续表

活动过程	幼儿学习过程中的行为描述	教师支持幼儿学习过程的行为描述
产生兴趣		
开始操作		
专心致志		
完成活动		
教学反思与改进	我认为值得学习的地方： 1. 2. 3.	我认为可以改进的地方： 1. 2. 3.

4. 注意事项

• 教师应进行有重点、有节点的观察和记录，而不是进行整体性的观察和记录。

• 教师在观察过程中不应干扰幼儿的学习进程。

（三）实践 2.3：案例分析

区域游戏活动"时钟拼盘"教学实录

请扫描二维码，阅读区域游戏活动"时钟拼盘"的教学实录，对其中幼儿的学习过程进行分析。

任务单 S2.2.5	
教师支持路线	幼儿建构路线
1.	1.
2.	2.
3.	3.
4.	4.
5.	5.
6.	6.

请在下面空白处用台阶图或自己喜欢的形式绘制教师与幼儿之间的互动路线图：

三、设计并实施支持幼儿有意义学习过程的综合主题活动方案

（一）实践 3.1：讲故事

实践内容：请你回顾自己曾经带过的幼儿或者选择身边比较有代表性的幼儿，为大家讲述一下这名幼儿在综合主题活动中的学习过程是怎样的。

实践步骤：

1. 你可以和同事讲，也可以和一起参与培训或研修的小组成员讲。故事应描述出幼儿在学习中的行为表现，并说明这些表现体现了幼儿经历了什么样的学习过程，介绍你或其他教师是怎样在过程中为他们提供帮助的。

任务单 S2.3.1

我的故事

讲述人：

---

2. 请你总结有意义的学习过程对幼儿学习与发展的影响。

任务单 S2.3.2

我的总结

---

　　3. 你也可以举例说明自己在综合主题活动中对于幼儿学习过程理解和支持不足的地方，然后说一说下次希望重点改进的三个方面。

任务单 S2.3.3

我的思考与改进：

1.

2.

3.

（二）实践 3.2：课堂观摩

1. 观察目的

（1）重点观察 2～3 名幼儿在综合主题活动中经历了什么样的学习过程。

（2）观察教师在幼儿学习过程中提供了什么样的支持，以及这些支持对幼儿有什么样的影响。

2. 观摩前的准备工作

（1）经验准备

教师掌握幼儿有意义的学习过程，及其特征和基本步骤。

教师掌握课堂观摩的目标、重点和难点，以及在观摩中的注意事项等内容。

（2）物质准备

课堂观摩工具；手机、相机等拍摄工具。

3. 在观摩过程中需要使用的记录表

任务单 S2.3.4

在综合主题活动中支持幼儿有意义的学习过程观察表（一）

活动主题		
活动对象		
活动目标		
活动重点		
活动准备		
活动过程	幼儿典型行为表现	教师支持策略
产生兴趣阶段		
主动体验阶段		
深度探究阶段		
分享合作阶段		
联想创意阶段		

任务单 S2.3.5

在综合主题活动中支持幼儿有意义的学习过程观察表（二）

活动名称：_____   活动对象：_____   反思教师：_____

反思维度	反思的具体事项	请在符合项上画√
1. 活动目标达成了吗?	学养目标达成了吗?	（ ）
	经验目标达成了吗?	（ ）
	德行目标达成了吗?	（ ）
	文蕴目标达成了吗?	（ ）
2. 你是如何达成的?	产生兴趣阶段：	教师支持策略（支架语、支架物、支架态、支架势）
	主动体验阶段：	
	深度探究阶段：	
	分享合作阶段：	
	联想创意阶段：	
3. 表现较好的幼儿有哪些典型行为表现?		
4. 表现较弱的幼儿有哪些典型行为表现?		

续表

5.你要如何调整与改进?	1. 2. 3. 4. 5.

（三）实践 3.3：案例分析

请扫描二维码，阅读综合主题活动"我是花木兰"的教案，对其中幼儿的学习过程进行分析。

综合三题活动"我是花木兰"教案

通过学习以上案例，请你分别从幼儿学习品质和关键经验发展两条路线，梳理教师是如何一步步支持幼儿学习品质发展的，是如何支持幼儿关键经验发展的，并完成以下表格。

任务单 S2.3.6

学习品质发展路线		关键经验发展路线	
教师支持	幼儿建构	教师支持	幼儿建构
1.	1.	1.	1.
2.	2.	2.	2.
3.	3.	3.	3.
4.	4.	4.	4.
5.	5.	5.	5.

四、设计并实施支持幼儿有意义学习过程的早期阅读活动方案

（一）实践 4.1：讲故事

实践内容： 请你回顾自己曾经班级里的幼儿或者选择身边比较有代表性的幼

儿，为大家讲述一下这名幼儿在早期阅读活动中的学习过程是怎样的。

怎样进行活动：

1. 你可以和同事讲，也可以和一起参与培训或研修的小组成员讲。故事应描述出幼儿在学习中的行为表现，并说明这些表现体现了幼儿经历了什么样的学习过程，介绍你或其他教师是怎样在过程中为他们提供帮助的。

任务单 S2.4.1
我的故事
讲述人：

2. 请你总结有意义的学习过程对幼儿学习与发展的影响。

任务单 S2.4.2
我的总结

3. 你也可以举例说明自己在早期阅读活动中对于幼儿学习过程理解和支持不足的地方，然后说一说下次希望重点改进的三个方面。

任务单 S2.4.3

我的思考与改进：

1.

2.

3.

（二）实践 4.2：课堂观摩

1. 观摩目的

（1）重点观察 2～3 名幼儿在早期阅读活动中经历了什么样的学习过程。

（2）观察教师在幼儿学习过程中提供了什么样的支持，以及这些支持对幼儿有什么样的影响。

2. 观摩前的准备工作

（1）经验准备

教师掌握幼儿有意义的学习过程，及其特征和基本步骤。

教师掌握课堂观摩的目标、重点和难点，以及在观摩中的注意事项等内容。

（2）物质准备

课堂观摩工具；手机、相机等拍摄工具。

3. 在观摩过程中需要使用的记录表

任务单 S2.4.4

在早期阅读活动中幼儿有意义的学习过程观摩表		
观察时间：	观察地点：	观察者：
观察对象：	班级：	教师（职称）：
图画书名称 （简要介绍）		
活动过程	幼儿学习过程中的行为描述	教师支持幼儿学习 过程的行为描述
"听一听"环节		
"想一想"环节		

续表

活动过程	幼儿学习过程中的行为描述	教师支持幼儿学习过程的行为描述
"说一说"环节		
"用一用"环节		
教学反思与改进	我认为值得学习的地方： 1. 2. 3.	我认为可以改进的地方： 1. 2. 3.

早期阅读活动"龟兔赛跑"教学实录

（三）实践4.3：案例分析

请扫描二维码，阅读早期阅读活动"龟兔赛跑"的教学实录，对其中幼儿的学习过程进行分析。

任务单 S2.4.5

我认为这三点是支持幼儿在早期阅读活动中有意义学习的策略：

1.

2.

3.

【我来写一写】

回顾自己设计的比较满意的一次活动，并反思自己是如何在活动中支持幼儿有意义的学习过程的。请你写出幼儿的学习过程，以及对幼儿学习进行支持的过程。

项　目	内　容	
活动类型	☐　一日生活活动 ☐　区域游戏活动 ☐　综合主题活动 ☐　早期阅读活动	
活动目标		
活动过程	幼儿典型行为表现	教师支持策略
有兴趣		
有主动性		
有探究		
有分享		
有创意		

【我来练一练】

　　根据自己对幼儿学习方式和学习过程的进一步理解，完善自己的 1 份支持幼儿有意义的学习过程和培养幼儿积极学习品质的活动方案，并尝试实施。

第三节　反思自身是否能够理解和支持幼儿有意义的学习过程

【我来写一写】

　　请根据自己对幼儿有意义的学习过程的理解，尝试完成以下"我认为的幼儿学习过程"的内容填写。

写出三点关于幼儿学习过程的认识

1.
2.
3.

写出三点关于幼儿学习过程价值的认识

1.
2.
3.

写出幼儿学习过程的关键环节并解释

1.
2.
3.
4.
5.

一、反思自身是否理解幼儿有意义的学习过程

在学习了本章的理论专题后，请以小组为单位或与一同参与培训或研修的伙伴围绕以下要点展开讨论并进行记录。

任务单 F2.1.1	
讨论要点	反思记录
1.关于幼儿有意义的学习过程的认识，你印象最深的三点是什么？	1. 2. 3.
2.幼儿有意义的学习过程有何特征？至少写出三点	1. 2. 3.

续表

讨论要点	反思记录
3. 支持幼儿有意义的学习过程有何价值？请简要论述两点	1. 2.
4. 教师应按照什么样的路径支持幼儿有意义的学习过程？请简要叙述，可用图示表达	

二、反思自身是否能够支持幼儿有意义的学习过程

（一）反思是否在一日生活活动中支持幼儿有意义的学习过程

在学习了关于如何在一日生活活动中支持幼儿有意义的学习过程以后，请以小组为单位或与一同参与培训或研修的伙伴围绕以下要点展开讨论并进行记录。

任务单 F2.2.1

讨论要点	反思记录
1. 你认为在一日生活活动中支持幼儿有意义的学习过程的重要性体现在何处？请写出三点	1. 2. 3.
2. 在设计一日生活活动支持幼儿有意义的学习过程中，教师需要掌握哪些设计要点？至少写三个	1. 2. 3.
3. 除了上述设计要点，你还能补充哪些注意事项？	1. 2.

（二）反思是否在区域游戏活动中支持幼儿有意义的学习过程

在学习了关于如何在区域游戏活动中支持幼儿有意义的学习过程以后，请以小组为单位或与一同参与培训或研修的伙伴围绕以下要点展开讨论并进行记录。

任务单 F2.2.2

讨论要点	反思记录
1. 你认为在区域游戏活动中支持幼儿有意义的学习过程的重要性体现在何处？请写出三点	1. 2. 3.
2. 在设计区域游戏活动支持幼儿有意义的学习过程中，教师需要掌握哪些设计要点？至少写出三个	1. 2. 3.
3. 除了上述设计要点，你还能补充哪些注意事项？	1. 2.

（三）反思是否在综合主题活动中支持幼儿有意义的学习过程

在学习了关于如何在综合主题活动中支持幼儿有意义的学习过程以后，请以小组为单位或与一同参与培训或研修的伙伴围绕以下要点展开讨论并进行记录。

任务单 F2.2.3

讨论要点	反思记录
1. 你觉得在综合主题活动中支持幼儿有意义的学习过程的重要性体现在何处？请写出三点	1. 2. 3.

续表

讨论要点	反思记录
2. 在设计综合主题活动支持幼儿有意义的学习过程中，教师需要掌握哪些设计要点？至少写出三点	1. 2. 3.
3. 除了上述设计要点，你还能补充哪些注意事项？	1. 2.

（四）反思是否在早期阅读活动中支持幼儿有意义的学习过程

在学习了关于如何在早期阅读活动中支持幼儿有意义的学习过程以后，请以小组为单位或与一同参与培训或研修的伙伴围绕以下要点展开讨论并进行记录。

任务单 F2.2.4

讨论要点	反思记录
1. 你觉得在早期阅读活动中支持幼儿有意义的学习过程的重要性体现在何处？请写出三点	1. 2. 3.
2. 在设计早期阅读活动支持幼儿有意义的学习过程中，教师需要掌握哪些设计要点？至少写出三点	1. 2. 3.
3. 除了上述设计要点，你还能补充哪些注意事项？	1. 2.

【我来写一写】

请根据自己对幼儿有意义的学习过程的理解，再次尝试完成以下"我认为的幼儿学习过程"的内容填写。

写出三点关于幼儿学习过程的认识

1.
2.
3.

写出三点关于幼儿学习过程价值的认识

1.
2.
3.

写出幼儿学习过程的关键环节并解释

1.
2.
3.
4.
5.

【我来练一练】

根据专业反思的结果，并根据幼儿在活动过程中的学习方式和学习过程，请你继续完善支持幼儿有意义的学习过程和培养幼儿积极学习品质的活动方案，并尝试实施。

【选一选】

在学习本章内容之后，请你再次思考以下问题，在认为最符合自己情况的方框内画√。你发现自己的进步了吗？

项　目	不符合	不太符合	一般	比较符合	非常符合
1. 我理解幼儿的学习过程是什么样的					
2. 我认为幼儿的发展取决于教师能否有效地支持幼儿的学习过程					
3. 我能在各类教育活动中给予幼儿充分发现和解决问题的时间和空间，并在过程中促进幼儿主动学习与全面发展					

续表

项　目	不符合	不太符合	一般	比较符合	非常符合
4. 在集体教育活动中我能围绕主题，设计和组织连贯且有序的活动环节，支持幼儿进行深度探究					
5. 在区域游戏活动中我能科学地识别幼儿的发展状态和需要，支持幼儿持续探究					
6. 我会时刻关注并支持幼儿发展的整体性					
7. 我能依据幼儿的生活经验、兴趣与需求设计各领域相互融合的主题活动					
8. 在组织活动时，我能明确活动的任务，并在活动过程中有目的、有计划、有组织地支持幼儿，将各领域的经验做横向和纵向的联结，并联系幼儿生活经验做科学统整					

【拓展阅读】

［1］爱泼斯坦. 学前教育中的主动学习精要：认识高瞻课程模式 [M].2 版. 霍力岩，等译. 北京：教育科学出版社，2019.

高瞻课程模式是一套涵盖学习内容、实践方式、幼儿及服务于幼儿的教育机构评价系统以及早期教育教师专业发展培训模式的完整体系。2003 年，高瞻课程模式被认定为经济合作与发展组织（OECD）成员国学前教育领域盛行的四种课程模式之一。该书详细阐释了高瞻课程模式的理论基础、实践路径、课程内容、评估体系、教师专业发展。

［2］杜威. 教育中的兴趣及努力 [M]. 北京：中国传媒大学出版社，2018.

该书共包括五部分主体内容：统一的活动与分裂的活动；直接兴趣与间接兴趣；努力、思维与动机；教育性兴趣的类型；兴趣在教育理论中的地位。在书中，杜威把兴趣和意志、努力和训练结合起来，他的结论是：兴趣是统一的活动。他对当时几种兴趣学说作出分析：主张"兴趣"的一方，把赫尔巴特的兴趣说曲解为"把事情变得有趣"，他们认为"努力"是毫无意义的；主张"努力"的一方，强调"努力"在形成坚强品格中的作用，他们认为求助于"兴趣"，把一切事情都裹上糖衣，只能毁掉孩子，这种理论无论在智力发展方面还是在道德培养方面都是有害的。

［3］杜威 . 儿童与课程 [M]. 北京：中国传媒大学出版社，2018.

在该书中，杜威提出教育过程的基本要素是未成熟的儿童以及体现成人成熟经验、社会目的、意义和价值的课程。教育过程应是二者充分、自由的相互作用。他既批评传统派认为课程、教材比儿童的经验更重要，将重点放在教材的逻辑分段和顺序上的观点，又修正进步派认为儿童是中心和目的，决定学习质和量的是儿童而非教材的观点。

奠基终身
——培养幼儿积极的学习品质

第三章

学习目标

学习本章内容后，你将能够更好地：

1. 认识学习品质的内涵、价值及影响因素；

2. 掌握培养幼儿积极学习品质的实施路径及教师支持策略；

3. 运用适宜的支持策略，在保教活动中促进幼儿积极学习品质的养成。

【想一想】

　　小宇和花花在玩拼图游戏。小宇选择了一个难度较大的动物拼图，他眉头紧皱，聚精会神。他先看了看拼图盒上的图片，然后寻找桌子上的拼图，其他孩子在他身边喋喋不休讲话的时候也丝毫没有分神。他把拼图排好，选择了其中一个，仔细地把它放到他认为正确的地方。当他试了几次都不对时，就把它放在一边，然后试另外一个看上去相似但在形状上有些不同的。他在一块拼图上多次尝试，最后找到了正确的位置。"就是它了！"他喊着告诉老师，开心地笑着，然后继续为另一片找位置。在坚持完成了整个拼图后，他拿起其中一张卡片——大象，跳着舞，穿过桌子，去找朋友花花。

　　花花坐在小宇旁边的椅子上。她选择了一盒拼图开始玩，但很快就放弃了，因为她无法为其中一块拼图找到合适的位置。然后，她消极地坐在那里，等别人来告诉她活动室里还有什么其他的东西可以玩。

　　请你基于上述案例思考以下三个问题：

　　1.小宇表现出哪些积极的学习品质？

　　2.幼儿学习品质包含哪些具体内容？

　　3.教师如何在教育教学活动中支持幼儿学习品质的养成？

⊪【选一选】

为了更好地学习本章内容，请你在学习前根据自身的实际情况，在相应的方框内画√。

项　目	不符合	不太符合	一般	比较符合	非常符合
1.我认为学习品质是幼儿在活动过程中所表现出的积极态度和良好行为倾向					
2.我认为学习品质应渗透于幼儿园五大领域的学习与发展之中					
3.我能充分理解学习品质的具体内容					
4.我能在教育教学活动中采用适宜的方式支持幼儿学习品质的养成					
5.我能依据幼儿的生活经验、兴趣与需求设计各领域相互融合的主题活动，促进幼儿学习品质的养成					
6.我能在集体教育活动中围绕主题，设计和组织连贯且有序的活动环节，支持幼儿深度探究					

第一节　理解幼儿积极的学习品质

【我来写一写】

1.请结合自己的理解，在以下选项中选出你认为正确的关于学习品质内涵的解释。

个体的学习态度与学习行为 ◯

个体具有的能够支持其取得学习成功的因素 ◯

个体在活动中表现出的积极态度和良好行为倾向 ◯

影响个体学习效果的学习倾向、态度、风格、习惯 ◯

2. 请结合自己对于影响幼儿学习品质因素的认识补充完成以下内容。

➤ 我认为影响学习品质的因素有：

理由是：

➤ 我认为影响学习品质的因素有：

理由是：

➤ 我认为影响学习品质的因素有：

理由是：

3. 教师应如何培养幼儿的学习品质，包括哪些基本步骤？请在横线上补充完整。

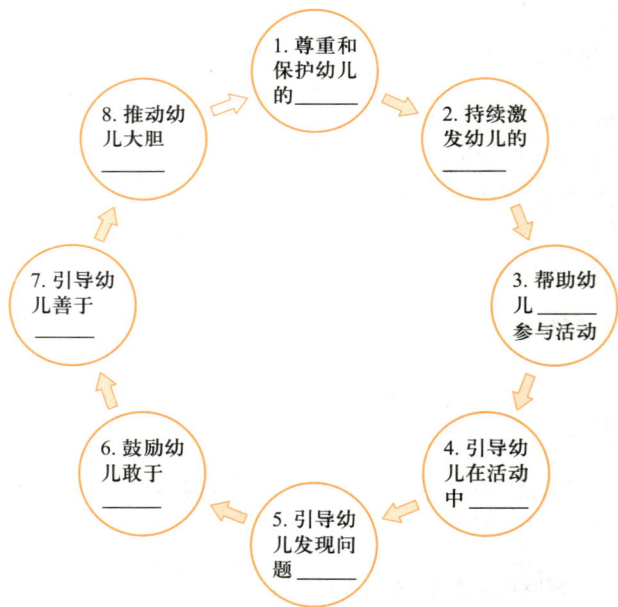

1. 尊重和保护幼儿的_____
2. 持续激发幼儿的_____
3. 帮助幼儿_____参与活动
4. 引导幼儿在活动中_____
5. 引导幼儿发现问题_____
6. 鼓励幼儿敢于_____
7. 引导幼儿善于_____
8. 推动幼儿大胆_____

一、什么是学习品质

"蒙以养正，圣功也。"（《周易·蒙》）这句话的意思是，对于童蒙内心固有的淳朴心性，予以正确启蒙，培养其走上正道，这是神圣而重要的事业。学前儿童正处于蒙昧期，一切都蓄势待发。而人的一生如同一座高楼，要想能够高耸入云，就需要牢固的地基。在倡导终身学习和构建学习型社会的大背景下，学习品质作为后继学习与终身发展的重要领域，是幼儿今后在各领域顺利学习的重要基础，对于幼儿的学习与发展具有深远的意义。授人以鱼，不如授人以渔，学前期正是培养幼儿学习品质的重要时期，而培养幼儿的学习品质便是"授人以渔"。

重视学前儿童的学习品质也是我国相关政策文本的明确要求。在 20 世纪 90 年代，《幼儿园工作规程》就强调"培养有益的兴趣和求知欲望""培养诚实、自信、好问、友爱、勇敢、爱护公物、克服困难、讲礼貌、守纪律等良好的品德行为和习惯，以及活泼开朗的性格"。《幼儿园教育指导纲要（试行）》提出应将情感、态度作为幼儿发展最重要的方面列在首位，认为应重视儿童终身学习与发展的品质；在"教育内容与要求"中指出要"从不同的角度促进幼儿情感、态度、能力、知识、技能等方面的发展""要避免仅仅重视表现技能或艺术活动的结果，而忽视幼儿在活动过程中的情感体验和态度的倾向"；在"教育评价"中指出"尤其要避免只重知识和技能，忽略情感、社会性和实际能力的倾向"。《指南》作为规范和指导我国学前教育发展的纲领性文件，对学前儿童学习品质的重要性给予了高度肯定和重视，也为培养幼儿积极的学习品质、提升幼儿教师的专业素质、推动高质量学前教育的发展提供了政策引领和指导。

学习品质主要反映的是幼儿的学习态度、习惯和倾向性等，而不是幼儿所获得的具体的知识或技能。研究者们强调，学习品质不描述幼儿在具体的内容领域中应该学习什么和已经学习了什么，不解释幼儿在具体的内容领域中可以直接学习和获得的专门知识或技能，而是关注幼儿在不同的学科领域中完成不同任务时是如何学习、如何使自己获得各种专门知识或技能的。

幼儿园教师应该明确学习品质的最终落脚点在"行为"上而不在"结果"上，也就是说，幼儿的学习品质表现为幼儿在具体学习活动中的学习行为，这种学习行为是可以被观察到且与学习紧密联系的，它是幼儿在从事与学习相关的活动中展现出来的。培养学习品质不仅可以为幼儿在未来能够取得较好的学业成就、获得较好的学习成果奠定基础，更能为幼儿在未来的学习过程中养成良好的学习态度和学习习惯做好准备。

我的行动

你是如何理解学习品质的？

二、学习品质的内涵结构解析

在当今学前教育改革和追求高质量发展的新时代背景下，为推动实现"培养德智体美劳全面发展的社会主义建设者和接班人"的根本任务，学前教育的教育目标与教育方式需要有新的变化与改革，幼儿园教师应该从关注幼儿"学什么"迈向关注幼儿"怎么学"。学习品质作为幼儿后继学习和终身发展的重要基础，对于幼儿学会学习、推动学前教育走出"小学化"误区、提高学前教育质量具有重要意义。只有学习品质的良好发展，才能让幼儿养成良好的学习习惯，具备良好的学习倾向和学习行为，成为一个自主的终身学习者，在其今后人生的各个阶段都能独立地进行创造性的活动。[①]

"学习品质"是世界学前教育的主流话语，我国对幼儿学习品质的重视程度与培养也日益凸显，并最终作为基本理念在《3～6岁儿童学习与发展指南》中得以确立，成为指导我国学前教育发展的重要理论依据。

《指南》的说明部分对学习品质的本质和内涵作出了较为权威和凝练的界定，即"幼儿在活动过程中表现出的积极态度和良好行为倾向是终身学习与发展所必需的宝贵品质。要充分尊重和保护幼儿的好奇心和学习兴趣，帮助幼儿逐步养成积极主动、认真专注、不怕困难、敢于探究和尝试、乐于想象和创造等良好学习品质"。这段话不仅揭示了学习品质是什么，包含哪些内容，还说明了教师可以通过何种路径培养幼儿的学习品质。

基于国内外研究者对学习品质的界定，我们认为学习品质的内涵主要包括三个方面：

（1）学习品质关注的是幼儿的学习过程；

（2）学习品质的实质是幼儿的态度和行为；

（3）学习品质反映了幼儿的各种外在表现。

通过审视学习品质的内涵我们可以发现，学习过程作为幼儿学习的途径，必然会影响幼儿的学习结果，好的学习过程必然会带来较好的学习结果，而决定学习过程好坏的关键便是幼儿的良好的态度和行为。良好的态度为幼儿投入学习提供了动力，良好的行为倾向为幼儿解决问题提供了方法，它们决定了幼儿能够获得学前教育所期望的结果。由此，学习品质的价值便显得尤为重要。

《指南》中不仅强调要"重视幼儿的学习品质"，还特别指出"忽视幼儿学习品质培养，单纯追求知识技能学习的做法是短视而有害的"。从这句话所传递的信息中我们可以捕捉到学前教育领域的两大基本观念：一种是以往较为传统的学前教

---

① 覃仁敏，何善亮.学习品质的教育价值及培养路径[J].教学与管理，2021（22）：4–6.

育观，它以"单纯追求知识技能学习"为主要目的，注重对幼儿进行知识技能的灌输和强化，忽视幼儿在学习过程中的态度和行为，这种观念是我国学前教育长期存在并占据一定地位的教育理念；另一种是近年来学前教育领域不断追求的新观念，也就是以重视幼儿的学习品质培养为目标，将教育视线聚焦于幼儿在学习过程中的积极态度和良好行为倾向，教师在培养幼儿学习品质的过程中力求确保幼儿能够更好地获得知识技能，这种观念是我国学前教育向往并不断追求的教育理念。

这两种学前教育观念的鲜明对比，从本质上反映的是学前教育到底应关注"学什么"还是应关注"怎么学"，而《指南》对此做出了明确的选择，它指出了第一种观念的弊端，陈述了第二种观念的价值，明晰了我国学前教育应由强调关注"学什么"向关注"怎么学"进行转型。这对提升学前教育质量和幼儿园教师队伍质量起到了重要的推动作用。

无论是《指南》还是希森等学者，对于学习品质内涵的理解与定义的阐释均基于"积极态度"和"良好行为倾向"两个维度。所以，这两个关键词便是学习品质的基本维度，也是学习品质的本质表达，归根结底还是学习品质的内在动机和外在表现。《指南》中对学习品质的基本内涵作出了权威的界定，即好奇心、学习兴趣、积极主动、认真专注、不怕困难、敢于探究和尝试、乐于想象和创造等七个要素。除此之外，本书认为"善于合作与交流"也应成为幼儿学习品质的重要组成部分。

综上所述，学习品质主要分为"积极态度"与"良好行为倾向"两个维度，前一维度主要指向行动前的要素，后一维度主要指向行动中的要素。其中，"积极态度"包含好奇心和学习兴趣两个要素，"良好行为倾向"包含积极主动、认真专注、不怕困难、敢于探究和尝试、善于合作与交流、乐于想象和创造六个要素（图 3-1）。

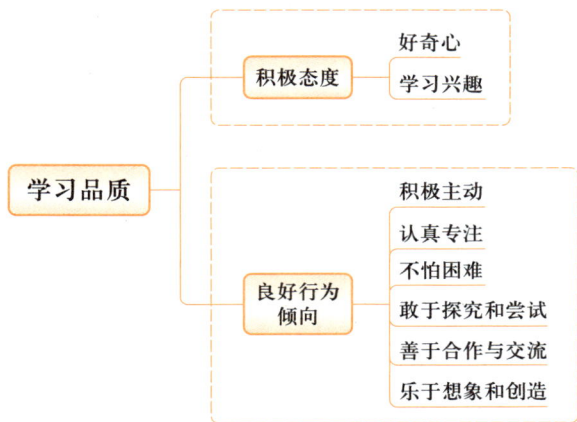

图 3-1　幼儿学习品质的结构

（一）积极态度

态度是一种较为持久的个体心理结构，由认知、情感、意向三个因素构成，包括态度倾向、态度体验、态度意义三个层次。其中，认知因素规定了态度的对象；情感因素是个人对某个对象的好恶情感；意向因素是个人对态度对象的反应倾向。需要指出的是，人的态度并不是与生俱来的，而是在后天环境中习得的。态度的形成是由服从到同化再到内化的过程。态度一旦形成就具有一定的持久性，它是决定行为的潜伏动因。例如，当一个人对某些事物持欢迎和趋向的态度时，他在接触这些事物的过程中就会体验到喜悦、快乐等肯定性情感。反之，如果一个人对某些事物持反对或拒绝的态度，那么他在接触这些事物的过程中就会体验到憎恶、悲哀等否定性情感。①

学习品质到底指向哪些具体的态度呢？从《指南》对学习品质的定义中我们可以看出，积极的态度才是学习品质的体现，所以，关注幼儿的积极态度是幼儿园教师认识学习品质的首要重点。《指南》中强调幼儿的积极态度主要指好奇心和学习兴趣，幼儿因为好奇进而产生了学习兴趣。由好奇心带来的快乐体验能够有力推动幼儿参与到学习之中，进而建立长期的、积极的学习螺旋。②换言之，幼儿只有积极的态度才能进行持续、主动学习，所以好奇心和学习兴趣是幼儿园教师在学前教育过程中必须重视和培养的关键学习品质。

1. 好奇心

我的行动

请想一想：什么是幼儿的好奇心？好奇心是如何产生和发展的？

《心理咨询大百科全书》认为，好奇心是人在受到未知的、新奇的事物刺激时所产生的注视和探索该事物的愿望或意向。③《中国学前教育百科全书》认为，好奇心是个体在认识事物的过程中表现出来的短暂的探索性行为，是个体对未经验过的事物产生的一种短暂的新鲜感和探索愿望。④好奇心是人类适应生存和发展的一种心理本能⑤，是注意力发展的根本因素，也是个体对新异和未知事物的倾向，是个体学习的内在动机之一，对于人类社会的发展和个体的发展均具有十分重要的作

① 时蓉华. 社会心理学词典 [M]. 成都：四川人民出版社，1988：162-163.
② 希森. 热情投入的主动学习者：学前儿童的学习品质及其培养 [M]. 霍力岩，房阳洋，孙蔷蔷，译. 北京：教育科学出版社，2016：26.
③ 车文博. 心理咨询大百科全书 [M]. 杭州：浙江科学技术出版社，2001.
④ 卢乐山. 中国学前教育百科全书 [M]. 沈阳：沈阳出版社，1995.
⑤ 郑黎丽. 幼儿园弹性课程与幼儿好奇心的发展 [J]. 学前教育研究，2020（3）：93-96.

用。如果个体没有好奇心的驱动，就不会产生对未知世界纯粹的求知欲和探索动力，这会影响个体创造力的发展。

幼儿天生具有好奇心，它表现为对于不同事物感兴趣的倾向，是个体在面对新奇事物或处在新环境时所产生的注意、操作、提问等行为倾向。[①] 陶行知先生曾说："好奇心关于儿童之发展、文化之造就，具莫大势力的。儿童凡对于一切新的东西就生出好奇心。一好奇，就要与新的东西相接近。一接近，那就晓得这个东西的性质了。假使儿童与新的境地接触越多，他的知识越广。……比方他以好奇心的缘故，知道木能浮水，蜂能刺人，火能烧，刀能割，这些经历，这些知识，于他将来很有用处。"[②] 具体来说，幼儿在其生命初始就产生了探索和适应周围环境的内在驱动力，即好奇心，它对幼儿的终身学习与可持续发展具有重要意义。

作为幼儿园教师，我们可以将好奇心理解为一种原始的冲动，是个体在受到新异刺激时产生的一种短暂性的探索愿望。幼儿好奇心的构成要素主要包括敏感、观察、探索、兴趣、提问、解决问题、幻想与专注等，其深层结构特性主要包括探究主动性、探索持久性、反应敏感性以及好奇体验等。尽管幼儿的好奇心是与生俱来的，但是其发展并不是自然生发的，而是依赖教师的支持和引导。幼儿的好奇心会随着年龄的增长而逐渐减退，并且逐渐表现出个性化的特征。具体来说，由于好奇心更多的是个别化的存在，随着认知水平和理性思维的发展，幼儿对事物的关注点也会随着兴趣、爱好、经验的不同而不同，表现出个性化的特征。因此，如何尊重、保护、培养幼儿的好奇心是幼儿园教师面临的重要课题。

当幼儿发现或看到新的游戏材料时，材料的新颖性会让幼儿表现出想要进一步探索的倾向，而这种倾向会通过幼儿的表情、行为、语言等方式体现出来，幼儿所表现出的倾向性的程度，就是幼儿对于该事物好奇程度的反映。"开端计划"将好奇心列为学习品质的第一个重要元素，并对其典型的行为表现予以了进一步说明，例如，幼儿的好奇心可以具体表现为幼儿对于学习和讨论一系列主题、观点以及任务的一种渴望等。《指南》也有关于幼儿好奇心典型行为表现的相关描述，例如科学领域中的"亲近自然，喜欢探究"；社会领域中的"对幼儿园的生活好奇，喜欢上幼儿园""对小学生活有好奇和向往"；等等。幼儿在不同年龄段的"好奇心"表现如表3-1所示。

① 刘云艳.幼儿好奇心发展与教育促进研究 [D].重庆：西南师范大学，2004.
② 魏心一.陶行知、黄炎培、徐特立、陈鹤琴教育文选 [M].合肥：安徽教育出版社，1992：371.

表 3-1　不同年龄段幼儿好奇心的典型行为表现

3—4 岁幼儿	4—5 岁幼儿	5—6 岁幼儿
1. 喜欢摆弄新玩具、收集自己觉得有趣的东西； 2. 常常问"这是什么？""那是什么？"之类的问题	1. 对新鲜的人或事物表现出一定程度的关注； 2. 会就新事物和未知事物提问，并追问问题的答案	1. 非常关心自己所不知道的或将要发生的事情； 2. 对新事物和未知事物总是刨根问底，常常自己猜测或参与讨论问题的答案

2. 学习兴趣

我的行动

请想一想：好奇心与学习兴趣一样吗？为什么？

学习兴趣不同于好奇心，但二者又有所联系。好奇心是学习兴趣产生的基础，而学习兴趣则是学习发生的前提。可以说，好奇心是幼儿认识世界的源泉动力，学习兴趣是幼儿爱上学习的根本前提。如果说好奇心是幼儿的本能，容易受到外界环境的影响，那么学习兴趣则更多是后天环境熏陶与培养的结果。图 3-2 展示了兴趣、学习兴趣与幼儿的学习兴趣的关系。[①]

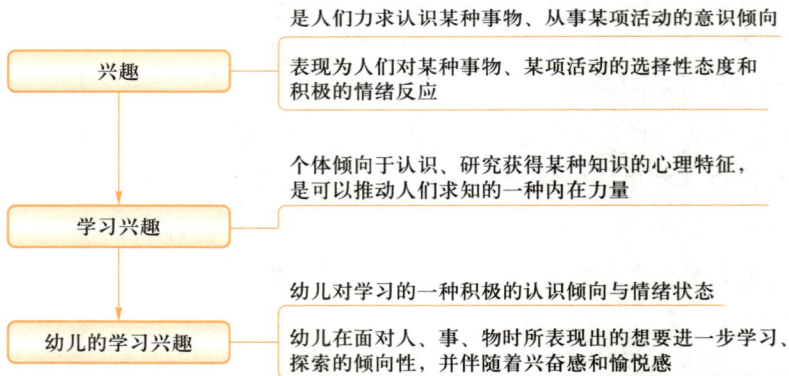

兴趣
- 是人们力求认识某种事物、从事某项活动的意识倾向
- 表现为人们对某种事物、某项活动的选择性态度和积极的情绪反应

学习兴趣
- 个体倾向于认识、研究获得某种知识的心理特征，是可以推动人们求知的一种内在力量

幼儿的学习兴趣
- 幼儿对学习的一种积极的认识倾向与情绪状态
- 幼儿在面对人、事、物时所表现出的想要进一步学习、探索的倾向性，并伴随着兴奋感和愉悦感

图 3-2　兴趣、学习兴趣与幼儿的学习兴趣

兴趣是指个体对某种事物所产生的积极的心理倾向，它不是与生俱来的，而是个体在后天与外部世界互动的过程之中，基于自身的强烈愿望形成和发展起来的。在众多有关兴趣的类别研究中，个体兴趣和情境兴趣的划分得到了广泛的应用

---

① 鄢超云，魏婷.《3～6岁儿童学习与发展指南》中的学习品质解读[J]. 幼儿教育，2013（18）：1-5.

和认可。一般认为，个体兴趣是指随着时间的推移而不断发展的、一种相对稳定且持久的、与特定主题或领域相关的动机取向、个人倾向或偏好，它与知识、价值观或积极感情相关联。而情境兴趣则发生在个体认识到环境中的某些条件、刺激或特征具有吸引力的一瞬间。正如北宋思想家张载在《经学理窟》中提到的"人若志趣不远，心不在焉，虽学无成"，可以说，兴趣对促进幼儿的注意力、探索性、坚持性行为等各方面的发展都是非常重要的[①]，幼儿的兴趣通常指向教师有目的地激发和维持的情境兴趣，因此教师可以在活动过程中激发幼儿对于主题的兴趣，并在此基础上通过进一步的引导和支持帮助幼儿形成相对稳定的个体兴趣。

一些研究者认为，幼儿自身的一些能力因素或其他因素，在与环境中有吸引力的某些方面发生交互作用时便会引发其情境兴趣，而情境兴趣转化为相对稳定且持久的个体兴趣则需要以幼儿对情境兴趣的认同和内化为前提。也就是说，幼儿学习兴趣的产生是以情境兴趣的激发为出发点的，幼儿在情境兴趣产生的基础上，通过教师的支持和引导，获得积极的情感体验，进而促进幼儿对情境兴趣产生认同并加以内化，最终转化为个体兴趣。总的来说，幼儿情境兴趣的产生为幼儿个体兴趣的形成和发展奠定了基础。这些研究者又进一步指出，幼儿学习兴趣的发展会经历四个阶段：情境兴趣的激发、情境兴趣的维持、个体兴趣的萌芽、个体兴趣的成熟。基于上述四个阶段，幼儿园教师可以通过保护幼儿好奇好问的天性并创设有准备的环境以激发幼儿的情境兴趣，进而通过提供适宜的支持帮助幼儿获得积极的情感体验以维持和发展情境兴趣。当幼儿产生对情境兴趣的认同和内化时，教师可以把它理解为幼儿个体兴趣的萌芽，而个体兴趣萌芽的内化过程也就是个体兴趣的成熟过程，即幼儿通过与教师、材料、环境的互动获得积极的情感体验，从而引发幼儿自身主动地产生个体兴趣。

学习兴趣在《指南》中也有相关的具体表现，如语言领域中的"喜欢听故事、看图书"；艺术领域中的"喜欢欣赏多种多样的艺术形式和作品"；等等。幼儿在不同年龄段的"学习兴趣"表现如表 3-2 所示。

表 3-2　不同年龄段幼儿学习兴趣的典型行为表现

3—4 岁幼儿	4—5 岁幼儿	5—6 岁幼儿
1. 常常问"这是什么？""这是为什么？"之类的问题； 2. 喜欢摆弄新玩具、收集自己觉得有趣的东西	1. 常常提问并追问问题的答案； 2. 喜欢观察自己感兴趣的事物或现象	1. 常常自己猜测或参与讨论问题的答案； 2. 喜欢动手探究周围环境中发现的新事物、新变化

---

① 希森. 热情投入的主动学习者：学前儿童的学习品质及其培养 [M]. 霍力岩, 房阳洋, 孙蔷蔷, 译. 北京：教育科学出版社, 2016.

（二）行为倾向

行为是个体对所处情境的所有反应（内在的和外在的，生理性的和心理性的）的总和，包括行为倾向、行为体验、行为意义三个层次。人的行为由指向一定目标的一系列行动构成，这些行动源于人对一定事物的认识而采取的某种方式或方法。人的行为具有起因性，一个人的任何行为的发生，都是有原因的，都为一定的动机所激发，且这种动机往往是本人能够意识到的。此外，行为还具有可变性，人类的社会行为都是后天在社会实践中习得的，因而人的行为也是可能改变的。人们总是不断总结经验，更新知识，改变自己的行为模式与生活方式，使之适应社会发展的要求，从而实现改造客观世界的任务，这正是人的主观能动性的表现。

那么，学习品质指向的行为倾向是什么？从《指南》对学习品质的定义中我们可以看出，良好的行为倾向才是学习品质的体现，所以，关注幼儿的良好行为倾向也是幼儿园教师认识学习品质内涵的另一个重点。积极主动、认真专注、不怕困难、敢于探究和尝试、善于合作与交流、乐于想象和创造是幼儿的良好行为倾向，是幼儿园教师在学前教育过程中必须重视和培养的关键品质。

1. 积极主动

我的行动

请想一想：什么是积极主动？幼儿的积极主动有哪些具体表现？

积极主动指向主动性的培养，主动性是指个体面对任务时表现出来的积极程度[1]，是个体在不依赖外力推动的情况下，遵循自己既定的目标而采取行动的一种学习品质。主动性在英文中主要表述为 initiative，《牛津高阶词典》对它的解释为"独立判断和行动的能力"。其主要的指标包括：做出选择和计划；参与；问题解决；合理冒险。[2]《伦理百科辞典》也对"主动性"做出了解释：为实现某种愿望和理想，为确保个人或他人、集体或国家利益的实现而形成的自觉自愿的行动。幼儿面对事物或材料时的"积极主动"是学习品质中学习态度维度的表现之一。"匪我求童蒙，童蒙求我"（《易经·蒙》），也就是说，在幼儿学习过程中，主动性是处于第一位的，即幼儿的学习并不是被动地接受学习，而是主动地求知和探索，是源于强烈的内心需求的"我要学习"和"我想学习"。

埃里克森的人格发展阶段理论指出，2—4岁儿童处于"儿童期"，这一年龄段

---

① 鄢超云，魏婷.《3～6岁儿童学习与发展指南》中的学习品质解读[J].幼儿教育，2013（18）：1-5.
② 黄爽.学前儿童学习品质及其评价研究[D].北京：北京师范大学，2014.

的儿童主要任务是获得自主感，克服羞怯和怀疑，体验意志的实现。这一阶段任务的实现，对儿童后续学习与发展具有重要意义，同时也有助于儿童为未来的秩序和法制做好准备。而4—7岁儿童则处于"学习期或游戏期"，这一年龄段的儿童主要任务是获得主动感和克服内疚感。班杜拉认为，当儿童经历了很多次失败或错误，抑或是在儿童眼中的"失败"或"错误"之后，儿童就不会倾向于去尝试新事物或学习新技能。那些遇事犹豫不决又倾向于选择逃避的儿童往往会重复遭遇失败，而发现事情的结果取决于自己行为的儿童则更倾向于主动去探索身边的事物。因此，幼儿园教师应认识到，对学前儿童来说，主动性在解决各种冲突与矛盾中起着重要的自我治疗和自我教育作用，执行着自我的功能，对于个体未来发展具有重要意义。有研究表明，学前儿童主动性的发展程度与其学业成绩和未来成就密切相关。

幼儿的主动性表现为幼儿愿意主动参与某个活动或完成某项任务，而不是在教师或他人的推动下才能够进行。幼儿的积极主动在《指南》中也有具体的表现，如社会领域的"喜欢和小朋友一起游戏""喜欢和长辈交谈，有事愿意告诉长辈""有问题愿意向别人请教"等。幼儿在不同年龄段的"积极主动"表现如表3-3所示。

表3-3　不同年龄段幼儿积极主动的典型行为表现

3—4岁幼儿	4—5岁幼儿	5—6岁幼儿
1. 愿意参与感兴趣的游戏活动； 2. 常常自发地模仿自己喜欢的动作或语言； 3. 面对不会做的事想学着做	1. 积极自选并参与各种游戏活动； 2. 常常有自己想做的事； 3. 面对不会做的事有信心学会并尝试去做	1. 能主动发起或积极出主意来推动活动； 2. 常常尝试做自己想做的事，如主动找小朋友一起玩想玩的游戏； 3. 面对不会做的事积极学会并做好

2. 认真专注

我的行动

请想一想：什么是认真专注？幼儿的认真专注有哪些具体表现？

《心理学百科全书》对"专注"的解释为"专心注意"，着重强调了高度专心。《心理学大辞典》认为，专注又称为专心，在专注状态下，人的意识是"全神贯注""专心致志"地高度集中在注意的对象之上的。实际上，认真专注是指个体的心理在一定时间内充分指向并集中于当时当刻应当指向和集中的对象上的注意状态，是对其他事物"视而不见、听而不闻、食之而不知其味"的一种意识状态，也是较强的抗干扰性的表现。正如《孟子·告子上》中所提到的，"今夫弈之为数，小数也；不专心致志，则不得也"。这句话的意思是，下棋虽然只是一种小的技艺，但倘若不专心致志地进行学习，也是学不会的。也就是说，专注是个体高效学习并获得良好学习效果的必要条件，只有专心致志地学习，才能够取得良好的学习效果，获得积极的学习体验。幼儿的认真专注是指幼儿在活动过程中能够保持对活动的热情，能够不受外界干扰完成活动任务，且在遇到困难和挫折时能主动寻求帮助并继续专心完成活动内容的状态。

在以往的研究中，心流（flow）常被用来描述个体的最佳学习状态，处于心流状态中的个体能够开展高效的学习。心流是指当个体全情投入某项活动时所获得的一种贯穿全身的感觉，在这种状态下，动作与动作之间似乎受到一种内在逻辑的指引，而无须主体进行有意识的干预。换句话说，心流是个体在从事某项自己喜爱的工作时可能会经历的一种独特的体验，是一种全神贯注的投入状态，它不仅能够使人全身心地投入工作，也能够让人获得愉快的体验，而这种体验也常常有助于创造力的产生。幼儿的认真专注状态是指他们能够在活动过程中获得心流体验，即能够专心地投入活动过程，不受外界因素的干扰，忘记时间的流逝的一种忘我状态。具体来说，当幼儿专心于活动时，他们具有掌控、幸福、有力、积极、投入、创造、自由、兴奋、开放、清晰、满足等感觉，并想继续推进正在参与的活动，即与活动之间的影响达到最大值[①]，从而获得愉快的情绪和情感体验。引发"心流"的条件包括：明确的活动目标、清晰即刻的反馈、个体技能水平与活动的挑战性相匹配。[②] 也就是说，满足上述三项引发条件时，个体在大多数活动中就可以引发心流，达到专注的巅峰状态。

幼儿的专注具体表现为在完成任务的过程中能够坚持，能够保持注意力集中，不容易受到干扰或感到沮丧。[③] 也就是说，具有专注性的幼儿在面对外界的干扰时能够将注意力集中在自己正在做的事情中，在面对困难甚至失败的时候能够进行自我调节，不容易感到沮丧。《指南》中也有关于幼儿认真专注品质的诸多描述，如语言领域中的"专注地阅读图书"；艺术领域中的"能够专心地观看自己喜欢的文艺演出或艺术品"；等等。幼儿在不同年龄段的"认真专注"表现如表 3-4 所示。

---

① 邓鹏 . 心流：体验生命的潜能和乐趣 [J]. 远程教育杂志，2006（3）：74-78.
② 王舒，殷悦，王婷，等 . 学习情境下的心流体验 [J]. 教育生物学杂志，2021，9（1）：59-64.
③ 鄢超云，魏婷 .《3～6岁儿童学习与发展指南》中的学习品质解读 [J]. 幼儿教育，2013（18）：1-5.

表 3-4 不同年龄段幼儿认真专注的典型行为表现

3—4 岁幼儿	4—5 岁幼儿	5—6 岁幼儿
1. 当成人对自己讲有关的事情时，能专心地听； 2. 能专注于感兴趣的学习活动 10 分钟左右	1. 在班级中，当教师讲话或同伴发言时，能专心地听至少 5 分钟； 2. 能专注于操作性学习活动（如做手工）15 分钟左右	1. 在集体中，能专心听与自己有关的讲话至少 10 分钟； 2. 能专注于安静的学习活动（如阅读图书）20 分钟左右

3. 不怕困难

我的行动

请想一想：什么是不怕困难？幼儿的不怕困难有哪些典型行为表现？

"不怕困难"指向的是个体的坚持性。《现代汉语词典（第 7 版）》对于"坚持"的解释是"坚决保持、维护；不改变""坚决继续进行；不停止"。也就是说，我们可以将"不怕困难"理解为个体在活动过程中坚决继续进行，即使遇到困难也不轻易停止和放弃的品质。"锲而舍之，朽木不折；锲而不舍，金石可镂。"（《劝学篇》）这句话表明，即使再难的事情，只要坚持不懈地努力也能够做到，强调了做事情的过程中坚持的重要意义，个体在学习过程中坚持的价值也是如此。而幼儿的不怕困难是指个体在行动中坚定不移，坚持不懈，努力克服一切困难和障碍，从而完成既定目标的品质[1]，即当幼儿在活动过程中遇到有困难的任务时能够坚持下去或持续尝试，能够忍受挫折、克服困难。

由坚毅理论可知，坚毅（grit）是一种聚焦于既定目标而不会三心二意，且能够持之以恒而不会半途而废的人格特质，指的是个体对于长远目标的不懈坚持以及保持持久的热情。也就是说，具有坚毅品格的个体即使遭遇困难或失败，依然能够对目标保持持续的兴趣并愿意付出持续的努力，并且坚毅品格对于个体未来学业成就也具有重要的影响意义[2]。自我效能感的高低对于个体行为的选择以及对行为的坚持度和努力程度也具有重要的影响[3]，即自我效能感高的个体更乐于接受挑战或完成具有挑战性的任务，这更有助于个体坚毅品格的形成与发展。因此，幼儿园教师应该将幼儿坚持性的发展聚焦于幼儿自我效能感的提升，让幼儿在有挑战性的任

---

① 鄢超云，魏婷.《3～6岁儿童学习与发展指南》中的学习品质解读 [J]. 幼儿教育，2013（18）：1-5.

② 蒋文，蒋奖，杜晓鹏，等.坚毅人格与学业成就的关系：学习投入的中介作用 [J]. 中国特殊教育，2018（4）：91-96.

③ 杨喜庆.新课程改革下学生自我效能感的培养 [J]. 中小学心理健康教育，2009（15）：8-10.

务中体验成功，获得愉快的情绪体验，提升其自我效能感。

　　幼儿的坚持性表现为他们在完成任务的过程中，能够排除干扰、努力克服一切困难。幼儿在活动的过程中可能会遇到不顺利的情况，当遇到困难的时候愿意继续尝试，反映的就是幼儿的坚持性。《指南》中也有关于幼儿不怕困难这一学习品质的相关阐述，如"主动承担任务，遇到困难能够坚持而不轻易求助"等。幼儿在不同年龄段的"不怕困难"表现如表 3-5 所示。

表 3-5　不同年龄段幼儿不怕困难的典型行为表现

3—4 岁幼儿	4—5 岁幼儿	5—6 岁幼儿
1. 知道做事情应当有始有终； 2. 在督促与指导下，能有始有终地做一些简单的事	1. 在提醒下，能有始有终地完成该完成的事； 2. 在督促下，能较长时间坚持做一件事情	1. 在鼓励下，碰到一定的困难或失败也不半途而废； 2. 稍加提醒，能较长时间坚持做一件事情

4. 敢于探究和尝试

我的行动

　　请想一想：什么是敢于探究和尝试？幼儿的敢于探究和尝试有哪些具体表现？

　　《现代汉语词典（第 7 版）》对于"探究"的解释是"探索研究；探寻追究"，而对于"尝试"的解释是"试；试验"。探究是人类认识世界的基本方式。"纸上得来终觉浅，绝知此事要躬行。"（陆游《冬夜读书示子聿》），这句话的意思是，从书本上得到的知识终归是浅显的、表面的，若想要想认识到事物的根本或道理的本质，则需要亲身去实践、探索和发现。幼儿的探究是在学习过程中产生的，是引发好奇、提出假设、通过直接操作等方式验证假设的过程。[①]幼儿园教师要让幼儿通过直接感知、实际操作、亲身体验的方式获取直接经验，让幼儿通过自己的感官、动作、具体操作和深度探究去认识周围世界。

　　通过自主选择、自主操作、按照自己的兴趣展开学习，随着学习过程的持续和学习内容的深入，幼儿会持续探究一个主题内容，并且为了解决这一主题探究过程中所遇到的问题，不断地使用各种策略、掌握系列技能以及扩展自己的知识经验，幼儿敢于探究和尝试这一学习品质也正是在这样的过程中得到涵养和发展的。幼儿园教师需要为幼儿提供丰富多样的物质材料资源，创设有益于幼儿自主探究的

---

① 刘凌，霍力岩.自主深度探究·合作多元探究："三人行"课程下的儿童学习与发展 [M].北京：北京师范大学出版社，2018：35.

学习环境，给予幼儿充足的时间进行持续探究，满足幼儿好奇心和学习兴趣，帮助幼儿运用知识技能，整合已有认知经验，在探究过程的关键处给幼儿提供支持，让幼儿敢于探究与尝试。

幼儿只有通过直接感知、实际操作、亲身体验的学习，经由不断深入的探究性学习，才能够获得本质上的提升与发展。这一定义突出强调了个体在学习过程中亲身实践与探究的重要意义。幼儿敢于探究和尝试的品质在《指南》中也有相关的表述，如科学领域中的"能够通过观察、比较与分析，发现并描述不同种类物体的特征或某个事物前后的变化""能用一定的方法验证自己的猜测"等。幼儿在不同年龄段的"敢于探究和尝试"表现如表 3-6 所示。

表 3-6 不同年龄段幼儿敢于探究和尝试的典型行为表现

3—4 岁幼儿	4—5 岁幼儿	5—6 岁幼儿
1. 只愿意参加自己熟悉的活动和完成有把握的任务，不愿意尝试； 2. 面对不会做的事，有时想学着做	1. 在成人的鼓励和引导下偶尔能接受有挑战性的任务； 2. 面对不会做的事，有信心学会并尝试去做	1. 主动接受和参与有挑战性的任务； 2. 面对不会做的事，积极尝试去完成并有信心做好

5. 善于合作与交流

我的行动

请想一想：什么是善于合作与交流？幼儿的善于合作与交流有哪些具体行为表现？

《汉语大词典》将"合作"定义为"为了共同的目的一起工作或共同完成某项任务"；《汉典》将"合作"定义为"二人或多人一起工作以达到共同目的；联合作战或操作"。也有研究者指出，合作是为了实现共同的利益或达成共同的目标而愿意和别人结合在一起，从而共同达到目标的行为、态度与情感。上述定义均强调了共同完成任务的情感态度与行为倾向。《吕氏春秋》提到"万人操弓，共射一招，招无不中"，这句话的意思是，当很多人拿着弓箭共同射向一个目标时，就一定可以射中这个目标，强调了在实现共同目标的过程中，个体之间团结合作的重要意义。

为了更加深入了解合作的本质，更好支持幼儿合作性的发展，幼儿园教师还需要明晰幼儿合作性的结构及其发展机制。幼儿的合作性由合作认知、合作情感、合作技能、合作行为四个维度构成。其中，合作认知是合作情感与合作行为产生的前提和基础；合作情感是合作行为得以产生的内在动机；合作技能则是合作行为产生的中介，是个体为达成共同目标而相互交流、协商、配合行动的技能策略，是合作得以实现的关键要素之一。[①] 幼儿园教师应认识到，幼儿合作行为的产生需要以合作认知、合作情感为基本前提，并且要在合作技能的中介作用下引发，缺少任何一种要素均无法引发合作行为。换句话说，幼儿合作行为的产生需要以合作愿望为前提，综合合作情感的推动以及合作技能的运用。幼儿达成共同合作目标的行为是合作认知、合作情感、合作技能、合作行为相互作用的结果。

　　幼儿善于合作与交流的品质主要体现在以下几个方面：愿意主动与同伴分享自己的成果、愿意和小伙伴协作分工与交流、倾听感受与分享作品、达成共同的活动目标等。《指南》中也有关于幼儿善于合作与交流品质的相关表述，如社会领域中的"活动时能与同伴分工合作，遇到困难能一起克服""与同伴发生冲突时能自己协商解决""知道别人的想法有时和自己不一样，能倾听和接受别人的意见，不能接受时会说明理由"等。幼儿在不同年龄段的"善于合作与交流"表现如表 3-7 所示。

表 3-7　不同年龄段幼儿善于合作与交流的典型行为表现

3—4 岁幼儿	4—5 岁幼儿	5—6 岁幼儿
1. 活动中不善于观察，即使同伴寻求帮助也无动于衷； 2. 只顾自己活动，不参与也不邀请同伴一起游戏； 3. 不愿意和同伴分享、共同完成任务	1. 当同伴向他寻求帮助时，会帮助同伴； 2. 对同伴的活动表现出兴趣，愿意参与别人的活动或与同伴交流； 3. 愿意和同伴共同游戏，在与同伴合作的过程中配合非常默契	1. 看到同伴遇到困难，马上积极主动地帮助同伴分担、解决困难； 2. 主动寻找同伴一起游戏； 3. 会制定游戏规则，组织、带领同伴一起游戏

6. 乐于想象和创造

　我的行动

　　请想一想：什么是乐于想象和创造呢？幼儿的乐于想象和创造有哪些具体表现呢？

　　《现代汉语词典（第 7 版）》将"想象力"定义为"在知觉材料的基础上，通过新的配合而创造出新形象的能力"，将"创造性"定义为"努力创新的思想和表现"，从意识和行为层面对于"想象力"和"创造性"进行了解释。可以说，想象是指个体在头脑中对既有的表象进行加工、改造和重新组合，进而形成新形象的心

---

① 陈琴，庞丽娟. 论儿童合作的发展与影响因素 [J]. 教育理论与实践，2001（3）：43-47.

理过程；而创造则是产生新思想、发现新事物、创造新事物的能力。[①] 正如梁启超在《少年中国说》中提到的，"唯进取也故日新"，这句话的意思是，只有持续不断地积极进取，才能持续不断地创新和成长，即强调个体在学习过程中保持进取精神和创造力的重要价值。

幼儿的想象力和创造力非常丰富，而作为一种学习品质，这里强调的是，幼儿能够利用想象力和创造力拓展已有知识，从而进行新的学习。[②] 具体来说，幼儿可能具备想象力和创造力，但不一定善于利用自己的这种能力去进行新的学习，幼儿园教师更加应该关注的是幼儿在具有想象力与创造力的前提下，是否愿意、敢于使用这种能力去进行新的学习。

《指南》中也有关于幼儿乐于想象和创造的相关表述，如艺术领域中的"能运用绘画、手工制作等表现自己观察到或想象的事物""能自编自演故事，并为表演选择和搭配简单的服饰、道具或布景""能用自己制作的美术作品布置环境、美化生活"等。幼儿在不同年龄段的"乐于想象和创造"表现如表3-8所示。

表 3-8 不同年龄段幼儿乐于想象和创造的典型行为表现

3—4 岁幼儿	4—5 岁幼儿	5—6 岁幼儿
1. 对周围环境中的事物现象或故事、动画形象等常常有丰富的联想； 2. 喜欢玩新游戏或用新玩法玩旧玩具	1. 对感兴趣的未知事物、现象或文学艺术作品等常常有丰富的想象； 2. 在游戏活动中能想出新点子、新玩法； 3. 当有一种办法解决问题后，还愿意想其他的办法	1. 能用语言、动作、绘画、表演等方式表达自己的想象； 2. 在游戏活动中能以较丰富的想象扩展游戏； 3. 常常动手动脑丰富自己的生活或解决碰到的问题，如自编自演故事，游戏中一物多用或自制玩具等

三、影响幼儿学习品质的相关因素分析

由于学习品质的养成是多种因素相互作用的结果，而非某一因素单独作用的结果，所以幼儿园教师有必要了解哪些因素影响了幼儿学习品质的养成。只有这样，幼儿园教师才能够在幼儿学习品质的培养过程中，通过提供适宜的支持和引

[①] 鄢超云，魏婷.《3～6岁儿童学习与发展指南》中的学习品质解读[J].幼儿教育，2013（18）：1-5.

[②] 鄢超云，魏婷.《3～6岁儿童学习与发展指南》中的学习品质解读[J].幼儿教育，2013（18）：1-5.

导，最大限度地减少影响幼儿学习品质养成的消极因素的作用，尽可能发挥积极因素的影响效果，促进幼儿学习品质的养成和发展。与此同时，幼儿园教师还需要处理好影响因素和学习品质之间的关系。虽然某些因素有助于幼儿学习品质的养成，但是仍需要把握好相对的平衡。例如，为幼儿提供丰富的材料有助于促进幼儿积极性和主动性的发展，但是若教师所提供的材料过于繁多，反而会产生相反的教育效果。

幼儿是独立的个体，每个幼儿都有其自身的特点、兴趣、需求等，这便是幼儿个体差异的体现。幼儿的个体差异使得其在学习方式、学习节奏等方面均有所不同。例如，有些幼儿喜欢通过观察、观看物体，观察他人行为的方式进行学习；而有些幼儿则需要动手实际操作才能更好地学习。因此，在培养幼儿学习品质的活动中，幼儿园教师要充分考虑到幼儿的个体差异及其不同的生活与学习环境，为幼儿提供符合其学习方式、学习节奏的支持和帮助。研究认为，影响幼儿学习品质养成的因素可分为主体因素与客体因素两类（图 3-3）。其中，主体因素包含五个方面，即年龄及个体差异、性别、气质、问题行为、活动参与；客体因素包含三个层面，即家庭、幼儿园教师、社会文化及社区。这些因素都会对幼儿积极学习品质的养成产生不容忽视的影响。因此，培养幼儿积极学习品质必须要将上述因素考虑其中，在理解上述因素的基础上为幼儿提供适宜的教育支持。

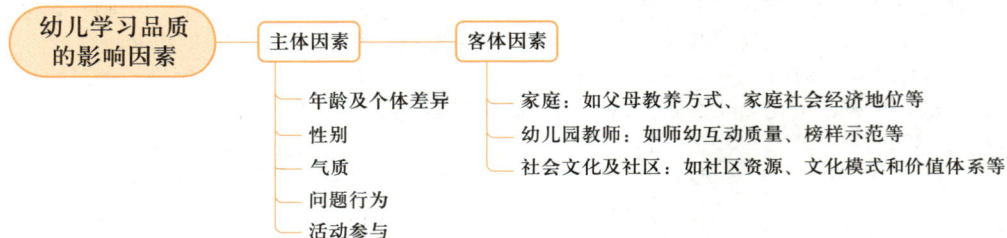

图 3-3　幼儿学习品质的影响因素

四、培养幼儿积极学习品质的实践策略

幼儿园教师不仅要深入学习与内化理解学习品质的理论知识，更要在理论学习的基础上将其外化为具体的行为，为幼儿提供能够促进其积极学习品质发展的具体的、适宜的支持，只有教育行为上的积极转变与落实才真正有益于幼儿的后继学习与终身发展。《指南》不仅帮助幼儿园教师明确了幼儿学习品质培养的具体内容，也指出了幼儿学习品质的培养路径。接下来，我们将从积极态度和良好行为倾向两个维度对如何培养幼儿积极学习品质进行详细阐述。

（一）尊重和保护幼儿的好奇心

幼儿由于对周围世界无知而产生好奇，因此教师满足幼儿的好奇心不在于结果，而在于帮助幼儿完成从无知到有知的主动建构过程。[①] 但是幼儿的好奇心并不是一直不变的，而是需要在教师的帮助和引导下得以保持和发展的（图 3-4）。幼儿在好奇心的驱使下，主动与周围的环境进行互动，进而促进其经验的增长和个人的发展。事实上，幼儿天生会对周围的环境充满好奇心，他们爱玩、爱动，常常做出一些看似不合规矩的行为，而这些行为经常会被成人视为"捣蛋"，但幼儿的好奇心正是体现在这样的"捣蛋行为"之中。这就要求教师能够在教育教学实践中正确识别、唤醒和保护幼儿的好奇心，遵循幼儿的学习路径设计唤醒好奇心的活动环节，吸引幼儿的注意力，让幼儿产生稳定的兴趣倾向，为接下来激发幼儿学习兴趣的环节做好铺垫。

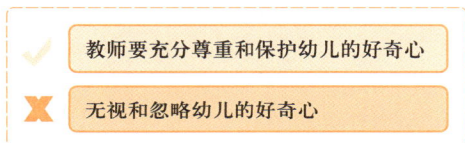

图 3-4　尊重和保护幼儿的好奇心

需要指出的是，幼儿的某些"捣蛋行为"与问题行为不同，前者是好奇心的真实体现，而后者则对幼儿后继学习与终身发展具有消极作用。因此，幼儿园教师需要识别幼儿的"捣蛋行为"与问题行为，当幼儿出现攻击性行为或注意力不集中等问题行为时要及时干预，因为问题行为会影响幼儿专注性、坚持性等积极学习品质的发展，所以教师对幼儿行为的正确识别十分重要。

幼儿园教师应注意保护幼儿好奇、好问和好动的天性。提问是幼儿好奇心的典型行为表现之一，当幼儿提出问题的时候，教师要耐心倾听和回应幼儿，鼓励幼儿通过亲身体验去验证自己的猜想、寻找问题的答案。同时，教师也要支持幼儿用他们自己的方式探索和解决问题，给予幼儿一定的空间和时间，并为幼儿提供新颖的、适宜的、有趣的活动材料，能够欣赏和接纳幼儿的好奇心与探索行为，把关注点从学习结果转到学习过程。即使幼儿在探索的过程中出现错误，教师也要给予一定程度上的肯定与鼓励，从而促进幼儿积极学习品质的发展。

例如，幼儿在生活中吃到西兰花、豆芽、辣椒等蔬菜时可能会问："这些菜都是从哪里长出来的？"这时教师不应无视幼儿的问题，而应保护好幼儿的好奇心，可以就幼儿感兴趣的问题生成教育活动，带领幼儿在植物区种植一些蔬菜，与幼儿一起寻找答案，在蔬菜生长过程中引导幼儿保持强烈的兴趣，关注蔬菜的生长过

[①]　刘云艳 . 幼儿好奇心发展与教育促进研究 [D]. 重庆：西南师范大学，2004.

程，让幼儿在实际操作与感受的过程中满足其好奇心并解决疑问。

综上所述，为尊重和保护幼儿的好奇心，幼儿园教师需要：

• 鼓励幼儿提问并耐心倾听与回应；

• 自身表现出强烈的好奇心；

• 在安全的前提下为幼儿提供具有操作性和引导性的活动材料，给予幼儿充足的时间和空间让其进行探索和尝试；

• 能够理解并欣赏幼儿的好奇心和探索行为，允许幼儿用他们自己的方式解决问题，支持幼儿收集他们喜欢的物品（在合理范围内）。

我的行动

请你结合自己的教育教学经验，尝试写出唤醒和保护幼儿好奇心的 3 条支持策略。

（二）持续激发幼儿的学习兴趣

兴趣对促进幼儿注意力、探索性、坚持性行为的发展非常重要。[1] 幼儿往往会对新奇的材料产生强烈的兴趣，但是这种兴趣有可能是转瞬即逝的，这就需要教师持续激发幼儿的学习兴趣（图 3-5）。有研究者将情境兴趣细分为情境兴趣的激发与情境兴趣的维持两个层面，激发情境兴趣的本质在于为幼儿寻找到能够刺激情境兴趣产生的各种情境策略和方法，而维持情境兴趣的本质在于帮助幼儿发现知识的意义以及知识与自身的相关性。一旦幼儿能够认识到所学知识的意义，那么他们被激发出的情境兴趣就可能得到认同并被内化为一种自觉的心理状态。这种积极的心理状态能够促进幼儿学习的主动性与积极性，从而有助于维持情境兴趣，并最终转化为幼儿的个体兴趣。如果说唤醒和保护幼儿的好奇心是幼儿主动学习过程的原始起点，那么持续激发幼儿的学习兴趣才是幼儿主动学习过程的真正起点，同时也是培养幼儿积极学习品质的真正起点（图 3-6）。

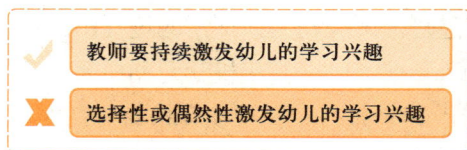

✔ 教师要持续激发幼儿的学习兴趣

✘ 选择性或偶然性激发幼儿的学习兴趣

图 3-5　持续激发幼儿的学习兴趣

---

[1]　希森.热情投入的主动学习者：学前儿童的学习品质及其培养 [M]. 霍力岩，房阳洋，孙蔷蔷，译.北京：教育科学出版社，2016：25.

图 3-6　幼儿主动学习过程的原始起点和真正起点

幼儿园教师应持续激发幼儿的学习兴趣，但由于幼儿具有个体差异，不同幼儿的兴趣点可能相同也可能有所不同，所以关键在于教师要找到能够引发所有（或大部分）幼儿学习兴趣的"燃点"。同时，幼儿参与活动的程度对其积极学习品质的发展具有重要影响，这就要求教师要以持续激发幼儿的学习兴趣为真正起点设计教育教学活动，在活动过程中持续引导、激发幼儿的学习兴趣，从而让幼儿积极主动地参与到后续的活动中。第一，教师要为幼儿提供探索学习的条件和机会，增加幼儿学习兴趣的广度和深度。第二，教师要能够从幼儿感兴趣的事情出发设计活动，并为幼儿提供多样化的、充足的、新奇的、能够引发幼儿兴趣的材料来激发他们的学习主动性，帮助幼儿在活动中不断拓宽视野，引发幼儿对于更大范围的事物的学习兴趣，使情境兴趣发展为更深层、更稳定的个体兴趣。第三，教师要在活动中通过创设有趣的活动情境，提供充足有趣的活动材料调动幼儿已有的生活经验，唤醒幼儿的好奇心，激发幼儿参与活动的兴趣，让幼儿产生想要进一步探索和学习的愿望并转化为积极学习品质。

例如，当中班幼儿在户外自由玩耍时，教师发现十几个孩子头挨着头在观察地上的东西，教师走过去发现他们正在观察地上的蚯蚓。于是教师马上抓住这个机会向幼儿提问："这是什么动物？""它从哪里来的？""我们能在哪里找到它？"这些问题立即引发了幼儿探究蚯蚓的兴趣。之后教师根据幼儿对蚯蚓的探究兴趣设计了一系列的探究活动：寻找蚯蚓、了解蚯蚓的生活环境、了解蚯蚓的生活习性、了解蚯蚓的身体构造……在活动过程中，教师针对幼儿的兴趣点提供材料与支持，让幼儿在参与活动的不同阶段产生新的兴趣，保持他们对蚯蚓的探索愿望，从而展开持续一段时间的探究。

综上所述，为持续激发幼儿的学习兴趣，幼儿园教师需要：

• 以幼儿感兴趣的事物或现象为切入点设计教育教学活动；

• 为幼儿创设轻松自在的支持性的学习氛围；

• 利用各种机会鼓励并引导幼儿观察和思考；

• 关注幼儿的兴趣和已有经验，提供多样化的、充足的、新奇的、能够引发幼儿兴趣的材料；

- 始终充满好奇心和探索欲望，做好榜样示范。

（三）帮助幼儿积极主动参与活动

　　幼儿学习的主动性是其学习动机的外部行为层面的体现，从婴儿期开始，儿童就有了观察周围世界、寻求新挑战、掌握新技能、变得越来越能干的动机。[①]埃里克森曾指出，主动和内疚的冲突是学前期最重要的一个问题，其中主动性是儿童尝试新的和熟悉的技能和任务，是儿童能力发展的关键部分。当儿童表现出想要自己动手操作的愿望时，成人可以提供一系列游戏和探索材料来鼓励他们去进行探究（图3-7），同时也让儿童明白只有不断努力才更有可能取得成功。[②]

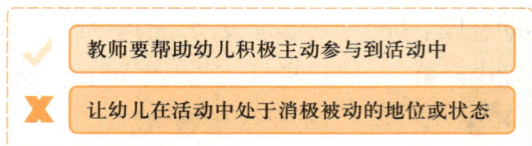

图 3-7　帮助幼儿积极主动参与活动

　　首先，教师要允许和鼓励幼儿按照自己的兴趣自主探索或组合材料。在活动的过程中，当幼儿产生学习兴趣后，教师要支持幼儿通过多感官（视觉、听觉、嗅觉、味觉、触觉等）获得对周围环境的感知和认识，让幼儿在亲身参与的过程中建立起与周围环境的相互联系，把学习兴趣真正转化为实际活动中的探索体验。

　　其次，教师应为幼儿提供安全的、没有威胁的环境，为幼儿提供发展适宜的材料供其自主探索，保护他们主动做事的愿望与积极性。教师还应给予幼儿选择与表达的机会以及选择参与活动的权利，幼儿想玩什么，怎样玩，用什么样的方式解决问题，只要在安全、合理的范围之内，教师就应该给予肯定和支持。同时，教师要给予幼儿一定自主活动的时间和空间，让幼儿能够在时间与空间适度自由的条件下按照自己的意愿进行活动。

　　例如，教师可以在活动中与幼儿共同商量玩什么和怎样玩，让幼儿有机会参与决策，而不是替幼儿做决定。当幼儿提出想要用积木搭建一个消防站时，教师应给予积极的回应，可以通过诸如"这真是一个好主意，我们如果有了消防站的话，消防员就能把火扑灭了"等语言对幼儿的观点进行肯定，让幼儿能够按照自己的意

---

① 希森.热情投入的主动学习者：学前儿童的学习品质及其培养[M].霍力岩，房阳洋，孙蔷蔷，译.北京：教育科学出版社，2016：26.

② KOPP C B. Young children's progression to self-regulation[M] // BULLOCK M. The development of intentional action: cognitive, motivational and interactive processes. Basel: Karger Press,1991: 38–54.

愿主动进行活动。在班级中，教师可以与幼儿共同制定一些规则，如区域游戏的规则、每周固定的故事时间等，让幼儿参与集体事务的决策，帮助幼儿感知和体会自己在集体中的价值。

最后，教师要增强幼儿的自信心和想要做事的愿望，创设关爱共同体，通过营造共同体的氛围帮助幼儿培养更强烈的自我导向和更浓厚的学习动机，让幼儿能够更主动地参与到活动之中。① 换句话说，教师要引导和帮助幼儿建立共同体意识，让幼儿在集体中感受到价值感和归属感，增强幼儿的自信心，从而达成幼儿更愿意主动参与活动的目标。此外，教师可以在安全的前提下，鼓励幼儿大胆尝试具有一定挑战性的任务，为幼儿提供适宜的支持，帮助幼儿体验成功。

例如，教师发现幼儿最近表现出了对轮船模型的兴趣，全体幼儿都在以如何制作轮船模型为主题进行讨论。此时教师就可以在组织集体教育活动时，为幼儿提供探索轮船模型的材料，拓展幼儿关于轮船的相关知识，满足幼儿想要进一步探索的愿望，保护幼儿的主动性和探索欲。

综上所述，为帮助幼儿积极主动参与活动，幼儿园教师需要：

• 给予幼儿自主选择的机会和权利，以及一定的自由活动的时间和空间，为幼儿提供能够自主选择材料的支持性环境；

• 创设良好的班级氛围，让幼儿在集体中感受到价值感和归属感；

• 引导和帮助幼儿体验成功，增强幼儿的自信心。

（四）引导幼儿在活动中认真专注

专注性是指幼儿在活动过程中表现的专注，是促进幼儿学习与发展的重要品质。专注过程需要保持一种相对稳定、持久的注意，保持注意以及专注力非常有利于知识的学习，包括语言的获得和问题解决能力以及社会技能和合作。②

首先，教师需要为幼儿提供有利于其保持专注性的材料和环境（图 3-8）。幼儿园教师应在遵循幼儿身心发展规律的基础上为幼儿提供具有支持性的物质环境，以此来帮助幼儿保持对于学习活动的新鲜感和学习兴趣。而为了让幼儿保持这样稳定而持久的注意，教师需要为幼儿提供能够进行深度操作的"有准备的活动材料"。也就是说，幼儿的专注性会通过其在活动中的投入程度体现出来，而幼儿投入活动的程度越高就越有利于其积极学习品质的养成。在这样的操作过程中，活动材料可以被看作隐形的教师（材料中隐藏着教师的引导和支持），而幼儿操作材料的过程

---

① 希森.热情投入的主动学习者：学前儿童的学习品质及其培养 [M]. 霍力岩，房阳洋，孙蔷蔷，译.北京：教育科学出版社，2016：79-80.

② BONO M A, STIFTER C A. Maternal attention-directing strategies and infant focused attention during problem solving [J]. Infancy, 2003, 4（2）：235-250.

便相当于教师的教学过程，也正是在这样的过程中幼儿的积极学习品质得以养成和发展（图 3-9）。

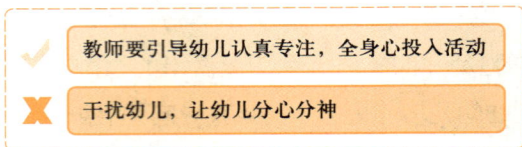

图 3-8   引导幼儿在活动中认真专注

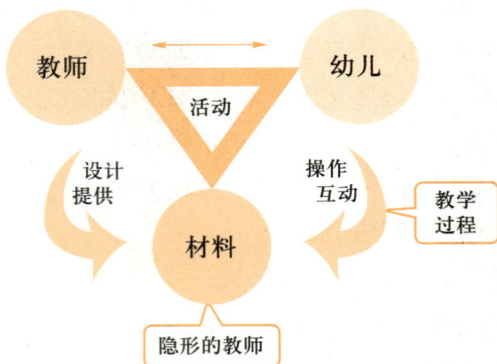

图 3-9   教师、幼儿与材料的关系

当幼儿专注于活动时，教师要尽可能保证环境的安静，不要随意干扰或打断幼儿。同时，教师还要为幼儿创设安全的心理环境，让幼儿能够安心地进行探索和学习；给予幼儿充足的时间与空间，让幼儿能够有更长的时间投入到令其感兴趣的活动中。

其次，教师要遵循幼儿注意力发展的规律，培养他们的专注习惯。幼儿的注意力是有限的，这就要求教师与幼儿讲话的时间不要太长，要用幼儿能够理解的语言与他们进行交流，并根据幼儿的反应及时地调整讲话的内容与方式，将幼儿专注习惯的培养融入到一日生活活动和各类教育教学活动中。换言之，教师要讲幼儿关心的、感兴趣的、能理解的话题，并通过基于幼儿学习特点和兴趣原点设计的材料或活动环节激发幼儿的学习兴趣，让幼儿产生"我想要做"的心理倾向，使幼儿能够对其感兴趣的材料能够保持较长时间的注意。

例如，当幼儿游戏时，教师可以让幼儿选择自己感兴趣的活动材料进行操作。在幼儿玩雪花片或积木时，教师可以通过设计游戏记录单的形式让幼儿来比较谁拼搭的种类多，谁能够将积木垒得更高等。这样做可以使幼儿在自主游戏活动时间中注意力集中地探索雪花片或积木，在不断拼搭和垒高的过程中培养幼儿的认真与专注。

综上所述，为引导幼儿在活动中认真专注，幼儿园教师需要：

- 为幼儿提供有助于其保持专注的物质环境和心理环境，以及相关的材料；
- 基于幼儿注意力的发展规律设计一日生活活动和各类教育教学活动；
- 在日常生活和游戏活动中逐步培养幼儿认真和专注的习惯。

（五）引导幼儿发现问题不怕困难

不怕困难这一学习品质会通过幼儿在活动过程中的坚持性体现出来，当幼儿参与到具有一定挑战性的任务或活动中时，教师需要帮助并引导幼儿经历挫折、克服困难并获得积极的效果（图 3–10）。幼儿可能会在尝试参与新的活动、完成新任务、学习新技能的过程中经历失败，例如两岁半的孩子对于失败的反应常常是表现出消极的情绪或者不理会成人，并且随着年龄的增长，幼儿会越来越在意自己在学习任务上的失败。[①] 因此，在幼儿坚持性的培养过程中，教师的引导和支持尤为重要。斯金纳曾指出，成人支持儿童坚持性发展的策略可以是告诉儿童朝哪个方向努力更容易获得成功，可以是给儿童提供最少的但又是完成任务所必需的帮助和指导，也可以是当儿童成功时给予因人而异的反馈。[②] 可见，教师的教育支持既可以是直接的帮助和引导，也可以是及时反馈。因此，当幼儿经历挫折或遭遇失败时，教师要及时给予幼儿肯定和鼓励，让幼儿能够保持不断尝试的勇气和兴趣，使得其在下一次的学习任务或学习活动中仍然能够不怕困难并坚持尝试。

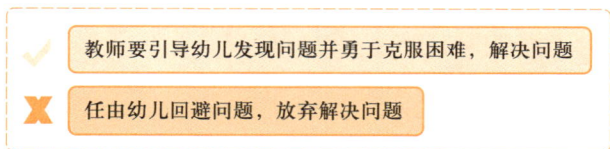

> ✓　教师要引导幼儿发现问题并勇于克服困难，解决问题
> ✗　任由幼儿回避问题，放弃解决问题

图 3–10　引导幼儿发现问题不怕困难

幼儿园教师要相信幼儿具有解决问题的能力，允许幼儿自己解决问题，鼓励幼儿自己的事情自己做，如在活动结束后收拾玩具、阅读图画书之后把书放回原处等。教师还应在幼儿能够完成任务的情况下，依据具体的情境和幼儿发展水平，逐步增加任务持续的时间和复杂程度，如从每天给花浇水过渡到每天给花浇水后也要把地面上的水擦干净。同时，教师要鼓励幼儿尝试各种方法坚持完成任务，若幼儿尽力后仍然无法完成，教师应给予理解并允许幼儿放弃或尝试其他的方法。

例如，在给桌子涂颜色的活动中，豆豆用刷子蘸了蘸颜料桶里面的紫色颜料，开始给一条还没涂上颜色的桌子腿上色。由于够不到这条桌子腿的另一边，他低下

---

① 　希森 . 热情投入的主动学习者：学前儿童的学习品质及其培养 [M]. 霍力岩，房阳洋，孙蔷蔷，译 . 北京：教育科学出版社，2016：48.
② 　SKINNER E A. Perceived control, motivation, and coping [M]. Thousand Oaks, CA: Sage Publications, 1995.

身子，钻到了桌子底下，蹲下来，努力去给桌子腿上色，直到完成了这项工作。在这一过程中，教师一直关注着幼儿的活动，同时也做好了随时为幼儿提供帮助与支持的准备。

综上所述，为引导幼儿发现问题不怕困难，幼儿园教师需要：

• 为幼儿创设安全、舒适的活动环境，既包括适宜幼儿发展的经验和材料，也包括根据计划对材料和经验进行组织和选取，并充分考虑到每个幼儿的需求；

• 最大限度地减少环境中的干扰因素，让幼儿在环境中能够持续的参与并与材料进行互动；

• 进行开放式提问，让幼儿知道探索活动的重点是积极参与和持续坚持的过程，而非取得的结果。

（六）鼓励幼儿敢于探究和尝试

幼儿的探究过程是发现问题、持续探究、解决问题的过程。在这一过程中，幼儿是自主的，他们通过自主选择、自主操作、按照自己的兴趣展开学习。班杜拉指出，当幼儿看到自己行为所导致的积极结果之后，他们更有可能具有较强的探究精神，而成人则能够通过提供多种类的游戏和探索材料来影响幼儿的这种发展，鼓励他们探索活动，通过自己的努力获得成功（图3-11）。[1]

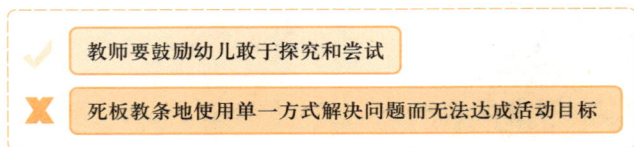

图 3-11 鼓励幼儿敢于探究和尝试

同时，幼儿的探究过程也是持续深入的，具体表现为学习过程的持续性和学习内容的深入性，幼儿会持续探究一个主题内容，并且为了解决这一主题探究过程中所遇到的问题，不断地使用各种策略、掌握系列技能以及扩展自己的知识经验，幼儿学习品质也正是在这一过程中得到涵养和发展。[2]

皮亚杰认为，如果要提高儿童的推理能力和问题解决能力，成人需要为儿童提供多种多样问题解决的机会，同时儿童在与多种材料进行互动时，成人不要急于

---

① KOPP C B. Young children's progression to self-regulation [M] // Bullock M. The development of intentional action: cognitive, motivational and interactive processes. Basel: Karger Press, 1991: 38–54.

② 刘凌，霍力岩. 自主深度探究·合作多元探究："三人行"课程下的儿童学习与发展 [M]. 北京：北京师范大学出版社，2018：39–43.

去为他们解决问题，而是让他们自己去探索。[①] 实际上，幼儿园教师要在一日生活和活动过程中有意识地为幼儿创设解决问题的机会，让幼儿能够亲身体验发现问题、制订计划、执行计划、解决问题的过程，在加深幼儿活动参与程度的同时，也让幼儿感受到有计划的好处或缺少计划的坏处，让幼儿参与制订一些简单的活动计划和一日生活安排，并帮助幼儿在执行计划的过程中获得积极体验，增强幼儿的行为自控能力，让幼儿在活动过程中敢于大胆尝试、探究，从而促进积极学习品质的发展。此外，在问题解决的情境中，成人需要做的是与幼儿探讨解决问题的方法，同时为幼儿提供适宜的示范。由于教师在幼儿积极学习品质的养成过程中具有重要意义，幼儿会模仿教师身上所表现出来的学习品质，这就要求教师要为幼儿做好榜样示范的作用，用自身的积极学习品质及其外显行为潜移默化地引导幼儿、教育幼儿。

例如，在幼儿探究不倒翁稳定性的活动中，教师为幼儿提供不同重心位置的不倒翁，教师一边耐心地等待幼儿发现不倒翁身体重心的特殊性，一边帮助不能正确分析的幼儿进行探究并鼓励其再次尝试，幼儿也在教师的支持下勇敢地进行探究与尝试。这种探究过程不断促使幼儿进行深度思考，从而使其对科学现象的认识与探究能力都能得到提高。

综上所述，为鼓励幼儿敢于探究和尝试，幼儿园教师需要：

• 鼓励幼儿大胆尝试解决问题，不仅注重幼儿的"纵向"探究（深度探究）过程，也要注重幼儿的"横向"探究（合作探究）过程；

• 养成善于计划的好习惯，为幼儿做好榜样示范；

• 邀请幼儿参与、体验一些简单计划的制订，帮助幼儿在执行计划时获得积极体验；

• 给予幼儿探索和收集信息的时间，并鼓励幼儿积极寻找解决问题的方法。

（七）引导幼儿善于合作与交流

合作与交流能力是个体在社会中生存与发展的必备技能之一，也是幼儿从自然人成长为社会人的发展前提。《纲要》对培养幼儿合作与交流能力给予了高度重视，在科学领域内容与要求中明确提出，教师要"通过引导幼儿积极参加小组讨论、探索等方式，培养幼儿合作学习的意识和能力，学习用多种方式表现、交流、分享探索的过程和结果"。幼儿阶段是人类发展的起始阶段，也是人一生中成长和发展的重要奠基阶段，因此在学前期注重合作与交流能力的培养是在为幼儿后继学习和终身发展奠基铺路，为幼儿能够更好地在社会中生存与发展、适应与立足奠定基础。对于幼儿来

---

① PIAGET J. Experiments in contradiction[M]. Chicago: University of Chicago Press, 1980.

说，能够在活动中与同伴进行主动相互配合、分工合作、协商解决问题、协调相互关系，以确保活动能够顺利进行，同时每个人都能够在这一过程中实现目标，这就是合作。[①]

首先，教师要为幼儿创造合作学习的机会，积极引导幼儿与同伴合作交流（图3-12）。幼儿的合作行为不是自发产生的，而是需要教师的支持和引导的。教师需要在活动过程中为幼儿创造合作学习和游戏的机会，让幼儿在做的过程中、在亲身体验的过程中感知合作，学会合作与交流。幼儿园教师应通过教育教学活动的设计与实施，通过有意图的活动环节设计、有目的的活动组织实施，让幼儿在参与活动的过程中感受到只有通过同伴之间友好协商、共同商量、相互配合、友好合作，才能够使活动得以顺利进行。同时，教师不仅要为幼儿提供合作学习与交流的机会，还要抓住一日生活中出现的幼儿与同伴合作、交流的机会，将合作意识与交流能力的培养融入幼儿一日生活中，帮助幼儿树立合作意识，支持幼儿交流能力的提升。

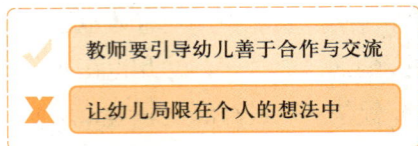

图 3-12 引导幼儿善于合作与交流

其次，教师要帮助幼儿体会到合作与交流的愉悦感，为幼儿树立良好榜样。幼儿在活动过程中体会到合作学习的愉快的、积极的结果和感受，增进了幼儿与同伴之间的情感联系，这有助于幼儿感知到合作学习的积极影响，进而增加合作行为发生的概率。幼儿园教师要在活动过程中引导、帮助幼儿感知合作与交流的积极效果，让幼儿感知和体验到合作的快乐，进一步促进幼儿合作行为的产生。同时，教师要在幼儿做出合作行为时，及时地给予鼓励和肯定，进一步强化和巩固幼儿合作行为的持久性和稳定性。

例如，在小组搭积木的活动中，不同的幼儿对于搭积木产生了不同的想法，此时教师需要有意识地引导，让幼儿意识到大家需要共同商量、分工合作，遇到矛盾的时候要协商解决，活动才能够顺利进行。

综上所述，为引导幼儿善于合作与交流，幼儿园教师需要：

• 为幼儿创设合作学习与游戏的机会，既注重幼儿合作意识的培养，也注重合作能力的养成；

• 引导和支持幼儿通过合作交流的方式解决问题，帮助幼儿感知体验合作学习的积极效果；

---

① 庞丽娟，秦旭芳. 幼儿合作意识与能力的培养 [J]. 幼儿教育，1999（9）：12-13.

• 为幼儿树立良好榜样，鼓励幼儿进行观察模仿。

（八）推动幼儿大胆想象和创造

创造力是一个人成才的重要因素，培养创造力需要从幼儿阶段开始。创造力的教育是一种渗透教育，在制订教学的目标以及选择教学的内容时都需要幼儿园教师适当渗透一些有关想象力和创造力的内容和要求。例如，在语言活动中，教师可以引导幼儿续编故事的结尾，创编简单的儿歌；在音乐活动中，可以引导幼儿跟随音乐创编韵律操，或者为熟悉的旋律填新的歌词；在美术活动中，可以引导幼儿进行添画活动；等等。为此，幼儿园教师需要提供丰富多样的材料，创设有益于激发幼儿想象力和创造力发展的环境和氛围。同时，幼儿园教师也要允许和鼓励幼儿在活动的过程中对材料进行再创作，激发幼儿的艺术审美，满足幼儿的创造需求，这也是加深幼儿活动参与程度的有效方式。

教师要保护和欣赏幼儿独特的想法，鼓励幼儿大胆表达。幼儿园教师应为幼儿营造自由想象与创造的宽松氛围，理解并接纳幼儿对于事物、现象的解释，鼓励幼儿大胆表达自己的所思所想，并欣赏幼儿的想法，尤其是那些在成人看来不合常规的奇思妙想（图 3-13）。

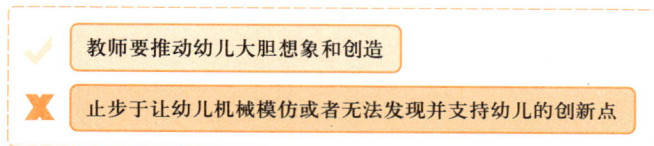

> ✔ 教师要推动幼儿大胆想象和创造
> ✘ 止步于让幼儿机械模仿或者无法发现并支持幼儿的创新点

图 3-13　推动幼儿大胆想象和创造

教师要有意识地培养和激发幼儿的想象力和创造力，提供丰富有趣的物质材料，并且这些材料是基于教师有意设计的，是蕴藏着创意因素的。部分幼儿面对区域游戏材料很没有"耐心"，这其实是因为幼儿的创造力没有被很好地重视和激发。

例如，在美术活动中，教师请每个幼儿画太阳，有的幼儿把太阳画成了绿色，有的幼儿把太阳画成了蓝色。教师并没有使用"不对""不是这样"的语言评价幼儿，而是用不同的视角欣赏幼儿的绘画成果，理解并接纳幼儿的想象和创造，其实这就是在促进幼儿想象力和创造力的发展。

综上所述，为推动幼儿大胆想象和创造，幼儿园教师需要：

• 欣赏并理解幼儿的想法，给予幼儿一定自由想象和创造的空间和时间；

• 为幼儿创设有利于想象力和创造力发展的物质环境和心理环境，如提供丰富的材料支持，鼓励幼儿用不同的方式使用材料；

• 将幼儿想象力和创造力的培养融入到一日生活和各类游戏活动之中。

　　总结归纳上述讨论，我们认为幼儿积极学习品质的培养需要遵循八步路径（图 3-14），具体包括：尊重和保护幼儿的好奇心、持续激发幼儿的学习兴趣、帮助幼儿积极主动参与活动、引导幼儿在活动中认真专注、引导幼儿发现问题不怕困难、鼓励幼儿敢于探究和尝试、引导幼儿善于合作与交流、推动幼儿大胆想象与创造。幼儿园教师只有先做到尊重和保护幼儿的好奇心，持续激发幼儿的学习兴趣，才能够一步一步支持并引导幼儿积极主动参与活动，引导幼儿认真专注、不怕困难，进而鼓励幼儿敢于探究和尝试，引导幼儿合作和交流，推动幼儿大胆想象和创造。可以说，幼儿的每一步进阶都是基于上一步的升级攀登，也是为下一步奠定坚实基础。

图 3-14　幼儿积极学习品质培养的八步路径

　　同样值得关注的是，教师的支持在幼儿学习品质培养过程中发挥着至关重要的作用。幼儿的学习品质是需要通过教师的支持，即经由教师精心创设的环境以及系统设计的活动得以养成和发展的。换句话说，教师应该成为"有准备的教师"，而这一准备就体现在环境的布置与活动的开展中。教师需要为幼儿提供数量适宜、种类丰富的开放性活动材料，并给予幼儿充足的时间与空间，使其通过直接感知、实际操作、亲身体验获得学习与发展，为幼儿积极主动、认真专注、不怕困难、敢于探究和尝试、善于合作与交流、乐于想象和创造等良好学习品质的发展提供支持，并在观察与研究幼儿的基础上，不断反思自己的教育教学实践，促进幼儿学习品质的养成以及自身岗位胜任力的提升与发展。在明晰了幼儿积极学习品质的培养路径和教师的角色之后，我们就需要将其融入到幼儿园各类教育教学活动过程之中，在真实的教育实践与一日生活中培养幼儿积极的学习品质。

五、如何在各种活动样态中培养幼儿的积极学习品质

我国颁布的一系列政策文件、通知要求，反复强调在学前教育中坚持科学保教的重要性，让学前教育走出"小学化"误区，走向幼儿的快乐生活、健康成长。学习品质作为幼儿后继学习与终身发展的宝贵品质，是帮助他们做好入学准备以顺利过渡到小学生活的关键，也是学前教育走出"小学化"误区的有效抓手。因此，培养幼儿的积极学习品质是学前教育必须承担的责任和使命。

幼儿积极学习品质的培养需要幼儿园教师提供适宜的、系统的教育支持，由于幼儿是通过直接感知、实际操作、亲身体验的方式进行学习的，这就要求教师要把积极学习品质的培养融入到幼儿的一日生活和各类游戏活动、教学活动中，在活动过程中支持幼儿积极学习品质的养成与发展。为此，幼儿园教师则需要提升自身培养幼儿积极学习品质的能力。首先，理论知识的学习是付诸实践的基础，所以幼儿园教师要深入学习并理解《指南》中关于积极学习品质的内涵、价值、影响因素，以及幼儿学习品质的典型行为表现和支持策略。其次，幼儿园教师要在领会幼儿学习品质内涵与具体内容的基础上，明确幼儿园教育的目标与任务，从而在保教活动中培养幼儿良好的学习态度、学习行为和学习习惯，促进幼儿积极学习品质的养成与发展。

> **我的行动**
>
> 请回顾前文的相关内容，尝试说出幼儿积极学习品质的典型行为表现。

就教师层面来说，对于如何支持幼儿积极学习品质养成，我们将遵循三个步骤来进行整体的学习，具体包括：加深专业理解、解决实际问题、提升自身经验（图3-15）。

第一步，加深专业理解。幼儿园教师培养幼儿积极学习品质需要以自身的专业知识与专业能力作为基础，更重要的是要将《指南》中学习品质的相关内容与自身的教育教学实践相结合，基于自身的理解将其内化为教育理念和教育价值观，从思想和态度上做出转变。

加深专业理解　➡　解决实际问题　➡　提升自身经验

图3-15　幼儿园教师提升自身支持幼儿积极学习品质养成的三个步骤

> **我的行动**
>
> 请回顾《指南》中学习品质的相关内容，反思自己是否在以往的教育教学实践中融入了学习品质培养的教育理念。

第二步，解决实际问题。态度与观念的转变并不代表教育行为的转变，幼儿园教师要在实践中将教育观念的转变转化为教育行为的落实。也就是说，幼儿园教师要将基于《指南》所获得的教育理念落实到教育教学实践活动中，在活动的过程中引导和支持幼儿积极学习品质的养成与发展。

> **我的行动**
>
> 　　请回顾自己的教育教学活动过程，反思自己是否曾为幼儿提供了促进其学习品质发展的适宜性支持。

第三步，提升自身经验。教育行为的落实并不是幼儿园教师支持幼儿学习品质培养的终点站，而是螺旋式上升的新起点。幼儿园教师需要在活动的过程中观察幼儿积极学习品质的典型行为表现，为幼儿提供进一步的帮助和引导，并对自己设计的教育教学实践活动进行评价与反思。在活动过程中，若幼儿表现出积极学习品质的典型行为，教师要给予充分的肯定与鼓励，并在此基础上为幼儿提供更具有挑战性的、幼儿"跳一跳"能够得着的新任务，同时提供最接近幼儿最近发展区的"脚手架"，支持幼儿积极学习品质的发展；若幼儿表现出消极学习品质的典型行为，教师需要依据具体的情境作出判断，并给予适度的干预和引导，帮助幼儿摆脱消极学习品质，转向培养积极学习品质。而这一过程，也是幼儿园教师反思自身教育教学实践活动中存在的问题，梳理和总结自身教育经验，改进和完善自身教育教学实践活动，促进自身专业素质提升的过程（图3-16）。

幼儿园教师需要通过对幼儿学习品质的教育评价，反思自身教育教学活动中存在的问题，梳理自身的教育经验，改进和完善自己的教育教学活动，以便更好地支持幼儿学习品质的发展，同时也在促进教师自身专业素质的提升

幼儿园教师要基于对学习品质观念和态度转变的基础上，将观念的转变转化为教育行为的落实，也就是在实际的教育教学实践中为幼儿提供促进其学习品质养成的支持，促进幼儿学习品质的发展

幼儿园教师要对《指南》中所提出的学习品质的内涵进行深入细致的解读和充分的理解，并将其内化为自身的教育理念和教育价值

03

02

01

图3-16　幼儿园教师支持幼儿积极学习品质养成的路径

我的行动

　　请你回顾自己的教育教学活动过程，思考自己是否能够基于观察幼儿学习品质的典型行为表现反思自身的教育教学实践过程。

　　那么，幼儿园教师应该如何基于《指南》的学习提升自身专业知识和专业能力？教师的学习过程如同不断上台阶的过程，在上台阶的过程中，幼儿园教师的岗位胜任力和内生学习力会不断得到提高，使其能够为幼儿提供最接近最近发展区的教育支持，最终助力幼儿积极学习品质的养成和发展。基于幼儿学习研究的教师专业发展，不仅提升了幼儿园教师自身的专业能力，同时也支持了幼儿园教育质量的提升和幼儿的学习与发展，是促进幼儿园教师发展、幼儿园教育质量提升以及幼儿学习与发展的一体化过程。

（一）在一日生活活动中培养幼儿积极的学习品质

　　一日生活活动包含幼儿在幼儿园中经历的各个生活环节。入园、进餐、饮水、盥洗、如厕、午休、起床、离园，以及整理、散步、自由活动等均包含在一日生活活动之中。在一日生活活动中，幼儿满足自身的基本生理需求并习得基本的生活技能，获得生活自理能力，养成良好的生活秩序与生活习惯。

　　幼儿的学习与发展离不开一日生活，一日生活中的各个环节都在潜移默化地影响着幼儿积极学习品质的养成。因此，在一日生活活动中抓住适当的教育契机来培养幼儿的积极学习品质尤为重要。基于理论的学习和实践的探索，我们认为在一日生活活动中，幼儿可以遵循"开始活动—活动生成—多元探究—经验延伸"的过程逻辑进行活动与学习。幼儿园教师应该遵循幼儿的活动环节（图3–17），基于最近发展区给予适宜的教育支持（表3–9），从而在隐藏在一日生活的众多教育契机中促进幼儿积极学习品质的养成与发展。

开始活动　　活动生成　　多元探究　　经验延伸

图3–17　幼儿一日生活活动的活动环节

表3–9　一日生活活动中的教师支持策略

活动环节	学习品质	教师支持策略
开始活动	好奇心 学习兴趣	识别并抓住教育契机 持续激发幼儿的学习兴趣

续表

活动环节	学习品质	教师支持策略
活动生成	积极主动 认真专注	以日常生活中幼儿的兴趣点为切入点设计和组织教育教学活动 引导幼儿主动参与活动
多元探究	不怕困难 敢于探究和尝试	为幼儿提供探究、尝试的平台和机会 对幼儿的探究行为给予鼓励和肯定
经验延伸	善于合作与交流 乐于想象和创造	为幼儿创设交流展示的机会 引导并鼓励幼儿分享学习收获和感受

　　幼儿园教师到底应该如何遵循一日生活活动的过程逻辑培养幼儿的积极学习品质呢？让我们通过案例3-1来进行具体的分析和学习。

案例3-1："我的餐桌我做主"教师观察记录

　　今天，我负责陪餐的工作，等孩子们三三两两围坐开始进餐后，我也戴上了陪餐的工作牌。正当我张望着想找一个位置坐下来进餐时，文文拉着我的手说："白老师，来我们这里吃吧！"她很热情地招呼我过去。与文文坐同一桌的还有熹熹、宁宁和诗诗，她们平时就很要好，自主进餐活动更是提供了让他们自主选择共餐伙伴的机会。

　　今天的饭菜一如既往地丰盛，有腐皮肉卷，土豆煮菜心，还有西红柿炒鸡蛋。孩子们时不时地对食物的味道进行一两句交流。熹熹也很热情地用公用筷子夹了一块腐皮肉卷到我碗里："白老师，这个很好吃的！"我还没来得及品尝，诗诗就迫不及待地说："我觉得腐皮肉卷有点咸。"宁宁抢着说："不要太多酱汁就好了！"我很庆幸今天能和孩子们坐在一起，真正融入他们的小集体，倾听他们的真实需求。我尝了一口，果然像他们说的那样，有点咸！于是，我把品尝意见写在了陪餐记录本里，熹熹两眼放光地说："还可以记录意见？""是的，你们对菜式还有什么意见？我帮你们记录。"文文说："可是，你不是每天陪餐，不陪餐就不能记录了。如果我们也可以向厨师叔叔提意见就好了！"

　　文文的这句话突然触动了我。的确，幼儿是进餐活动的主体，自主进餐不仅是进餐过程中的自主，也应该在餐前物质准备及餐后菜式评价中体现自主。尤其是在菜式选择和准备方面，幼儿是食物的直接体验者，在了解一定膳食营养搭配知识的基础上，幼儿应该拥有对食物种类、味道的部分决策权。因此，当得知幼儿想参与菜式评价时，我决定为他们创造机会，给予支持。

餐后的分享时光，我围绕"我的餐桌我做主——饭菜点评"的话题和幼儿一起讨论。华华说："不如每天进餐后去找厨师叔叔聊天，把我们的想法告诉他。"元元说："这样会影响厨师叔叔工作的！不如我们自己制作一本进餐记录。"这个提议得到了大家的赞同。琦琦在美工区的手工材料中发现了一张餐厅宣传单，上面有"今日菜式推荐"和"菜式评分"的内容。于是，我提议学习一下这家餐厅的做法。一番激烈的头脑风暴，唤醒了幼儿已有的生活经验，由此激发了他们更多的想法和创意，孩子们的自主进餐活动得到了丰富和延伸：大家一起制作了一本进餐记录本，每次进餐后，大家可以自由地在进餐记录本上以绘画形式记录进餐感受；每天投票选出当天"最喜爱的菜式"；帮助厨师叔叔"设计菜谱"；餐前增加"今日推荐"的环节，通过"服务员"介绍菜谱，幼儿了解食物的营养价值，带着新鲜感进餐，减少偏食、挑食的不良行为。

（案例来源：广东省广州市第一幼儿园，白锦红）

1. 开始活动

"开始活动"是指幼儿能够按照自己的兴趣参与一日生活，并自主进行探索和体验。这不仅体现着幼儿与生俱来的好奇天性和"玩中学"的学习特点，也将一日生活中的各种可能性表现得淋漓尽致。具体来说，在一日生活活动中，幼儿可能会产生各种自发的探究行为，而这样的行为对幼儿来说正是产生兴趣的过程，幼儿就是在这一过程中获得关键经验与养成积极学习品质的。

幼儿天生就对这个世界充满无限的好奇心和探究的愿望，他们希望通过自己的探索满足心中对于未知的兴趣和渴望。而幼儿的这些行为表现也为教师提供了促进幼儿学习与发展的有效时机。从这一角度来说，幼儿园教师需要随时随地观察幼儿、关注幼儿，当幼儿表现出好奇心、学习兴趣时，他们就产生了想要进一步探索的愿望，教师应该能够识别这样的教育契机，抓住机会及时给予适当的支持。

例如，在案例3-1中，"我"在陪餐过程中通过与幼儿坐在一起共同进餐，融入幼儿的小集体，真正倾听到孩子们的真实需求（"白老师，这个很好吃的！""我觉得腐皮肉卷有点咸。""不要太多酱汁就好了！"）。"我"在发现幼儿对于餐食的真实需求后，及时抓住了这一教育契机（"是的，你们对菜式还有什么意见？我帮你们记录。"）。在活动过程中，当幼儿提出"还可以进行记录吗？"的疑问后，"我"随即通过语言引导幼儿说出对于菜式的意见，为幼儿提供了能够自主思考、自由表达的机会，不仅尊重并保护了幼儿对进餐环节中菜式的好奇心和兴趣，也为幼儿积极思考、表达交流提供了平台，有助于幼儿产生进一步探究和尝试的良好行为倾向。

2. 活动生成

"活动生成"是在教师识别并发现教育契机之后，以它为切入点设计并组织教育教学活动。这不仅仅是幼儿经历的活动过程，也是教师支持幼儿积极学习品质的养成过程。如果说"开始活动"是教师识别恰当的教育契机，那么"活动生成"便是教师将教育契机落实到具体的活动中，进而通过整体活动的设计与实施外化展现的过程。幼儿园教师需要在发现并识别教育契机的基础上，将教育支持融入到一日生活中的特定环节，让幼儿能够在一日生活活动中获得潜移默化的学习与发展。同时，教师也要对幼儿表现出的好奇心和学习兴趣、主动性和想要探究的愿望等给予积极的回应，让幼儿在"我想做""我要做"的基础上，将积极的心理倾向和行为倾向付诸实践，在活动过程中实现有深度的探究，达成有意义的学习。

例如，在案例3-1中，幼儿提出教师这一次陪餐能够记录幼儿对于餐食和菜式的意见和感受，但是下一次教师不陪餐就没有办法记录了，所以希望能够向厨师叔叔直接提意见（"可是，你不是每天陪餐，不陪餐就不能记录了。如果我们也可以向厨师叔叔提意见就好了！"）。当幼儿提出上述意见和需求时，"我"进行了相应的思考和反思。（的确，幼儿是进餐活动的主体，自主进餐不仅是进餐过程中的自主，也应该在餐前物质准备及餐后菜式评价中体现自主。尤其是在菜式选择和准备方面，幼儿是食物的直接体验者，在了解一定膳食营养搭配知识的基础上，幼儿应该拥有对食物种类、味道的部分决策权。）基于此，"我"决定为幼儿创造参与菜式评价的机会，生成了以"我的餐桌我做主"为主题的饭菜点评活动（餐后的分享时光，"我"围绕"我的餐桌我做主——饭菜点评"的话题和幼儿一起讨论），不仅满足了幼儿深度参与进餐环节菜式评价的愿望，同时也更好地了解了幼儿的进餐需求和对菜式最直接的感受和建议。这样做既能够让幼儿感受到自己是进餐活动的主体，让幼儿更愿意思考和表达自己对菜式的想法和感受，也能够帮助"我"和厨师更好地满足孩子们的需求。

3. 多元探究

"多元探究"是一日生活活动的核心环节，也是幼儿在活动过程中一步一步上台阶且不断攀登的深度探究过程。这一环节是教师引导幼儿通过积极主动思考、不断尝试体验、操作活动材料等方式进行探究的过程。具体来说，幼儿在探究过程中，通过直接感知、实际操作、亲身体验来获取直接经验，而这样的探究过程需要教师的引导和支持。幼儿园教师首先需要明确幼儿的探究是不断上台阶的攀登过程，每一步的深入和探索都需要教师的引导和支持，不仅包括语言、神态上的鼓励与肯定，也包括在活动过程中为幼儿提供探究的平台和机会。因此，在一日生活活动中，当幼儿表现出对某些事物的好奇心，展示出想要探究和学习的愿望时，教师需要及时鼓励幼儿大胆进行探究和尝试，并为幼儿提供适宜的教育支持，帮助幼儿实现有效且深度的探究，获得有意义的学习与发展，从而促进幼儿不怕困难、敢于探究和尝试等积极学习品质的养成。

例如，在案例3-1中，"我"在生成活动之后鼓励幼儿参与菜式的点评，并探索评价菜式的最优方案。有的幼儿提出去厨房找厨师叔叔聊天，并把自己对菜式的想法告诉他们，这样厨师叔叔就能够知道小朋友们的想法（"不如每天进餐后去找厨师叔叔聊天，把我们的想法告诉他。"）；有的幼儿则认为这样的方式会影响厨师叔叔工作，并提出大家可以一起制作进餐记录，这样既不会打扰厨师叔叔，也能够将小朋友们对餐食的想法传达给他们（"这样会影响厨师叔叔工作的！不如我们自己制作一本进餐记录。"）。通过教师的鼓励和引导，幼儿不断进行思考和探究，大家最终对元元提出的制作进餐记录的方式达成一致。正是在这样相互探讨、不断探究的过程中，教师促进了幼儿积极学习品质的养成与发展。

4. 经验延伸

"经验延伸"是在探究过程之后的再上台阶，是对幼儿探究过程与学习内容的再梳理和再创造，也是对其探究成果的分享和展示。在幼儿不断探究和尝试之后，教师便需要引导幼儿运用符号进行抽象逻辑层面的表征，进而支持幼儿去进行进一步的分享和展示，包括向幼儿提供在大家面前充分展示自己的机会，引导幼儿与他人分享自己的学习和收获。这也是对探究过程的回顾与延伸。幼儿园教师需要正确识别并抓住引导幼儿与他人分享交流的教育契机，帮助幼儿对自己的学习过程和学习成果进行梳理和回顾，为幼儿创造展现自己、与他人分享的机会，让他们能够充分展示自己、分享成果，从而助力幼儿善于合作、乐于分享与交流等积极学习品质的养成和发展。需要指出的是，幼儿表达和分享结束后并不意味着活动的结束，这时教师需要给予幼儿进一步的教育支持进行经验延伸。教师可以引导幼儿运用绘画、唱歌等艺术形式对自己的学习与收获、想法与感受进行创意呈现，从而支持幼儿想象力、创造性等积极学习品质的养成和发展。

例如，在案例3-1中，当大家一致赞同通过制作进餐记录的方式参与菜式评价后，有的幼儿观察到美工区的手工材料中有一张餐厅宣传单（琦琦在美工区的手工材料中发现了一张餐厅宣传单，上面有"今日菜式推荐"和"菜式评分"的内容），基于幼儿这样的发现，"我"通过语言提示的方式引导幼儿进行进一步的创意思考（"我"提议学习一下这家餐厅的做法），也就是通过唤醒幼儿的已有生活经验，引发幼儿更多的想法和创意，对幼儿进餐活动进行更为丰富的创造和延伸。

（大家一起制作了一本进餐记录本，每次进餐后，幼儿可自由在进餐记录本上以绘画形式记录进餐感受；每天投票选出当天"最喜爱的菜式"；帮助厨师叔叔"设计菜谱"；餐前增加"今日推荐"的环节，通过"服务员"介绍菜谱，幼儿了解食物的营养价值，带着新鲜感进餐，减少幼儿偏食、挑食的不良行为）。幼儿的表现需要的可能不是一个正式的舞台，而是在一日生活之中随时可能发生的机会，这就需要教师通过观察和分析，在适当的时候介入支持，在必要的时候为幼儿提供充足的分享与交流空间，从而促进幼儿善于合作与交流，以及想象力和创造性等积极学习品质的发展。

> **我的行动**
>
> 　　请你结合自身经验，尝试设计1份能够支持幼儿积极学习品质养成的一日生活活动方案。

（二）在区域游戏活动中培养幼儿积极的学习品质

　　区域游戏是幼儿自主活动的重要形式，区域游戏活动的实施以幼儿操作、摆弄活动材料为主要途径，是幼儿园教师引导并支持幼儿操作系列化"有准备的材料"的个别探究活动。游戏材料作为区域游戏活动得以顺利开展的重要前提，对于在活动过程中支持幼儿积极学习品质的养成具有重要意义。什么样的材料才是"有准备的材料"呢？

　　"有准备的材料"需要兼顾操作性和引导性。具有操作性是指材料能够让幼儿主动探究、动手操作。我们可以从以下三个方面来理解材料的操作性：第一，具有操作性的材料不是成品，而是半成品，是能够引导幼儿自主、专注地将半成品做成成品的材料；第二，具有操作性的材料是可以让幼儿动手操作而不仅仅是摆弄的材料；第三，具有操作性的材料是符合幼儿学习方式和特点，可以让幼儿通过多通道、多感官学习的材料。

　　具有引导性是指材料能够让幼儿的操作从随意化走向有目的、有发展。我们可以从两个方面来理解材料的引导性：其一，材料的引导性可以体现在外部，也就是通过巧妙的设计，将教育目标与指导融入到操作材料之中，让材料本身暗藏引导性，如材料的有序摆放、材料操作提示图或步骤图、与材料配套的图画书或实物等。其二，材料的引导性也可以体现在内部，最高级的体现方式是让材料的操作过程和操作形成的成品实现一体化。例如，在材料中设置"引导点"（也就是机关），而设置"引导点"的关键是引导幼儿能够独立找到材料与活动预期结果之间的关联，在这一过程中激发幼儿探究的兴趣和解决问题的能力。材料的内部引导性主要包括材料目标的引导、材料结构的引导、操作路径的引导、结果呈现的引导。

　　幼儿园教师应该如何基于"有准备的材料"培养幼儿的积极学习品质？教师需要先明确在与材料互动的过程中，幼儿学习过程的具体阶段和相应的环节。从幼儿自身经历的具体过程的角度出发，我们可以将区域游戏活动中的幼儿学习过程分解为六个阶段（图 3-18）：主动做、有点难、动脑子、过关卡、做成了、送大家。

图 3-18　区域游戏活动的六个阶段

　　从教师观察的角度出发，幼儿与任何一份游戏材料的互动操作，都需要经历四个环节：产生兴趣—开始操作—专心致志—完成活动。教师支持幼儿的四个环节与幼儿操作材料经历的六个阶段相互渗透、相互依存（图 3-19）。表 3-10 展示了各个活动环节中幼儿主要体现的学习品质及教师可给予的支持策略。

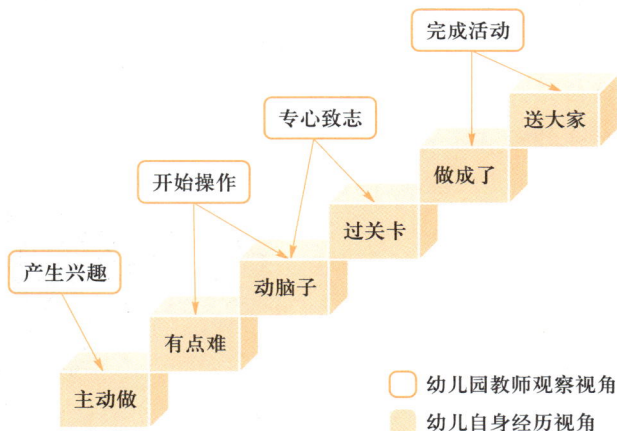

图 3-19　区域游戏活动中的教师支持步骤

表 3-10　区域游戏活动中的教师支持策略

活动环节	学习品质	教师支持策略
产生兴趣	好奇心 学习兴趣	提供丰富、新颖、符合幼儿年龄特点、适合幼儿已有经验的活动材料
开始操作	积极主动	根据幼儿的最近发展区来设置材料的操作难点
专心致志	认真专注 不怕困难 敢于探究和尝试	当幼儿在操作过程中遇到难点的时候，教师要给予幼儿适当提示，引导幼儿学会探索材料中暗含的引导点
完成活动	善于合作与交流 乐于想象和创造	为幼儿创造分享与交流的机会，让幼儿能分享和展示自己做成了的作品，允许并鼓励幼儿将自己的作品送给他人

幼儿园教师应该如何基于"有准备的材料"，遵循幼儿操作材料的学习路径（六个阶段），来培养幼儿的积极学习品质？让我们通过案例 3-2 进行具体分析。

案例 3-2：制作"万能手表"

乐乐来到了"万能手表"活动材料的桌前，轻轻地拉开椅子坐了下来。他仔细查看各种活动材料，首先拿出了范例手表尝试摆弄并旋转了指针和表盘，随后观察了闯关游戏卡并取出两脚钉尝试转动。在查看材料的过程中，乐乐也在观察游戏步骤图，并发现了表盘和表针。乐乐似乎被材料吸引住了，他按照步骤图的指示取出两脚钉和指针开始组装，在组装好指针之后又取出了绿表盘进行安装。然后乐乐便开始聚精会神地组装手表，在使用两脚钉时他似乎遇到了困难。这时，乐乐并没有放弃，而是不断探索和尝试两脚钉的使用及组装方法，最终成功完成了两脚钉的组装。接下来就是粘贴表盘数字了，乐乐沿着图形的轮廓仔细地将数字剪了下来，并小心地将数字和表盘一一对应，沿着图形一边逐渐扩大到面贴在表盘相

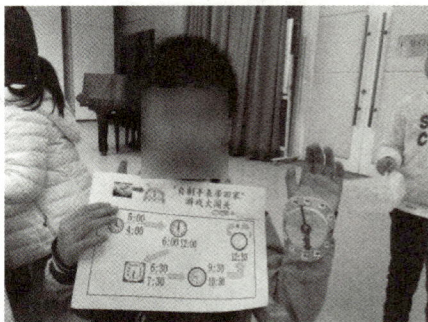

应的图形位置。完成表盘的制作后，乐乐根据"时间翻翻乐"游戏的提示，尝试转动自己制作的"万能手表"表针，并拨到相应的时间。这时，乐乐露出了惊喜的表情，原来他发现了自己制作的手表在旋转表盘时镂空处的"时间秘密"。随后他拿出了"闯关游戏卡"进行研究，查看完游戏操作步骤图后便开始了游戏。在最后一关"数字时间画表针"的闯关任务中，乐乐通过提示得知"可以检查一下"后，就翻开表盘下面的答案进行检查对照，发现错误后及时进行了调整。最后，乐乐在闯关卡上写下了自己的名字，并将闯关卡上的翻盖机关粘贴好，在查看了如何佩戴手表的方法后，将自己制作的"万能手表"戴在了手上，开心地举着自己的"游戏闯关卡"向周围的同伴和教师进行展示。

1. 产生兴趣

"产生兴趣"是区域游戏活动的第一个环节。在该环节中，教师要将游戏活动的内容、材料的形态与幼儿的兴趣点对接并吸引幼儿的注意，让幼儿看到就产生喜欢，有意愿主动地去动手摸一摸、试一试、玩一玩。为此，教师要为幼儿提供丰富新颖、符合幼儿年龄特点且适合幼儿已有经验的区域游戏材料，从而唤醒幼儿的好奇心和学习兴趣，引发幼儿与游戏材料进行互动的积极学习品质。

在产生兴趣环节，我们期待幼儿会呈现出好奇心、学习兴趣等积极学习品质的典型行为，幼儿所经历的是"主动做"这一学习阶段。具体来说，当幼儿选择并进入感兴趣的区域游戏环境中时，好奇心会驱使幼儿开始主动观察，并搜寻自己喜欢的、感兴趣的游戏材料。当幼儿做出如看一看、摸一摸、动一动的行为时，便预示着幼儿主动游戏的开始。

幼儿园教师在这一环节需要观察以下方面：第一，幼儿有兴趣去靠近这份材料吗？第二，哪些因素吸引着幼儿选择这份材料？第三，哪些因素导致了幼儿没有兴趣接近这份材料？

图 3-20 是陈老师撰写的区域游戏活动"制作'万能手表'"中的产生兴趣环节。

第一环节：产生兴趣(3分钟)

1. 仔细查看材料。

摆弄范例手表，旋转指针和表盘；

观察闯关游戏卡；

取出两脚钉左右转动；

一边查看材料一边看游戏步骤图，发现表盘和表针。

2. 略。

图 3-20　案例 3-2 中的产生兴趣环节教案

2. 开始操作

"开始操作"是区域游戏活动的第二个环节。在该环节中，教师引导幼儿主动拿起活动材料，观察材料的内容、结构，思考玩法或者试探性地开始玩一玩，可以说是引发幼儿动手操作、不断探索和进行思维活动的开端。

在开始操作阶段，我们期待幼儿会呈现出与积极主动相关的典型行为表现，幼儿所经历的是"有点难"和"动脑子"这两个学习阶段。具体来说，在"有点难"的学习阶段，幼儿更愿意与有难度、有挑战的游戏材料互动。需要注意的是，材料的难度应在幼儿的最近发展区之内，这就需要教师结合幼儿发展的目标观察和分析幼儿的现有水平，为其提供"有点难"的活动材料，让幼儿通过自主探究够一够、跳一跳就能获得成功，从而激发幼儿的成功体验。在"动脑子"的学习阶段，有一定难度的操作材料和活动任务有助于促使幼儿积极动脑思考，直到找到完成活动的关键点。

幼儿园教师在这一环节需要观察幼儿是否产生以下行为：第一，幼儿是否主动去操作了？第二，幼儿是按照我期望的方式在操作吗？如果没有，为什么？在观察的基础上，教师要根据幼儿的最近发展区来设置材料的操作难点，在操作难点设置的过程中要充分考虑符合不同年龄段幼儿的游戏持续时间，确保难点的数量和难度符合幼儿的普遍发展水平，调动幼儿持续参与游戏的主动性。同时，教师要鼓励幼儿积极主动地动脑思考，遇到困难不轻易放弃，敢于通过观察、反复摆弄、主动探索不断尝试解决问题。

下面是陈老师撰写的区域游戏活动"制作'万能手表'"中的开始操作环节（图3-21）：

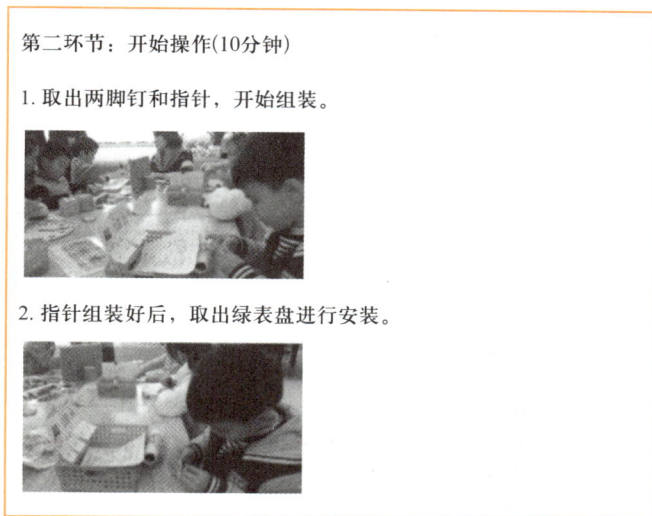

图3-21 案例3-2中的开始操作环节教案

3. 专心致志

"专心致志"是区域游戏活动的第三个环节。在该环节中，教师通过提供具有操作性和引导性的活动材料（指向学习品质的操作性和指向关键经验的引导性）来支持幼儿有意注意、有目的地探究、有深度地思考以及持续一定时间、不怕困难、态度认真等，帮助幼儿维持与材料互动过程中的专心致志。

在专心致志阶段，我们期待幼儿会呈现出与认真专注、不怕困难、敢于探究和尝试等积极学习品质相关的典型行为表现，幼儿所经历的是"动脑子"和"过关卡"这两个学习阶段。具体来说，在"动脑子"的学习阶段，有一定难度的操作材料和活动任务有助于引发幼儿认真专注地探究，并进行反复的尝试和试验，直到找到完成活动的关键点。在"过关卡"的学习阶段，将一份材料从半成品到成品的操作过程中，幼儿需要探索挑战一些难点，通过解决一个难点又一个难点，一点点推进，直到获得成功。

幼儿园教师在这一环节需要观察以下方面：第一，幼儿是否专注？哪些因素影响了他的专注？第二，幼儿是否有坚持性？哪些因素影响了他的坚持性？第三，幼儿是否主动解决了问题？他是如何解决问题的？在观察的基础上，教师要引导幼儿"动脑子""过关卡"，也就是当幼儿在操作过程中遇到难点的时候，教师要给予幼儿适当提示，启发幼儿再看看、再想想，找到材料之间的关系，引导幼儿学会探索材料中隐含的引导点，从而能够独立完成操作活动，培养幼儿认真专注、不怕困难、敢于探究和尝试的积极学习品质。

下面是陈老师撰写的区域游戏活动"制作'万能手表'"中的专心致志环节（图 3-22）：

第三环节：专心致志（20分钟）

1. 在组装手表时，幼儿探索和尝试两脚钉的使用及组装方法。

（初步探索两脚钉使用方法）

（发现问题）

（尝试解决）

2. 略。

3. 略。

图 3-22 案例 3-2 中的专心致志环节教案（部分）

4. 完成活动

"完成活动"是区域游戏活动的第四个环节。幼儿自然结束了与材料的互动即为完成活动，但这仅仅是完成活动的表面现象。教师需要进一步思考：幼儿完成这个活动经历了什么？遇到了哪些困难？是如何解决的？是否获取了相应的经验？幼儿能否表达这些经验？幼儿如何呈现这些经验？认真思考以上内容之后，教师对"完成活动"的理解就加深了一步。在下一次设计或完善材料时，教师就会充分考虑幼儿完成活动后，如何具体化呈现出幼儿的操作过程，如何利用幼儿完成的成品进行发展性评价，如何支持幼儿能够拿着成品自信地表达自己的学习，如与同伴自由交流分享、回家跟爸爸妈妈讲一讲自己的收获。

在完成活动阶段，我们期待幼儿会呈现出与善于合作与交流、乐于想象和创造等积极学习品质相关的典型行为表现，幼儿所经历的是"做成了"和"送大家"的学习阶段。具体来说，在"做成了"的学习阶段，幼儿在活动过程中通过主动操作、积极思考、深度探究、不断尝试，从而将一份材料从半成品做成成品。在这个过程中幼儿经历了一个又一个难点，其积极学习品质的养成上了一个又一个台阶，并最终做成成品，达成有意义的学习，获得有成长的成果。在"送大家"的学习阶段，教师要鼓励幼儿将成品送给大家，不但让幼儿自己看得见，也让幼儿的同伴看得见，让幼儿的家长看得见。这个成品既是幼儿学习的成长印记，也是幼儿与他人交流分享的媒介。

幼儿园教师在这一环节需要观察以下方面：第一，幼儿是否完成了任务？第二，幼儿完成任务后做了什么？有什么反应？在观察的基础上，教师要对完成活动的幼儿给予鼓励，可以是语言上的直接肯定，也可以通过竖大拇指、抚摸头、抱一抱等身体语言表示鼓励。同时，教师要为幼儿创造交流分享的机会，让幼儿能够分享和展示自己做成了的作品，如说一说自己是如何制作的，进行了哪些创意设计等。教师还要鼓励幼儿将自己的作品送给同伴或分享给爸爸妈妈，这样做不仅有助于让幼儿家长也感受到孩子成长的快乐，同时也能够引导幼儿学会分享、乐于分享。

图 3-23 是陈老师撰写的区域游戏活动"制作'万能手表'"中的完成活动环节。

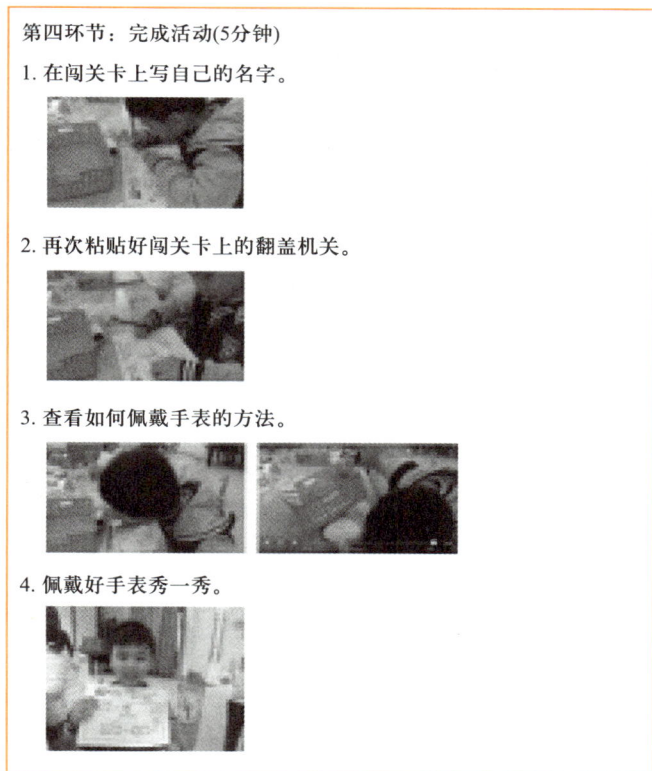

第四环节：完成活动(5分钟)

1. 在闯关卡上写自己的名字。

2. 再次粘贴好闯关卡上的翻盖机关。

3. 查看如何佩戴手表的方法。

4. 佩戴好手表秀一秀。

图 3-23　案例 3-2 中的完成活动环节教案

我的行动

请你结合自身经验，尝试设计 1 份能够支持幼儿积极学习品质养成的区域游戏活动方案。

（三）在综合主题活动中培养幼儿积极的学习品质

综合主题活动是幼儿园教师引导并支持幼儿围绕"有准备的主题"，经由"有意图的环节"，聚焦"有深度的探究"，共享"有成长的成果"，达成"有意义的学习"的集体教育活动。幼儿可以通过教师的引导、支持，在有准备的学习环境中进行深度探究与学习，从已有的发展水平迈向更高水平。教师在综合主题活动的设计与实施过程中帮助幼儿建构不局限于健康、语言、社会、科学、艺术五大领域的经验，让幼儿能够在德、智、体、美、劳诸方面全面发展，走出学前教育的"小学化"误区，实现幼儿学习品质与教师专业化的一体化发展。

教师在组织幼儿开展综合主题活动时要经历五个前后衔接紧密的环节，分别是支持幼儿产生兴趣、主动体验、深度探究、分享合作、联想创意（图 3-24）。这五个环节可以切实引导和支持幼儿表现出各阶段的典型行为表现——"咦""哇""嘘""呦""呀"，从引发幼儿兴趣开始，由浅入深地引导幼儿主动对"有准备的材料"开展有深度的探究活动，并且与同伴和教师互相分享与合作，最后通过想象与创造对活动进行延伸和拓展。表 3-11 展示了综合主题活动中的教师支持策略。

图 3-24　综合主题活动的五个环节

表 3-11　综合主题活动中的教师支持策略

活动环节	学习品质	教师支持策略
产生兴趣	好奇心 学习兴趣	创设有趣的活动情境 出示图画书关键页面

续表

活动环节	学习品质	教师支持策略
主动体验	积极主动	主题导向、任务驱动 让幼儿对成果物、操作材料等进行多感官的感受与操作
深度探究	认真专注 不怕困难 敢于探究和尝试	要为幼儿提供支架物，在幼儿遇到困难时为其提供姿态、语言、材料等支持
分享合作	善于合作与交流	创设轻松愉悦的分享氛围 鼓励幼儿对自己的探究发现进行集体回顾与分享 帮助幼儿梳理通过探究过程所获得的知识经验
联想创意	乐于想象和创造	帮助幼儿对已有经验与新收获的经验进行重组与再造 沿着幼儿想象和创造的方向，提出新的兴趣点和主题

在综合主题活动中，产生兴趣是主动学习的源头，只有在好奇心和兴趣的驱动下，幼儿才会产生主动体验的欲望，有了主动体验的感知后，幼儿的兴趣得以转化成专心致志、不怕困难的学习品质，开始进入深度探究状态。只有经历了深度探究环节的深入思考和深度学习，幼儿在接下来的分享合作环节才能进行有价值、有意义的分享表达，才能在观察学习中真正理解和感悟其他人的发现。有了相互的分享与合作，幼儿的认知体系又得到了新的补充，于是即将开启联想与创意。在综合主题活动中，幼儿经历了主动学习的完整过程，是幼儿园教师"有意图地"支持幼儿向往学习、渴望学习、探索学习、合作学习和创造性学习的过程。

接下来，让我们通过案例 3-3，更加具体地理解幼儿园教师应该如何在综合主题活动中支持幼儿积极学习品质的养成与发展。

案例 3-3：综合主题活动"我的花灯最漂亮"观察记录

在综合主题活动"我的花灯最漂亮"中，月亮老师带领孩子们感受元宵节的传统习俗——花灯文化，让幼儿在观赏与制作花灯的过程中感受花灯的美。月亮老师在活动刚开始时，给孩子们展示了图画书《正月十五花灯明》中龙龙爷爷花灯店的花灯图片，还展示了从龙龙爷爷店里"买"来的成品花灯。孩子们看到这么多好看的花灯都纷纷发出赞叹，说着哪一个花灯最好看，花灯上都有些什么装饰，孩子们还说他们也想做出这些好看的花灯。月亮老师请小朋友们观察自己感兴趣的不同样式的花灯，小朋友们左看看、右摸摸，还不时地和旁边的小伙伴讨论这些花灯都由什么材料制作而成。

接着，他们来到制作花灯的材料桌旁边，把牛奶盒、月饼盒、彩灯等材料拿在手里摆弄。月亮老师给孩子们分发了示意图，孩子们根据示意图分头寻找相应的材料。随后，月亮老师引导幼儿搭建花灯架，孩子们搭建好花灯架后根据架子的大小裁剪合适的彩纸并贴在灯架上进行装饰，最后孩子们在装饰好的花灯架中放入彩灯，漂亮的花灯就做好了！

月亮老师发现，孩子们制作的花灯都特别好看，于是她鼓励并引导孩子们展示自己制作的花灯过程，分别用了哪些材料，做了哪些装饰，并引导幼儿分享在制作花灯过程中遇到的困难。随后，月亮老师拿出花灯比赛的邀请函，邀请孩子们参加花灯比赛，孩子们听后非常地兴奋，纷纷拿出自己设计的花灯参加比赛。月亮老师引导幼儿在参加花灯比赛的过程中观察其他花灯的样式，孩子们纷纷观察其他小朋友的花灯，并最终评选出了最漂亮的花灯。月亮老师告诉小朋友们，龙龙爷爷邀请大家将自己做的花灯展示在花灯店中，于是月亮老师让孩子们对自己制作的花灯进行了修改和二次创造，并最终将所有花灯都摆放在了展示架上。

1. 产生兴趣

"产生兴趣"是综合主题活动的起始环节。在这一环节，幼儿在教师支持下，在短时间内调动原有经验，对活动产生强烈的好奇心与愿意持续参与的学习兴趣。

幼儿在产生兴趣环节的典型行为表现可以用拟声词"咦"来概括。我们期待幼儿在这一环节与教学材料等进行互动时，表现出好奇心、学习兴趣的典型行为表现。产生兴趣环节的成功与否直接影响着后续环节的开展，它指明了综合主题活动实施的方向，奠定了综合主题活动的基调。

幼儿园教师在产生兴趣环节可以通过创设有趣的活动情境，如展示图画书、出示成果物品、观看视频等方式，在短时间内调动幼儿已有的生活经验，让幼儿对活动产生强烈的好奇心，产生参与活动的兴趣。在好奇心和兴趣的驱动下，幼儿通过多种感官初步接触与活动主题相关的新异事物，然后顺利过渡到活动的下一个环节。

2. 主动体验

"主动体验"是综合主题活动的第二个环节。在这一环节，幼儿在教师支持下，自主自愿地运用多重感官，初步感知教师设计并投放的"有准备的材料"是什么、有什么以及可以怎么操作。

在主动体验环节，幼儿顺承产生兴趣环节的好奇心和学习兴趣并转化为主动性的行动，在自身学习意愿的驱动下与半成品材料进行互动，进而为进入深度探究环节做好准备。幼儿在主动体验环节的典型行为表现可以用拟声词"哇"来概括。我们期待幼儿在这一环节与"有准备的材料"进行初步互动时，表现出积极主动的典型行为表现。

幼儿园教师在主动体验环节应以"主题导向、任务驱动"的形式让幼儿对成品、操作材料等进行多感官的感受与操作，通过看一看、摸一摸、闻一闻、试一试等方式积极、主动地进行体验。幼儿通过对事物的初步体验和感知，能够成功地把兴趣转化为实际的动手操作，养成积极主动的学习品质。

3. 深度探究

"深度探究"是综合主题活动的第三个环节。在这一环节，幼儿在教师的支持下，专心致志地对"有准备的材料"进行逐级进阶式探究，直至将"半成品"做成"成品"（成果物）。

深度探究环节是综合主题活动内容最为丰富的一个环节，它上承主动体验环节，下启分享合作环节。该环节包含三个难度逐级递进的操作任务以实现预期目标，每项操作任务都趋近于最近发展区并层层递进。幼儿在该环节可以像科学家和艺术家一样进行探索，能够在研究过程中下"笨功夫"，做"真研究"。

幼儿在深度探究环节的典型行为表现可以用拟声词"嘘"来概括。我们期待幼儿在这一环节与"有准备的材料"互动时，表现出认真专注、不怕困难、敢于探究和尝试的典型行为表现。

幼儿园教师在深度探究环节需要引导幼儿能够集中注意力、专心致志地对"有准备的材料"进行探究。进入深度探究状态的幼儿不容易受到外界的干扰，并且愿意积极思考、坚持不懈地想办法解决自己遇到的困难，直至做出成果物。幼儿园教师应该尤其注意要为幼儿提供支架物，在幼儿遇到困难时为其提供身体姿态、语言、材料等不同的支持方式，让幼儿获得有成长的成果，帮助幼儿养成认真专注、不怕困难、敢于探究和尝试的学习品质。

4. 分享合作

"分享合作"是综合主题活动的第四个环节。在这一环节，幼儿在教师支持下，观察同伴成果物，并交流、倾听、内化彼此将"有准备的材料"（半成品）做成"成果物"（成品）的感受、经验及体会。

分享合作环节既与深度探究环节密不可分，又与联想创意环节紧密相连。在分享与合作时，幼儿可以拿着所完成的成果物进行表达，既能够分享成果物的特点，还能够分享其制作过程，与同伴与教师一起共享思维过程与情感过程。幼儿在分享与交流的过程中进行观察与比较，不仅可以巩固已获得的体验与经验，还能够间接学习他人的探究过程和成果。

幼儿在分享合作环节的典型行为表现可以用拟声词"呦"来概括。我们期待幼儿在这一环节与同伴互动时，表现出善于合作与交流的典型行为表现。

幼儿园教师在分享合作环节应创设轻松愉悦的分享氛围，鼓励幼儿对自己的探究发现进行集体回顾与分享，帮助幼儿梳理所获得的知识经验，让幼儿在认知冲突中获得交流和发展，教师再进行总结提升。分享与交流的过程也是同伴之间互动的过程，幼儿不仅可以通过观察学习同伴的活动经验，从而激发出新的探索欲望，还可以通过表现和展示自己的探索过程与成果物，获得自信心与成就感，养成善于合作与交流的学习品质。

5. 联想创意

"联想创意"是综合主题活动的最后一个环节。在这一环节，幼儿在教师的支持下，在自己"成果物"的原有经验和同伴"成果物"可借鉴的新经验之间建立联系、进行重组，最终再造自己的"成果物"。

"联想创意"环节可以让幼儿在深度探究、分享合作之后，联系已有经验萌发出有关成果物的新想法与新创意，并尝试将新想法与新创意转化为行动。这是一个将"所获"彼此联系与重组，并再造新"获"的过程。由于联想创意环节是对创造学习价值的凸显，所以该环节既是本次活动的结束，也是下一次活动的开始。

幼儿在联想创意环节的典型行为表现可以用拟声词"呀"来概括。我们期待幼儿在这一环节与新的想法产生联系时，表现出乐于想象和创造的典型行为表现。

幼儿园教师应在联想创意环节对幼儿进行引导与延伸，帮助幼儿对已有经验与新经验进行重组与再造，沿着幼儿想象和创造的方向，提出新的主题和兴趣点，为下一个阶段的活动预设新的开始。

我的行动

　　请你结合自身经验，尝试设计 1 份能够支持幼儿积极学习品质养成的综合主题活动方案。

（四）在早期阅读活动中培养幼儿积极的学习品质

　　莎士比亚曾说：书籍是全人类的营养品。北宋文学家苏轼曾在《和董传留别》中写道："腹有诗书气自华。"早期阅读是终身阅读的起点和国民阅读的根基，是从根源消除贫困和社会排斥现象并打破贫困代际传递的重要途径。对于幼儿来说，早期阅读活动是他们接触书籍的重要途径，有助于他们养成爱阅读、会阅读、愿意阅读的习惯。在早期阅读活动中，幼儿积极的学习品质也能够得到培养。这一活动关乎个体终身读书习惯的养成和世界观、人生观、价值观的构建，关乎从根本上奠定民族、国家文明素质，同时有助于提高国家文化软实力。

　　早期阅读活动是学前儿童凭借变化着的色彩、图像、文字和成人形象地讲读，来理解以图为主的幼儿读物内容的过程。对学前儿童来说，这是一段自主移入、投身其中、流连忘返的奇妙旅程，让他们能够体验一个主客不分、物我一体的神奇世界。相比于成人阅读，早期阅读有独特的价值。对于幼儿来说，早期阅读活动是阅读准备的阶段，是阅读理解的过程，是幼儿与图画书持续对话、进行意义建构和积极学习、实现主动发展的过程。

　　在早期阅读的过程中，幼儿以其稚嫩而丰富的心灵与图画书进行互动或碰撞，呈现出独特的发展机制：首先，幼儿面临选择读什么、和谁一起读的挑战，进而由于好奇心的产生和兴趣的激发，幼儿将全身心移入读物的图画与文字内容中，对读物进行感知、探索、对话等达成对其更深层次的理解，进而再通过联想、解释等途径表现对读物的理解，最后通过回顾读物内容来总结、内化在早期阅读过程中获得的经验。"选择—移入—感知—探索—对话—理解—联想—解释—表现—回顾"构成了幼儿早期阅读过程纵向深入、相互重叠的十个阶段。它们既环环相扣，又相互交织，在阅读过程中同步发生，又在阅读的不同阶段各有凸显。

　　根据幼儿早期阅读的过程，幼儿园早期阅读活动可以分为四个环节，即听一听、想一想、说一说、用一用。幼儿早期阅读过程的十个阶段与早期阅读活动的四个环节的对应关系如图 3-25 所示。表 3-12 展示了早期阅读活动中的教师支持策略。

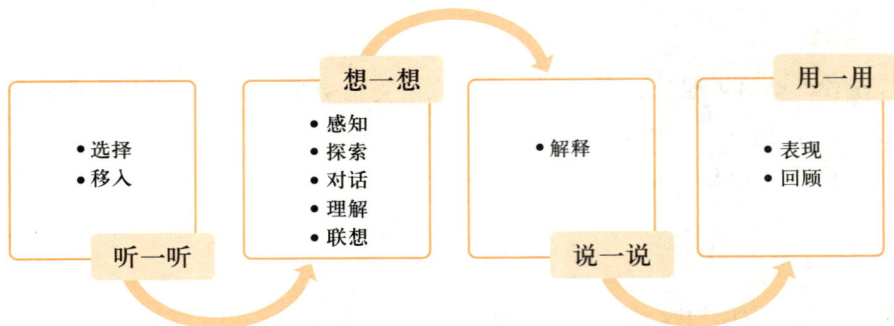

图 3-25　早期阅读活动的四个环节

表 3-12　早期阅读活动中的教师支持策略

活动环节	学习品质	教师支持策略
听一听	好奇心 学习兴趣 积极主动	营造民主、宽松的阅读氛围 准备适度丰富、适龄、多样化的图画书 引导幼儿学习自主选择的方法 成人与幼儿共读 通过适当的提问唤起幼儿的主动参与
想一想	积极主动 认真专注 不怕困难 敢于探究和尝试 善于合作与交流 乐于想象和创造	结合幼儿的已有知识经验，提供与幼儿经验直接相关或相融合的读物与材料 创造多元、安全的探索环境 适时转换角色——幼儿成为"叙述者"，成人成为"听众" 采取多样的提示方式 使用"理解监控"策略，引导幼儿对读物和自己的理解进行思考 运用图像组织，降低认知难度 重复朗读
说一说	善于合作与交流	重视幼儿在阅读过程中的声音 为不同年龄段幼儿提供适宜的指导 为幼儿的解释能否被认可制定判断标准
用一用	积极主动 善于合作与交流 乐于想象和创造	尊重幼儿表现的发展规律 营造幼儿合作表现氛围 及时肯定幼儿表现 鼓励和引导幼儿大胆讲述 给予幼儿充分的尊重与信任 为幼儿提供实物支持

接下来，让我们通过案例 3-4 更加具体地理解教师应该如何在早期阅读活动中支持幼儿积极学习品质的养成与发展。

案例 3-4：早期阅读活动"香香甜甜腊八粥"观察记录

　　在早期阅读活动"香香甜甜腊八粥"中，太阳老师先给孩子们讲了一首儿歌："小孩小孩你别馋，过了腊八就是年。"她问孩子们知不知道腊八节是哪一天。随后太阳老师将图画书《香香甜甜腊八粥》在身前展开，保证每一位幼儿都能看到图画书的内容，并声情并茂地开始讲述嫣儿的故事。太阳老师边讲故事边问孩子们一些问题，引导孩子们对故事内容有进一步的理解。

　　接着，太阳老师又拿出了各种颜色的彩绘笔和镜子，指导孩子们在自己的脸上画出小老鼠的模样。不一会儿，每个小朋友都变成了活泼可爱的"小老鼠"，太阳老师和孩子们一起扮演小老鼠，模仿小老鼠的叫声和走路的方式。接着太阳老师向幼儿们提问关于制作腊八粥的材料的谜语，孩子们开始热烈地进行猜测。然后，太阳老师引导小朋友们寻找藏在活动室中的腊八粥的食材。幼儿纷纷积极主动而又充满好奇地跑到活动室的各个角落去寻找腊八粥食材，活动室里充满了欢声笑语和大家发现食材的兴奋与喜悦。

　　孩子们将找到的食材放到教师准备的碗里，太阳老师邀请大家仔细观察制作腊八粥的各种材料，并鼓励大家描述材料的特点。孩子们纷纷积极地举手并进行展示。在展示了各种材料后，太阳老师带着孩子们一起出发去食堂制作腊八粥。

　　太阳教师带着大家一起来到了厨房，将制作腊八粥的材料在灶台上摆成一排，并引导幼儿对红枣、核桃、花生、栗子、莲子、大米等食材进行清洗、剥皮、加工。不一会儿，太阳教师便把幼儿处理好的食材都整理在一起，指导孩子们向锅中放入食材、加水，并在保证安全的前提下，让幼儿凑前看腊八粥究竟是怎么熬的。没过多久，腊八粥就熬好了，太阳老师邀请大家拿上碗和勺子，排队品尝自己熬制的腊八粥。

1. 听一听

　　在早期阅读活动的"听一听"环节，教师通过选择、移入为幼儿进入阅读情境奠定兴趣和需求的基础，同时也为后续环节的推进提供前提性条件。幼儿在这一环节选择自己感兴趣的阅读材料，教师通过设计并创设有趣、生动的活动情境，更好地调动幼儿的好奇心与学习兴趣，将阅读材料的内容与活动要求等更清晰地传达给幼儿，让幼儿在听一听的过程中更好地移入阅读情境。若没有该环节中的主动选择、情感移入，幼儿就不可能进入感知、探索、对话、理解、联想，更谈不上对阅读材料的理解。

　　首先是选择。早期阅读活动不是幼儿随心所欲地进行阅读，不是幼儿无所事事地在阅读世界中游荡，而是幼儿有目的、有计划地进行阅读活动的开始。在"听一听"环节中，幼儿首先根据自己的好奇心与学习兴趣选择阅读材料，继而根据自己的选择展开活动。如此一来，幼儿可以更加积极主动地参与到早期阅读活动中，为后续认真专注地投入到早期阅读活动中奠定基础。在这一环节，我们期待幼儿可以表现出好奇心、学习兴趣与积极主动的典型行为。

其次是移入。幼儿在早期阅读活动中的学习是典型的"基于情境的学习"。移入指移入图画书的故事情境，可以分为情感移入和对象移入。情感移入是指当幼儿发现图画书中蕴含的某种情感和自己的某种情感相吻合时，他们会爱屋及乌。情感移入为幼儿认识自我提供了重要的参照系和衡量标准，对他们确立自我形象发挥着重要作用。对象移入是指幼儿将自己移入到图画书中感兴趣的对象，专注于兴趣盎然的图画书阅读中，这也恰好起到了模拟社会认知情境的作用。教师可以通过清晰地传递阅读材料内容与活动要求，帮助幼儿更好地进行移入。

在"听一听"环节中，幼儿园教师要通过尊重与保护幼儿的好奇心、学习兴趣，清晰表达阅读材料的内容与任务要求，来保证幼儿在早期阅读活动过程中主动性的发挥与积极学习品质的养成。

幼儿园教师可以采用表 3-12 中提及的支持策略在"听一听"环节为幼儿提供支持，将幼儿带入图画书的情境，引发幼儿的好奇心与学习兴趣，进而调动幼儿参与阅读活动的热情，为后续环节做铺垫。

2. 想一想

在早期阅读活动的"想一想"环节，幼儿置身于阅读情境中，对阅读材料进行持续感知、探索，与成人和阅读材料进行深入互动与对话，最终达成对阅读材料的理解，并能够基于自己的理解进行联想与想象，链接现实生活与想象世界。"想一想"是早期阅读活动的重要环节，幼儿在该环节对阅读材料进行探索，我们期待幼儿表现出积极主动、认真专注、不怕困难、敢于探究和尝试、善于合作与交流、乐于想象和创造的典型行为。

感知阶段。在这一阶段，幼儿通过调动感觉和知觉，了解、思考并表达对阅读材料的认知。这是幼儿经历感受、想象、理解、情感等多种心理因素融合的过程。幼儿通过接触周围的人和物，用感官获得对周围环境的直接认识，建立起与周围环境的积极互动关系，从而真正融入正在开展的活动。此时，教师应激发幼儿进一步探索的欲望，促进其积极主动的学习品质的发展。

探索阶段。探索是幼儿根据自己的经验，对阅读材料进行主动探索，与阅读材料发生互动，并积极建构自身经验的学习过程。幼儿在探索的过程中将注意力集中于某一任务，积极灵活地解决问题，并坚持完成，这期间他们会表现出一系列积极学习品质，例如认真专注、不怕困难、敢于探究和尝试等。

对话阶段。对话是幼儿带着自己的经验、兴趣、疑问、期待等，与图画书和成人交流，从而不断建构自己的理解与意义的过程。幼儿在阅读图画书时用手、眼与读物及其创作者进行"对话"，通过自言自语或者与成人的交流，表达自己对图画书的认识和理解，并与成人进行以言语为主要中介的语言、思想、情感等方面的沟通。幼儿在与图画书、成人"对话"的过程中，已有的经验不断重组，个体意义不断生成，从而能够更好地理解阅读材料的内容。同时，在与成人交流的过程中，成人提出的问题、表达的想法，也能引发幼儿的思考，从而帮助幼儿了解新的词语，梳理故事情节发展的时间顺序，增强语言表达的流畅性。在对话过程中，幼儿善于合作与交流的积极学习品质得到发展。

理解阶段。理解是幼儿根据自己的已有经验与读物不断发生意义建构，从而形成思维的碰撞、情感的交流以及能力的提升的过程。幼儿通过前期的感知、探索与对话等阶段能够更好地理解所阅读的图画书，多种因素进行相互碰撞、协调、影响，发生"同化"或"顺应"，最终达到"平衡"。幼儿在早期阅读活动中，理解能力的提升可以为未来的独立阅读打下基础，有助于提高自主学习能力。理解能力的提升还可以帮助幼儿准确地理解故事的内容、脉络以及背景，发展幼儿的表达能力。

联想阶段。图画书富于积极优美的幻想，可以激发幼儿的想象力。图画书中丰富的幻想，对发展幼儿的想象力有积极的意义，激励他们勇于进取，产生向新世界探索的欲望。联想在幼儿生活中有着重要的地位，每一本优秀的图画书都可能成为幼儿想象力超越发展的基石。

除表 3-12 提供的支持策略外，幼儿园教师还可以采用以下策略支持幼儿想象力与创造力的发展：

- 图文并茂，唤起联想
- 声情并茂，激发联想
- 设置悬念，丰富联想
- 贴近生活，加深联想

3. 说一说

在早期阅读活动的"说一说"环节，幼儿通过对话、表达等方式将自己对阅读材料的理解与联想进行解释与表现。在这一环节，幼儿对自己获得的经验进行解释，并与他人进行交流，获得对阅读材料更加深入的理解。我们期待幼儿在该环节表现出积极主动、善于合作与交流、乐于想象和创造的典型行为。

幼儿阅读的过程是意义建构的过程，幼儿根据已有的知识结构主观地赋予读物以意义，这反映出自身对阅读内容所做的解释，包括直觉、意见、反应、评估与疑问等。幼儿的口头语言、动作、面部表情等都可作为解释的语言，去展示自己对于阅读材料的理解。幼儿在早期阅读活动中解释故事可以促进其对故事情节的理解，充分表达自己的想法和感受，发展语言表达能力，学习社会文化语言符号，把握其约定俗成的意义，开始文化符号探索的旅程。

4. 用一用

在早期阅读活动的"用一用"环节，幼儿通过表演故事、做手工、续编故事等多种形式将自己在早期阅读活动中收获的理解与经验外化、表现并应用，幼儿回顾自己的阅读体验，重现活动过程，在应用过程中幼儿的概括能力、表达能力、分享能力、合作能力将得到进一步的提升。在这一环节中，幼儿的积极主动、善于合作与交流、乐于想象和创造等积极学习品质能够得到重视与发展。

表现阶段。幼儿在阅读过程中会产生对读物的理解和体验，"表现"旨在让幼儿对已有经历或已经实现的事情进行回顾和表现，重现活动过程，幼儿通过表现展示自己、肯定自己并进一步实现自己学习欲望的提升，从而养成主动学习、合作学习等良好的学习习惯。每个幼儿都有不同的想法和经验，在表现的过程中幼儿会呈现出不同的信息，分享各自创造的活动成果，为同伴评价提供靶点，为教师和家长的引导提供参考。在这一阶段，幼儿的积极主动、善于合作与交流、乐于想象和创造等积极学习品质都在不断发展。

回顾阶段。"回顾"是幼儿回顾其在早期阅读活动中的内容和体验，是幼儿在充分感知、探索和表现的基础上，反思已有经历、主动检验学习收获的过程。回顾阶段可以给幼儿提供一个展示自己、表达自己的机会，有助于幼儿自主梳理故事的情节，建构起新旧经验间的联系，以此获得经验的连续性。在回顾过程中，幼儿可以评价他人、评价自己，并发展口语表达能力，促进自身的社会性发展，善于合作与交流的积极学习品质也能够得到展现与发展。

【我来写一写】

1. 请结合自身对学习品质内涵的理解，在以下选项中选出你认为正确的解释。

个体的学习态度与学习行为　　　　○

个体具有的能够支持其取得学习成功的因素　　　　○

个体在活动中表现出的积极态度和良好行为倾向　　　　○

影响个体学习效果的学习倾向、态度、风格、习惯　　　　○

2. 请结合自身对于影响幼儿学习品质的因素的认识，补充完成以下关于学习品质影响因素的内容。

→ 我认为影响学习品质的因素有：

理由是：

→ 我认为影响学习品质的因素有：

理由是：

→ 我认为影响学习品质的因素有：

理由是：

3. 教师应如何培养幼儿的学习品质？应包括哪些基本步骤？请在横线上补充完整。

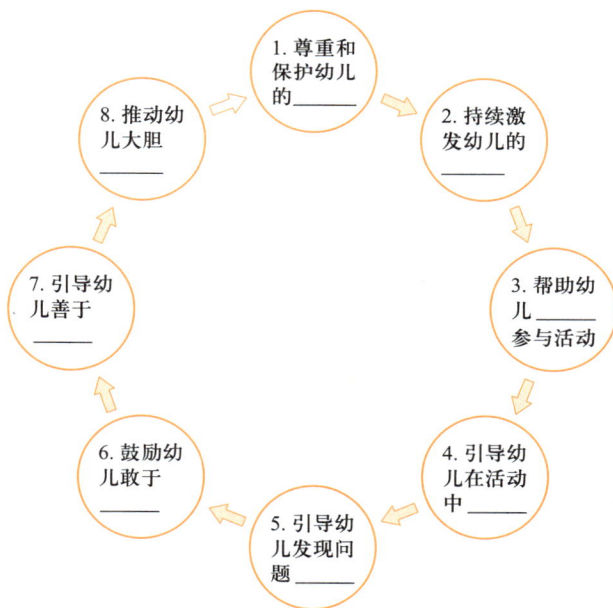

【我来练一练】

根据幼儿在综合主题活动中的学习方式和学习过程，撰写 1 份培养幼儿积极学习品质的综合主题活动方案。

第二节　设计与实施培养幼儿积极学习品质的教育活动

【我来写一写】

回顾你自己曾经设计过的一次集体教育活动或综合主题活动，请在下表中写出：幼儿在活动中表现出哪些积极学习品质？你使用了什么样的支持策略培养幼儿的积极学习品质？

幼儿表现出的积极学习品质：

1.

2.

3.

"我"使用了如下策略来培养幼儿积极的学习品质：

1.

2.

3.

一、设计并实施培养幼儿积极学习品质的一日生活活动方案

（一）实践 1.1：讲故事

实践内容：请你回顾过往，讲述在一日生活活动中碰到过的幼儿表现出积极学习品质的一个故事。

实践步骤：

1. 你可以和同事讲，也可以和一起参与培训或研修的小组成员讲。故事应描述出幼儿在一日生活活动中的行为表现，并说明这些表现体现了幼儿哪些积极的或消极的学习品质，介绍你或其他教师是怎样在过程中为他们提供帮助的。

任务单 S3.1.1

一日生活活动中幼儿学习品质的故事

起因（交代时间、地点、任务）：

经过（注意行为表现描述）：

结果（关注教师是否使用支持策略、效果如何）：

讲述人：
讲述时间：

---

2. 在相互讲述的过程中，请你总结出培养积极学习品质对幼儿学习与发展的影响。

任务单 S3.1.2

我认为积极学习品质培养对幼儿学习与发展的影响：

1.

2.

3.

3. 你也可以举例说明自己在一日生活活动中对于幼儿学习品质培养理解和支持不足的地方，然后说一说下次希望重点改进的三个方面。

任务单 S3.1.3

简要描述存在不足：

我的思考与改进：

1.

2.

3.

（二）实践 1.2：课堂观摩

1. 观摩目的

（1）重点观察 2～3 名幼儿在一日生活活动的某一环节表现出的积极学习品质。

（2）观察教师在幼儿学习品质培养方面提供了什么支持，这些支持对幼儿产生了什么影响。

2. 观摩前的准备工作

（1）经验准备

教师充分理解幼儿学习品质的内涵、价值、影响因素，掌握幼儿学习品质的典型行为表现及教师支持策略，明确培养幼儿积极学习品质的具体路径。

教师掌握课堂观摩的目标、重点和难点，以及在观摩中应注意的事项。

（2）物质准备

手机、相机等拍摄工具，记录表，纸、笔。

3. 在观摩过程中需要使用的记录表

任务单 S3.1.4

一日生活活动中幼儿积极学习品质培养观摩表（一）

观察时间：	观察地点：	观察者：
观察对象：	年龄班：	带教教师（职称）：

一日生活活动各个环节	☐　入园	描述：
	☐　饮水	描述：
	☐　盥洗	描述：
	☐　进餐	描述：
	☐　如厕	描述：
	☐　午睡	描述：
	☐　整理	描述：
	☐　户外自由活动	描述：
	☐　离园	描述：

备注：可以进行多项选择。

任务单 S3.1.5

一日生活活动中幼儿积极学习品质培养观摩表（二）

请从以下环节中勾选 1 项并进行观察：

☐	入园	☐	午睡
☐	饮水	☐	整理
☐	盥洗	☐	户外
☐	进餐	☐	自由活动
☐	如厕	☐	离园

我看到幼儿在该环节表现出这样的学习品质：	我看到教师这样支持幼儿积极学习品质的养成：

续表

我觉得可以学习的地方： 1. 2. 3.	我觉得可以改进的地方： 1. 2. 3.

4. 注意事项

（1）教师应进行有重点、有节点的观察和记录，而不是进行整体性观察。

（2）教师在观察过程中不应干扰幼儿的活动过程。

（三）实践1.3：案例分析

1. 案例呈现

案例一：滑梯上的温暖一幕

　　今天小朋友们第一次挑战大滑梯。大滑梯上有许多需小朋友们"挑战"的环节。没一会儿，陶陶停留在一段攀爬网上始终不肯前进。我对陶陶说："大胆往前爬，没关系，我会保护你的。"陶陶的手往前够了够，腿却始终没有动。我猜可能是由于攀爬网的洞口太大了，陶陶不敢往前爬，怕掉下去。于是我托住了陶陶的脚，说："陶陶，你把脚往上抬，踩住这个网就可以了。"陶陶在我的帮助下，前进了一点点。我松开了手，陶陶又不愿意前进了。

　　这时，后面的睿睿一直笑着看陶陶，她已经在后面等待了一会儿，但她一直很高兴地在"洞口"张望。过了一会儿，她笑着问我："陶陶怎么了？"我说："再等等陶陶，她可能还需要更多的时间克服困难。"说话间我感觉到陶陶向前爬了一步。睿睿说："没关系的。"又向前对着陶陶说："陶陶，你用脚踩住那个结（网格的交界处），就不会掉了。"陶陶听到了，也试了试睿睿说的好方法，果然前进了一大步。

　　终于，陶陶通过了这段攀爬网，后面的睿睿也追了上来，并且走在了陶陶的前面。在下一段攀爬网前，睿睿伸出了手说："陶陶，我拉着你走吧。"就这样，两只小手牵在了一起，陶陶也快速地通过了第二段攀爬网，离终点——最高的滚筒滑梯越来越近了。

案例二：小小菜市场

　　萱萱选择了"欢乐蔬菜园"玩具，她把不同种类的蔬菜按类别整整齐齐地码放在桌面上。蔬菜摆好后，她又把玩具中的数字卡片拿出来，放在了不同类别的蔬菜上方或下方。我问她："蔬菜上面的数字是什么意思呢？"她说："这是蔬菜的价钱。"我看到 4 个玉米上方摆放了一个数字 3，就问她："这个数字代表的是一个玉米还是这一堆玉米呢？"萱萱想了想，说："是一个。3 块钱一个。"

　　这时，萱萱吆喝着："卖蔬菜啦，谁来买呀？"甜甜走了过来，说："我想买 2 个茄子，多少钱？"萱萱看了一眼茄子面前的数字，说："3 块钱。"甜甜说："我没有钱，'假'钱行吗？"萱萱很痛快地说："行。"甜甜拍了一下萱萱的手，就当作付款了，拿着菜就要走。萱萱说："还差 1 块钱呢。"甜甜又拍了一下萱萱的手，拿着自己的菜走了。

　　过了一会儿，皮皮也来了，他跟萱萱说了一段话，萱萱直接给了皮皮好几种菜，皮皮拿着菜就走了。我提示萱萱："皮皮没给钱呢。"萱萱有些无奈，说："我都没听清他说什么，那些菜送给他了。"

　　整理活动区的音乐响起了，萱萱开始收拾自己的"菜摊"，她边收拾边说："今天不卖菜了，都卖完了。我该回家休息了。"

2. 案例分析（重点分析学习品质）

（1）你能描述上述两个案例中两名幼儿学习品质的典型行为表现吗？

任务单 S3.1.6

案例一：

案例二：

（2）案例中发生了怎样的学习？请从学习品质的角度加以分析。

任务单 S3.1.7

案例一中的幼儿是这样学习的：

案例二中的幼儿是这样学习的：

（3）如果你是案例中的教师，在上述幼儿学习品质培养过程中会提供什么样的支持？

任务单 S3.1.8

案例一中的教师还可以这样做：

案例二中的教师还可以这样做：

（四）实践 1.4：自主实操

请你根据自身经验，设计一个在一日生活活动中培养幼儿学习品质的活动方案，并尝试实施。

任务单 S3.1.9

支持幼儿积极学习品质养成的一日生活活动

活动目标：

活动准备：

活动过程：
开始活动环节：

活动生成环节：

多元探究环节：

经验延伸环节：

续表

活动延伸：

二、观察和设计培养幼儿积极学习品质的区域游戏活动方案

（一）实践 2.1：讲故事

实践内容： 请你回顾你带过的幼儿或者选择一个身边比较有代表性的幼儿，讲述一下该幼儿在区域游戏活动中发生的有代表性的有关幼儿学习品质的故事。

实践步骤：

1. 你可以和同事讲，也可以和一起参与培训或研修的小组成员讲。故事应描述出幼儿在学习中的行为表现，并说明这些表现体现了幼儿具有哪些积极的或消极的学习品质，介绍你或其他教师是怎样在过程中为他们提供帮助的。

任务单 S3.2.1

区域游戏活动中幼儿学习品质的故事

起因（交代时间、地点、任务）：

经过（注意行为表现描述）：

结果（关注教师是否使用支持策略、效果如何）：

讲述人：
讲述时间：

2. 在相互讲述的过程中，请你总结出积极学习品质对幼儿学习与发展的影响。

任务单 S3.2.2
我认为积极学习品质对幼儿学习与发展的影响： 1. 2. 3.

3. 你也可以举例说明自己在区域游戏活动中对于培养幼儿积极学习品质理解和支持不足的地方，然后说一说下次希望重点改进的三个方面。

任务单 S3.2.3
简要描述不足：   我的思考与改进： 1.   2.   3.

（二）实践 2.2：课堂观摩

1. 观摩目的

（1）重点观察 2～3 名幼儿在区域游戏活动中表现出的积极学习品质。

（2）观察教师在幼儿学习品质培养过程中给予了何种支持，这些支持对幼儿产生了何种影响。

2. 观摩前的准备工作

（1）经验准备

教师充分理解幼儿学习品质的内涵、价值、影响因素，掌握幼儿学习品质的典型行为表现及教师支持策略，明确培养幼儿积极学习品质的具体路径。

教师掌握课堂观摩的目标、重点和难点，以及在观摩中应注意的事项。

（2）物质准备

手机、相机等拍摄工具，记录表，纸、笔。

3. 在观摩过程中需要使用的记录表

任务单 S3.2.4

区域游戏活动中幼儿积极学习品质培养观摩表

观察时间：		观察地点：	观察者：
观察对象：		年龄班：	带教教师（职称）：
观察区域：□美工区　　□阅读区　　□表演区　　□建构区　　□益智区　□其他区：_____			

活动过程	幼儿积极学习品质的典型行为表现	教师培养幼儿积极学习品质的支持策略
产生兴趣		
开始操作		
专心致志		
完成活动		
教学反思与改进	我认为值得学习的地方： 1. 2. 3.	我认为可以改进的地方： 1. 2. 3.

（三）实践2.3：案例分析

1.案例呈现

娃娃家里的细心"妈妈"

在今天的活动区时间里，乐乐来到了娃娃家，她刚到就开始忙碌起来。乐乐发现了老师摆放的新材料——奶瓶和奶粉，于是马上拿起奶瓶，打开奶粉桶开始放奶粉，放完后没有拧上盖子而是左右张望了一会儿，然后来到了电话前拿起电话说："叮铃铃，叮铃铃——"等到小餐厅的服务员糖糖拿起电话，乐乐说："喂，小餐厅吗？给我来点水，我要给宝宝冲奶粉。"服务员糖糖很快将水递给了乐乐，乐乐拿到水后将水倒入奶瓶中，盖好盖子摇一摇便开始给宝宝喂奶了。喂完奶后乐乐将宝宝抱了起来，一边轻轻摇晃宝宝，一边拍着宝宝的后背。

这时乐乐说："我要给宝宝换衣服。"然后就开始一边给宝宝换衣服一边说："刚才光顾着玩了，宝宝尿裤子了都没发现，所以现在要换衣服。"但乐乐在为宝宝换裤子时遇到了困难，于是向老师求助："老师请帮忙。"老师帮助乐乐为宝宝穿好了裤子，乐乐说了声"谢谢"。

随后，乐乐又来拿起电话说："叮铃铃，叮铃铃——"服务员糖糖赶来接电话，乐乐说："小餐厅吗？宝宝饿了，我要一盘菜，一杯果汁和一杯白水。"说完就挂了电话，服务员糖糖将食物送来后，乐乐就开始给宝宝喂起了饭，喂完饭后将碗还回小餐厅。接着乐乐找到了一本书，准备给宝宝讲故事，老师问："怎么不抱着宝宝讲故事呢？"乐乐说："她已经长大了，可以自己坐着听故事了。"不一会儿，乐乐又去梳妆台上拿了一瓶滴管式面霜，用滴管给宝宝的脸上涂面霜，乐乐说："宝宝在公园摔倒了，我要给她抹药。哎呀，好着急呀，我得给小餐厅打电话，让他们送点补充维生素的食物。"说完又去给小餐厅打电话。这时活动区的游戏时间结束了，乐乐很快收好了娃娃家中的物品，穿好鞋后看到糖糖还没收完，乐乐又帮助她继续收玩具。

2.案例分析（重点分析学习品质）

（1）你能描述一下上述案例中幼儿学习品质的典型行为表现吗？

任务单 S3.2.5

案例中幼儿学习品质的典型行为表现有：

1.

2.

3.

（2）你能描述上述案例中教师在区域游戏活动中培养幼儿积极学习品质的支持策略吗？

任务单 S3.2.6

案例中教师培养幼儿积极学习品质的支持策略包括：

（3）如果你是案例中的教师，在这个过程中会提供什么样的支持？

任务单 S3.2.7

案例中的教师还可以这样做：

（四）实践 2.4：自主实操

请你结合自身经验，设计一个在区域游戏活动中培养幼儿积极学习品质的活动方案，并尝试实施。

任务单 S3.2.8

支持幼儿积极学习品质养成的区域游戏活动

活动目标：

活动准备：

活动过程：
产生兴趣环节：

开始操作环节：

专心致志环节：

完成活动环节：

活动延伸：

三、设计并实施培养幼儿积极学习品质的综合主题活动方案

（一）实践 3.1：讲故事

实践内容：请你回顾过往，讲述在综合主题活动中发生的有代表性的有关幼儿学习品质的一个故事。

实践步骤：

1. 你可以和同事讲，也可以和一起参与培训或研修的小组成员讲。故事应描述出幼儿在综合主题活动中有哪些体现学习品质的表现，并说明这些表现体现了幼儿具有哪些积极的或消极的学习品质，介绍你或其他教师是怎样在过程中为他们提供帮助的。

任务单 S3.3.1

综合主题活动中幼儿学习品质的故事

起因（交代时间、地点、任务）：

经过（注意行为表现描述）：

结果（关注教师是否使用支持策略、效果如何）：

讲述人：
讲述时间：

---

2. 在相互讲述的过程中，请你总结出学习品质对幼儿学习与发展的影响。

任务单 S3.3.2

我认为学习品质对幼儿学习与发展的影响：

1.

2.

3.

---

3. 你也可以举例说明自己在综合主题活动过程中对幼儿学习品质理解和支持不足的地方，然后说一说下次希望重点改进的三个方面。

任务单 S3.3.3

简要描述不足：

我的思考与改进：

1.

2.

3.

（二）实践 3.2：课堂观摩

1. 观摩目的

（1）重点观察 2～3 名幼儿在综合主题活动表现出的积极学习品质。

（2）观察教师如何支持幼儿学习品质的养成，用了哪些支持策略。

2. 观摩前的准备工作

（1）经验准备

教师掌握幼儿的积极学习品质有哪些。

教师掌握课堂观摩的目标、重点和难点，以及在观摩中的注意事项等内容。

（2）物质准备

手机、相机等拍摄工具，记录表，纸、笔。

3. 在观摩过程中需要使用的工具

任务单 S3.3.4

支持幼儿学习品质养成的综合主题活动观摩表		
活动过程	幼儿表现的学习品质	教师支持策略
产生兴趣阶段		
主动体验阶段		
深度探究阶段		
分享合作阶段		
联想创意阶段		

任务单 S3.3.5

支持幼儿学习品质养成的综合主题活动教师自评表

活动名称：_____

活动对象：_____

反思教师：_____

反思维度	反思的具体事项	如符合，请画✓
1. 活动目标达成了吗？	学养目标达成了吗？	（　　）
	经验目标达成了吗？	（　　）
	德行目标达成了吗？	（　　）
	文蕴目标达成了吗？	（　　）
2. 你采取了哪些支持策略？	产生兴趣环节：	
	主动体验环节：	
	深度探究环节：	
	分享合作环节：	
	联想创意环节：	
3. 具有积极学习品质的幼儿有哪些典型行为表现？		

续表

4. 具有消极学习品质的幼儿有哪些典型行为表现?	
5. 你要如何调整与改进?	1. 2. 3. 4. 5.

（三）实践 3.3：案例分析

1. 案例呈现

请扫描二维码，阅读综合主题活动"民族服装上的花纹"教案，对其中体现的幼儿学习品质的培养进行分析。

综合主题活动"民族服装上的花纹"教案

2. 案例分析（重点分析学习品质）

（1）阅读综合主题活动完整案例后，请将活动目标补充完整。

任务单 S3.3.6

目标 3：

目标 4：

（2）你认为该活动培养了幼儿哪些积极的学习品质？

> **任务单 S3.3.7**
>
> - 积极学习品质：
> 可能出现的具体行为表现：
>
>
> - 积极学习品质：
> 可能出现的具体行为表现：
>
>
>
> - 积极学习品质：
> 可能出现的具体行为表现：
>
>
>
> - 积极学习品质：
> 可能出现的具体行为表现：

（3）你认为教师在活动过程中是如何支持幼儿积极学习品质养成的？

> **任务单 S3.3.8**
>
> 教师应该是这样做的：

（四）实践 3.4：自主实操

　　请你结合自身经验，设计一个在综合主题活动中培养幼儿积极学习品质的活动方案，并尝试实施。

任务单 S3.3.9

支持幼儿学习品质养成的综合主题活动

活动目标：

活动准备：

活动过程：
产生兴趣环节：

主动体验环节：

深度探究环节：

分享合作环节：

联想创意环节：

活动延伸：

四、设计并实施培养幼儿积极学习品质的早期阅读活动方案

（一）实践 4.1：讲故事

实践内容：请你回顾过往，讲述在早期阅读活动中有代表性的有关幼儿学习品质的一个故事。

实践步骤：

1.你可以和同事讲，也可以和一起参与培训或研修的小组成员讲。故事应描述出幼儿在早期阅读活动中有哪些体现学习品质的表现，并说明这些表现体现了幼儿具有哪些积极的或消极的学习品质，介绍你或其他教师是怎样在过程中为他们提供帮助的。

任务单 S3.4.1

早期阅读活动中幼儿学习品质故事

起因（交代时间、地点、任务）：

经过（注意行为表现描述）：

结果（关注教师是否使用支持策略、效果如何）：

讲述人：
讲述时间：

2. 在相互讲述的过程中，请你总结出学习品质对幼儿学习与发展的影响。

任务单 S3.4.2

我认为学习品质对幼儿学习与发展的影响：
1.

2.

3.

3. 你也可以举例说明自己在早期阅读活动中对于幼儿学习品质理解和支持不足的地方，然后说一说下次希望重点改进的三个方面。

任务单 S3.4.3

简要描述不足：

我的思考与改进：

1.

2.

3.

（二）实践 4.2：课堂观摩

1. 观摩目的

（1）重点观察 2～3 名幼儿在早期阅读活动表现出的积极学习品质。

（2）观察教师如何支持幼儿的学习品质使其获得良好的学习结果。

2. 观摩前的准备工作

（1）经验准备

教师掌握幼儿的积极学习品质有哪些。

教师掌握课堂观摩的目标、重点和难点，以及在观摩中的注意事项等内容。

（2）物质准备

课堂观摩工具；手机、相机等拍摄工具。

3. 在观摩过程中需要使用的记录表

任务单 S3.4.4

支持幼儿学习品质养成的早期阅读活动观摩表		
观察时间：	观察地点：	观察者：
观察对象：	年龄班：	带教教师（职称）：
图画书名称（简要介绍内容）		
活动过程	幼儿表现出的学习品质	教师支持幼儿学习品质养成的策略
听一听环节		

续表

活动过程	幼儿表现出的学习品质	教师支持幼儿学习品质养成的策略
想一想环节		
说一说环节		
用一用环节		
教学反思与改进	我认为值得学习的地方： 1. 2. 3.	我认为可以改进的地方： 1. 2. 3.

（三）实践 4.3：案例分析

1. 案例呈现

早期阅读活动"有趣的影子"教学实录

请扫描二维码，阅读早期阅读活动"有趣的影子"的教学实录，对其中体现的幼儿学习品质的培养进行分析。

2. 案例分析（重点分析学习方式）

（1）案例中的教师是怎样支持幼儿学习品质发展的?

任务单 S3.4.5

教师是这样支持幼儿学习品质的：

1.

2.

3.

（2）在活动中，幼儿展现出了哪些积极的学习品质？体现在哪些行为中？

任务单 S3.4.6

- 积极学习品质：
可能出现的具体行为表现：

- 积极学习品质：
可能出现的具体行为表现：

- 积极学习品质：
可能出现的具体行为表现：

- 积极学习品质：
可能出现的具体行为表现：

（3）在早期阅读活动中，教师还可以采用哪些策略来支持幼儿积极学习品质的养成？

任务单 S3.4.7

支持策略 1：

支持策略 2：

（四）实践 4.4：自主实操

　　请你结合自身的实践经验，设计一个在早期阅读活动中培养幼儿学习品质的活动方案，并尝试实施。

任务单 S3.4.8

支持幼儿学习方式的早期阅读活动方案

活动目标：

活动准备：

活动过程：
听一听环节：

想一想环节：

说一说环节：

用一用环节：

活动延伸：

【我来写一写】

再次回顾你曾经设计过的一次集体教育活动或综合主题活动，并进行以下分析：幼儿在活动中表现出哪些积极学习品质？你使用了什么样的支持策略涵养幼儿的积极学习品质？

幼儿表现出的积极学习品质：
1.

2.

3.

续表

"我"使用了如下策略来涵养幼儿的积极学习品质：

1.

2.

3.

【我来练一练】

请继续完善自己设计的综合主题活动，并思考如何进一步调整以更好地支持幼儿积极学习品质的养成。

第三节　反思自身是否能够理解并培养幼儿积极的学习品质

【我来写一写】

请从以下方面梳理你对培养幼儿学习品质的理解。

请至少写出三点关于学习品质内涵的认识：

1.

2.

3.

请至少写出三点关于学习品质价值的认识：

1.

2.

3.

续表

请至少写出三点关于学习品质影响因素的认识：
1.
2.
3.
请至少写出三条培养幼儿的学习品质的教师支持策略：
1.
2.
3.

一、反思自身是否理解幼儿积极的学习品质

在学习了本章内容后，请以小组为单位或与一同参与培训或研修的小组成员围绕以下要点展开讨论并进行记录。

任务单 F3.1.1

讨论要点	反思记录
1. 关于幼儿积极学习品质的认识，你印象最深的三点是什么？	1. 2. 3.
2. 幼儿积极学习品质有哪些典型行为表现？至少写出三点	1. 2. 3.
3. 为什么要重视培养幼儿的积极学习品质？	1. 2.

续表

讨论要点	反思记录
4. 举例说明，你是如何在活动中支持幼儿积极学习品质养成的？	

二、反思自身是否能够培养幼儿积极的学习品质

（一）反思是否在一日生活活动中支持幼儿积极学习品质的养成

在学习了本章内容后，关于如何在一日生活活动中支持幼儿积极学习品质养成，请以小组为单位或与一同参与培训或研修的小组成员围绕以下要点展开讨论并进行记录。

任务单 F3.2.1

讨论要点	反思记录
1. 你觉得在一日生活活动中支持幼儿积极学习品质的养成有哪些意义？至少写出三点	1. 2. 3.
2. 你认为在设计一日生活活动支持幼儿积极学习品质的养成过程中，需要掌握哪些设计要点？至少写出三个	1. 2. 3.
3. 除了上述设计要点，你还能补充哪些注意事项？	1. 2.

（二）反思是否在区域游戏活动中支持幼儿积极学习品质的养成

在学习了本章内容后，关于如何在区域游戏活动中支持幼儿积极学习品质的养成，请以小组为单位或与一同参与培训或研修的小组成员围绕以下要点展开讨论并进行记录。

任务单 F3.2.2

讨论要点	反思记录
1. 你觉得在区域游戏活动中支持幼儿积极学习品质的养成有哪些意义？至少写出三点	1. 2. 3.
2. 你认为在设计区域游戏活动支持幼儿积极学习品质的养成过程中，需要掌握哪些设计要点？至少写出三个	1. 2. 3.
3. 除了上述设计要点，你还能补充哪些注意事项？	1. 2.

（三）反思是否在综合主题活动中支持幼儿积极学习品质的养成

在学习了本章内容后，关于如何在综合主题活动中支持幼儿积极学习品质的养成，请以小组为单位或与一同参与培训或研修的小组成员围绕以下要点展开讨论并进行记录。

任务单 F3.2.3

讨论要点	反思记录
1. 你觉得在综合主题活动中支持幼儿积极学习品质的养成有哪些意义？至少写出三点	1. 2. 3.
2. 你认为在设计综合主题活动支持幼儿积极学习品质的养成过程中，需要掌握哪些设计要点？至少写出三个	1. 2. 3.

续表

讨论要点	反思记录
3.除了上述设计要点，你还能补充哪些注意事项？	1. 2.

（四）反思是否在早期阅读活动中支持幼儿积极学习品质的养成

在学习了本章内容后，关于如何在早期阅读活动中支持幼儿积极学习品质的养成，请以小组为单位或与一同参与培训或研修的小组成员围绕以下要点展开讨论并进行记录。

任务单 F3.2.4

讨论要点	反思记录
1.你觉得在早期阅读活动中支持幼儿积极学习品质的养成有哪些意义？至少写出三点	1. 2. 3.
2.你认为在设计早期阅读活动支持幼儿积极学习品质的养成过程中，需要掌握哪些设计要点？至少写出三个	1. 2. 3.
3.除了上述设计要点，你还能补充哪些注意事项？	1. 2.

【我来写一写】

本章学习已经结束，请你回顾本章的全部内容，写出三点自己最深的学习体会与收获。

请至少写出三点关于学习品质内涵的认识：

1.

2.

3.

请至少写出三点关于学习品质价值的认识：

1.

2.

3.

请至少写出三点关于学习品质影响因素的认识：

1.

2.

3.

请至少写出三条培养幼儿的学习品质的教师支持策略：

1.

2.

3..

【我来练一练】

请根据专业反思的结果，并结合幼儿在各种活动样态中的学习方式和学习过程，继续完善培养幼儿积极学习品质的活动方案。

【选一选】

在学习本章内容之后，请你再次思考以下问题，在认为最符合自己情况的方框内画√。你发现自己的进步了吗？

项　目	不符合	不太符合	一般	比较符合	非常符合
1. 我认为学习品质是幼儿在活动过程中所表现出的积极态度和良好行为倾向					
2. 我认为学习品质应渗透于幼儿园五大领域的学习与发展之中					
3. 我能充分理解学习品质的具体内容					
4. 我能在教育教学活动中采用适宜的方式支持幼儿学习品质的养成					
5. 我能依据幼儿的生活经验、兴趣与需求设计各领域相互融合的主题活动，促进幼儿学习品质的养成					
6. 我能在集体教育活动中围绕主题，设计和组织连贯且有序的活动环节，支持幼儿深度探究					

- - - - - - - - - - - - - - ◆【 拓展阅读 】◆ - - - - - - - - - - - - - -

［1］布鲁纳. 教育过程［M］. 邵瑞珍，译. 北京：文化教育出版社，1982.

该书是布鲁纳在自己的研究基础上对伍兹霍尔会议讨论结果的科学概括。该书总体来说集中于四个题目——"结构""准备""直觉""兴趣"，和一个设想——在教学中怎样最好地帮助教师。该书的核心是强调学科结构的重要性，提倡学科结构的教学，认为任何学科都能够用正确的方式，有效地教给任何发展阶段的任何儿童，这也是布鲁纳教育思想的核心。布鲁纳教育思想对 20 世纪后半叶西方教育改革运动产生了较大的影响，成为以课程革新为中心的教育改革运动的理论指导。

［2］王洪席. 过程哲学思潮与课程变革研究［M］. 北京：中国社会科学出版社，2021.

该书认为，当代过程哲学被视为建设性后现代主义的理论基础与重要源泉，其构筑的"过程－关系"有机宇宙论和勾勒出的动态生成、有机互联的世界图景，以及其所彰显的关系性、具体性思维方式等，为我国课程研究打开了新的学术视野、"思维面向"和创生可能性。在新时期，立足当代过程哲学的基本原理与方法论，努力促进我国课程理论的有机性建构，进而探寻课程改革实践发展的思路和路径，是一种充满希望的"观念历险"与"智力突破"。

郑重声明

高等教育出版社依法对本书享有专有出版权。任何未经许可的复制、销售行为均违反《中华人民共和国著作权法》，其行为人将承担相应的民事责任和行政责任；构成犯罪的，将被依法追究刑事责任。为了维护市场秩序，保护读者的合法权益，避免读者误用盗版书造成不良后果，我社将配合行政执法部门和司法机关对违法犯罪的单位和个人进行严厉打击。社会各界人士如发现上述侵权行为，希望及时举报，我社将奖励举报有功人员。

反盗版举报电话　（010）58581999　58582371

反盗版举报邮箱　dd@hep.com.cn

通信地址　北京市西城区德外大街 4 号
　　　　　高等教育出版社法律事务部

邮政编码　100120

读者意见反馈

为收集对教材的意见建议，进一步完善教材编写并做好服务工作，读者可将对本教材的意见建议通过如下渠道反馈至我社。

咨询电话　400-810-0598

反馈邮箱　gjdzfwb@pub.hep.cn

通信地址　北京市朝阳区惠新东街 4 号富盛大厦 1 座
　　　　　高等教育出版社总编辑办公室

邮政编码　100029